《播音与主持艺术专业统考教程》编委会

主　编：张　庆

编　委：任曹恬　王治平　殷皓宇
　　　　高海波　陈麒霖　宋庆娴
　　　　王晓航　刘宇航　范家宁

播音与主持艺术专业
考前辅导丛书
BOYIN YU ZHUCHI
YISHU ZHUANYE KAOQIAN
FUDAO CONGSHU

播音与主持艺术专业统考教程

BOYIN YU ZHUCHI YISHU
ZHUANYE TONGKAO JIAOCHENG

张 庆 ⦿ 编著

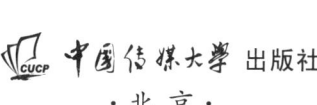

中国传媒大学出版社
·北京·

图书在版编目(CIP)数据

播音与主持艺术专业统考教程/张庆主编. -- 北京：中国传媒大学出版社, 2024.1
(播音与主持艺术专业考前辅导丛书)
ISBN 978-7-5657-3434-2

Ⅰ.①播… Ⅱ.①张… Ⅲ.①播音—语言艺术—高等学校—入学考试—自学参考资料②主持人—语言艺术—高等学校—入学考试—自学参考资料 Ⅳ.① G222.2

中国国家版本馆 CIP 数据核字（2023）第 109079 号

播音与主持艺术专业统考教程
BOYIN YU ZHUCHI YISHU ZHUANYE TONGKAO JIAOCHENG

主　　编	张　庆
策划编辑	赵　欣
责任编辑	赵　欣　张　笛　高卓毓
特约编辑	张　嵘
责任印制	阳金洲
封扉设计	拓美设计

出版发行	中国传媒大学出版社		
社　　址	北京市朝阳区定福庄东街 1 号	邮　　编	100024
电　　话	86-10-65450528　65450532	传　　真	65779405
网　　址	http://cucp.cuc.edu.cn		
经　　销	全国新华书店		
印　　刷	北京中科印刷有限公司		
开　　本	787mm × 1092mm　1/16		
印　　张	16.5		
字　　数	287 千字		
版　　次	2024 年 1 月第 1 版		
印　　次	2024 年 1 月第 1 次印刷		
书　　号	ISBN 978-7-5657-3434-2/G · 3434	定　　价	55.00 元

本社法律顾问：北京嘉润律师事务所　郭建平

序 言

艺术类高考(以下简称"艺考")已经成为我国高考的一个重要组成部分。艺考改革也在近年来不断进行,比如逐渐取消校考,以省级统考取而代之;逐年提升高考文化分等,目的是选拔更加优秀的艺术人才。本书编纂的初衷是:帮助考生适应新时期的艺考改革,帮助考生更有效率地备考复习,为考生提供行之有效的艺考统考教材,也为相关的传媒艺术学习爱好者提供实用性强的参考书。

这几十年,尤其是近二十年来,播音与主持艺术专业逐渐被众多高中师生和家长所认识,但是有些认识较为片面:(1)孩子学习成绩不好,再怎么努力,也上不了好大学,甚至上不了本科,通过艺考可以走捷径、上本科,甚至上重点大学;(2)播音与主持艺术专业是最容易进行考前突击的艺术类专业,只要孩子能说会道,就能考得好;(3)播音员和主持人的工作比较光鲜,工作环境好,社会知名度高,将来一定能够有很好的前途……

那么,事实是这样的吗?

其一,在以往的艺考中,多数学校采用校考制度,对艺术人才的选拔,学校拥有较大的自主权,有些学校"文过专排",文化分数线较低,给人留下"孩子成绩不好,想上好大学,就来学艺术"的印象。但是现在情况已经改变,国家重视艺术类人才的培养,教育部艺术类高考改革持续推进,对艺术类考生文化分数的要求越来越高,比如从2021年开始,很多大学将艺术类专业文化分数线定在了普通本科线,甚至有几所大学将播音与主持艺术专业的文化分数线定在了重点本科线以上。从2024年开始,取消绝大部分学校的校考权限,承认省级艺术类统考成绩,那么随之而来的必然是每所学校根据自身人才培养的特征属性进行录取规则的调整,提高艺术类高考文化分数线已经成为必然趋势。

其二,播音与主持艺术专业是考前最容易突击的艺术类专业吗?首先必须申明：依靠突击考上播音与主持艺术专业的可能性是很小的。什么样的学生适合学习播音与主持艺术专业呢？虽然每个学校的培养目标和选拔标准有所不同，对考生条件的要求略有差异，但是考生还是需要满足一些基本条件的，比如：具有较好的声音条件，较标准的普通话或者方言（如粤语等）或者外语（如英语、法语、俄语等），较标准的体态和形象，较丰富的知识储备和一定的逻辑思辨能力，等等。

其三，播音员和主持人的工作比较光鲜、工作环境好、社会知名度高，这些成为很多家长和高中生选择播音与主持艺术专业的原因。这种认知可取吗？我的看法是并不可取。首先要纠正许多家长和高中生的一个认知偏差：大学学习播音与主持艺术专业不等同于毕业后从事播音员或主持人的工作。在当今媒介生态环境下，大部分学习播音与主持艺术专业的学生都没有从事和播音员或主持人相关的工作，而是走向了更加广阔的语言传播的天地。比如深圳大学播音与主持艺术专业的定位是语言传播与播音主持艺术，为社会培养能力全面的复合型语言传播人才。部分毕业生进入广播电视和新媒体从事播音主持工作，还有许多毕业生在政府文化宣传、企业公共关系、艺术教育、金融投资、外贸电商等各个领域发光发热。

学习播音主持，你能获得什么？

首先，你能获得一段提升个人语言表达能力的奇妙之旅。我一直强调：只有喜欢，才会愿意付出，才会无悔前行！学习播音与主持艺术专业，兴趣是最好的老师。在兴趣的驱使下，同学们才能精神百倍地进行语言能力的提升。能力的提升，靠天赋，更靠努力！我看过太多资质平平的同学通过努力改变自己、获得成功的案例，这些同学的共同点是在兴趣的驱使下刻苦学习、持续训练。

其次，你能在学习的过程中充分释放自己的表达欲望，学会更好地表达自我、表达思想。随着媒介技术的不断革新，通过音频、视频等在新媒体平台发声和展现自我的自媒体人越来越多，敢于表达和善于表达已经成为21世纪的人才必备的生存技能和工作技能。

最后，播音与主持艺术专业是复合型的语言艺术专业。播音学横跨新闻传播学、语言学、艺术学等学科，学习的内容涉及天文地理、政治经济、社会民生、体育文娱等各个层面，因而，广博的文化知识和丰富的知识储备以及良好的社交能力已经成为播音与主持艺术专业毕业生必备的技能。

以上是我最想对目前处于迷茫状态的家长和高中生说的话。正确看待播音与主持艺术专业，与父母或者老师坐下来，好好聊一聊，你为什么要学习播音与主持艺术专业？你的目标是什么？你对接下来的学习是否有信心？

如果你的答案已了然于胸，那么，请开始接下来的学习吧！

编者

2023 年 12 月 1 日

目 录

基础编

第一章　语音 ·· 003
　　第一节　播音与主持艺术专业统考对语音的要求 ···························· 003
　　第二节　声母 ·· 004
　　第三节　韵母 ·· 018
　　第四节　声调 ·· 046
　　第五节　语流音变 ··· 058

第二章　发声 ·· 066
　　第一节　播音与主持艺术专业统考对发声的要求 ···························· 066
　　第二节　吐字归音 ··· 067
　　第三节　共鸣控制 ··· 075
　　第四节　呼吸控制 ··· 082
　　第五节　声音弹性 ··· 087

第三章　朗读 ·· 092
　　第一节　播音与主持艺术专业统考对朗读的要求 ···························· 092
　　第二节　基调分寸 ··· 093
　　第三节　情感感受 ··· 096
　　第四节　停连、重音 ·· 101
　　第五节　语气、节奏 ·· 111

第四章　创作 ·· 126
　　第一节　播音与主持艺术专业统考对创作的要求 ···························· 126
　　第二节　朗读作品 ··· 127

第三节　指定作品……………………………………………………133
　　第四节　话题评述作品…………………………………………………146

应试编

第五章　作品朗读……………………………………………………………161
　　第一节　作品朗读的准备方法…………………………………………161
　　第二节　朗读作品选编（30例）………………………………………162

第六章　新闻播报……………………………………………………………177
　　第一节　新闻播报的练习方法…………………………………………177
　　第二节　新闻稿件选编（28例）………………………………………178

第七章　话题评述……………………………………………………………189
　　第一节　话题评述的练习方法…………………………………………189
　　第二节　话题评述选编（19例）………………………………………190

第八章　形象设计……………………………………………………………203
　　第一节　服饰设计………………………………………………………203
　　第二节　面部设计………………………………………………………206
　　第三节　发型设计………………………………………………………212
　　第四节　考场礼仪………………………………………………………215

附录

　　北京播音与主持艺术专业统考内容与计分原则………………………219
　　上海播音与主持艺术专业统考内容与计分原则………………………224
　　天津播音与主持艺术专业统考内容与计分原则………………………228
　　重庆播音与主持艺术专业统考内容与计分原则………………………231
　　广东播音与主持艺术专业统考内容与计分原则………………………246
　　各省市播音与主持艺术专业统考综合分计分原则……………………251

参考书目……………………………………………………………………253

基础编

第一章　语音

普通话语音是播音与主持艺术专业学习的基础内容，也是播音与主持艺术专业统考的评委老师比较看重的基本功之一。在播音与主持艺术统考中，有些同学的普通话语音不够标准，那么他们将会成为第一批被淘汰的考生。因此，普通话语音成为播音与主持艺术专业统考非常关键的影响因素和评判标准。同学们在学习播音与主持艺术专业之前，一定要请专业老师给自己的语音问题"把把脉"，做到"心中有数"，在接下来的专业学习中，首先下大力气进行普通话语音的学习，用对方法，勤奋练习，解决自己普通话语音不规范的问题，为播音与主持艺术专业的学习迈好坚实的"第一步"。

第一节　播音与主持艺术专业统考对语音的要求

普通话是以北京语音为标准音，以北方话为基础方言，以典范的现代白话文著作为语法规范的现代汉民族共同语（通用语）。

普通话的规范主要体现在语音、词汇、语法三个方面。

语音方面：普通话以北京语音为标准音是近代汉语历史发展的必然结果。北京语音音系形成的历史久远，元朝时周德清在《中原音韵》中记载的音就是当时通行的共同语。[①]700多年来，北京一直都是政治、文化中心。明清时期北京话作为"官话"，在官方场合或正式场合中得到广泛使用。后经过多方论证，北京语音最终被确立为标准音。方言区的同学一定要分清方言中某些字或词的发音和普通话中该字词发音的区别，尽可能避免方言字词的发音习惯对普通话字词正确发音的影响。比如：粤方言中几乎没有轻声词的发音，"馒头""风筝""妈妈"等词都会发原声调，粤方言区的学生就要特别注意轻声的发音。

---

① 中国传媒大学播音主持艺术学院.播音主持语音与发声［M］.北京：中国传媒大学出版社，2014：36.

词汇方面：汉民族的共同语自春秋时期的"雅言"以来，几乎是在北方方言的基础上形成的。北方有几大城市是我国历史上的政治、经济、文化中心，比如洛阳、西安、北京等，因而将北方话作为汉民族共同语的基础方言。北方话分布区域广泛，使用人数最多，宋代话本、元朝戏曲杂剧、明清小说几乎都用北方话写成，这些作品作为古典名著产生了极为深远的影响。学习播音主持的同学需要甄别方言中的某些词是否属于普通话中的规范用词。比如：北京话里面的"颠儿""撒丫子"等地方色彩浓厚的词就没有进入普通话规范用词的范围。

语法方面：普通话的语法规范不仅体现在北京话和北方话的口语中，还以书面语形式体现在典范的现代白话文著作中。普通话与方言的差别也会表现在语法方面。学习播音主持的同学要注意总结方言中和普通话中的语法规范不一致的地方。比如：粤语中表达"我吃过了""我先走"一般会说"我有吃""我走先"。

第二节　声母

一、声母的定义

声母是普通话语音发音清晰的关键因素。根据汉语语音学传统的分析方法，汉语音节起头的辅音叫声母。

普通话有 21 个声母：b、p、m、f、d、t、n、l、g、k、h、j、q、x、zh、ch、sh、r、z、c、s。

声母的发音过程指发音时发音器官构成阻碍，最后形成声音的过程。一般分为三个阶段：成阻（构成阻碍，部位准确）、持阻（保持阻碍，蓄气有力）、除阻（解除阻碍，干脆利落）。

以声母"b"为例，"b"的成阻阶段是上唇和下唇接触、收紧；持阻阶段是使气息积蓄在收紧的双唇后面；除阻阶段是收紧的双唇突然放开，让气流通过发出声音。

二、声母的分类

普通话声母一共有 21 个，有 2 种分类方法：(1) 按照发音部位的不同进行分类；(2) 按照发音方法的不同进行分类。

（一）按发音部位分类

按照发音部位的不同，可以把声母分为 7 组：

（1）双唇音：上唇和下唇构成阻碍。下唇向上运动，上唇微动，两唇紧闭构成阻碍，气流冲破阻碍时，用力轻巧不拙，比如：b、p、m。

（2）唇齿音：上齿和下唇接触构成阻碍。在发音时，注意避免接触面过大或用力过猛导致摩擦音过重。上齿和下唇内缘接触构成阻碍，比如：f。

（3）舌尖前音：舌尖和上齿背接触或接近构成阻碍。舌尖平伸，向上与上齿背接触或接近，注意不要整个舌尖顶上去，气流冲破阻碍发音，比如：z、c、s。

（4）舌尖中音：舌尖和上齿龈前部接触或接近构成阻碍。舌尖微向上与上齿龈前部接触或接近，注意接触时控制力度不要太大，比如：d、t、n、l。

（5）舌尖后音：舌尖和硬腭前部接触或接近构成阻碍。舌尖向上稍稍后缩，向硬腭前部翘起，接触或接近，气流冲破阻碍，比如：zh、ch、sh、r。

（6）舌面音：舌面前部与硬腭前部接触或接近构成阻碍。在发音时，注意舌尖保持稳定，紧贴下齿背，舌面前部向上拱起接触或接近硬腭前部，比如：j、q、x。

（7）舌根音：舌根与软腭前部接触或接近构成阻碍。在发音时，舌头后缩，舌根抬起有力，和软腭前部接触或接近，比如：g、k、h。

（二）按发音方法分类

按照发音方法的不同，可以把声母分为 5 组：

（1）塞音：在发音时，构成阻碍的两个部位完全闭塞。软腭上升，堵塞通向鼻腔的通路。气流在此时经过口腔冲破阻碍迸裂而出，爆发成声。塞音有 b、p、d、t、g、k，共 6 个。

（2）擦音：在发音时，构成阻碍的两个部位非常接近，留下了一条窄缝。软腭上升，堵塞通向鼻腔的通路。气流在此时经过口腔从窄缝挤出，摩擦成声。擦音有 f、h、x、s、sh、r，共 6 个。

（3）塞擦音：在发音时，构成阻碍的两个部位完全闭塞。软腭上升，堵塞通向鼻腔的通路。气流经过口腔先把阻塞部位冲开一条窄缝，然后从窄缝中挤出，摩擦成声。塞擦音的发音比较特殊，先爆破后摩擦，两个过程紧密结合。塞擦音有 j、q、zh、ch、z、c，共 6 个。

（4）鼻音：在发音时，口腔里构成阻碍的两个部位完全闭塞。软腭下垂，打开通向鼻腔的通路。气流此时使声带颤动，从鼻腔通过。做声母的鼻音有 m、n。

（5）边音：在发音时，舌尖与上齿龈接触或接近构成阻碍，舌两边留有空隙。软腭上升，堵塞通向鼻腔的通路。气流在使声带颤动的同时，从舌的两边空隙通过。普通话中只有 1 个边音 l。

此外，按照发音时呼出的气流的强弱，普通话声母中的塞音和塞擦音可以分为两类：送气音和不送气音。送气音有 p、t、k、q、ch、c，共 6 个；不送气音有 b、d、g、j、zh、z，共 6 个。

按照发音时声带是否颤动，普通话声母又可以分为清音和浊音两类。清音指的是呼出气流时，声门打开，声带不颤动，发出的音不响亮。普通话声母中一共有 17 个清音声母，分别是：b、p、f、d、t、g、k、h、j、q、x、zh、ch、sh、z、c、s。浊音指的是气流呼出时，声带颤动，发出的音比较响亮。普通话声母中一共有 4 个浊音声母，分别是：m、n、l、r（表 1-1）。

表 1-1 普通话声母发音要领

发音方法		发音部位	双唇音	唇齿音	舌尖前	舌尖中	舌尖后	舌面音	舌根音
塞音	清	不送气	b			d			g
		送气	p			t			k
塞擦音	清	不送气			z		zh	j	
		送气			c		ch	q	
擦音	清			f	s		sh	x	h
	浊						r		
鼻音	浊		m			n			
边音	浊					l			

（三）发音训练

1. 双唇音：b、p、m

发音唇舌无力、口腔松软与这三个音发不好有直接关系。应唇部收紧，接触有力，并注意与气息的配合。力量集中在双唇中央。不要咧嘴角，不要双唇抿起，否则会影响音准。送气音的气流别太强。

b
单音节：孢 薄 苯 泵 边 白 表 蚌
　　　　奔 鼻 百 钵 播 别 把 不
双音节：搬家　荸荠　保险　被动
　　　　包销　驳回　比武　陛下
四音节：不计其数　别具一格　背道而驰
　　　　百家争鸣　卑鄙无耻　悲从中来
　　　　冰天雪地　闭关自守　病入膏肓

p
单音节：拍 琶 捧 配 篇 牌 匹 票
　　　　抛 盘 品 譬 飘 骈 迫 判
双音节：攀登　琵琶　品种　迫害
　　　　偏偏　赔偿　谱写　票据
四音节：迫不及待　排忧解难　平分秋色
　　　　炮火连天　旁观者清　拍手称快
　　　　抛砖引玉　菩萨心肠　披星戴月

m
单音节：妈 民 锰 媚 咪 麻 美 漫
　　　　懵 描 闽 秘 猫 弥 马 麦
双音节：妈妈　盲人　买主　卖命
　　　　猫咪　门徒　马桶　脉络

四音节：慢条斯理　名副其实　目不转睛
　　　　名列前茅　面目全非　梦寐以求
　　　　目瞪口呆　眉飞色舞　民富国强

句段练习：

（1）八百标兵奔北坡，炮兵并排北边跑。
　　　炮兵怕把标兵碰，标兵怕碰炮兵炮。
（2）巴老爷有八十八棵芭蕉树，
　　　来了八十八个把式要在巴老爷八十八棵芭蕉树下住。
　　　巴老爷拔了八十八棵芭蕉树，
　　　不让八十八个把式在八十八棵芭蕉树下住。
　　　八十八个把式烧了八十八棵芭蕉树，
　　　巴老爷在八十八棵树边哭。

2. 唇齿音：f

上齿与下唇靠拢，上齿不要咬住下唇发音，否则成阻部位面积大，力量分散，显得笨拙。成阻面积不要太大，否则易产生杂音，要调理好气息，除阻后紧接元音，这样字音就发清楚了。我们要学会节制气流，扬声器中传出的杂音，一部分就是擦音造成的。

f
单音节：发　凡　仿　废　分　佛　讽　赋
　　　　丰　肥　否　份　芳　浮　法　放
双音节：发出　繁荣　腐朽　愤怒
　　　　翻身　服从　法宝　奉献
四音节：方兴未艾　奋不顾身　风驰电掣
　　　　翻来覆去　风起云涌　繁荣富强
　　　　放手一搏　夫妻同心　发扬光大

句段练习：

（1）粉红墙上画凤凰，凤凰画在粉红墙。

　　　红凤凰、粉凤凰，红粉凤凰花凤凰。

（2）黄瓦房、灰瓦房、粉瓦房，瓦匠瓦房顶上刷瓦房。

　　　冯瓦匠刷黄瓦房、粉瓦房，

　　　黄瓦匠刷灰瓦房、黄瓦房。

　　　黄、冯瓦匠刷好黄瓦房、灰瓦房、粉瓦房。

3. 舌尖中音： d、t、n、l

我们平常所说的"唇舌无力"中的"舌"主要是指舌尖音的发音无力。气流冲破成阻部位时，舌尖无力度，字音就会松散。应注意将着力点放在舌尖上，部位要准确，舌尖要有力度。调整好气息，使气流不断冲击成阻部位，舌尖灵活有力地弹击上齿龈。

d

单音节：搭　笛　党　淡　呆　德　懂　第
　　　　当　读　等　道　丢　叠　抖　断

双音节：担心　敌情　党委　大地
　　　　当今　毒蛇　导管　代价

四音节：大惊小怪　独一无二　得心应手
　　　　大相径庭　得天独厚　点石成金
　　　　德高望重　大显身手　大公无私

t

单音节：它　抬　坦　烫　掏　提　舔　特
　　　　挑　停　铁　痛　偷　图　腿　拓

双音节：他乡　台词　体检　特质
　　　　天资　搪瓷　讨好　态势

四音节：天经地义　啼笑皆非　谈虎色变
　　　　兔死狐悲　同流合污　偷天换日

铁证如山　突如其来　脱颖而出

n

单音节：拈　拿　奶　闹　捏　南　你　内
　　　　孬　能　鸟　嫩　妮　狞　扭　喏
双音节：捏弄　南洋　脑髓　耐用
　　　　拈花　奴仆　袅袅　嫩绿
四音节：弄虚作假　难分难解　能说会道
　　　　怒发冲冠　年年有余　泥泞不堪
　　　　南征北战　逆流而上　南辕北辙

l

单音节：拉　来　懒　浪　捞　雷　冷　乐
　　　　撩　离　脸　谅　拎　留　领　劣
双音节：拉开　来年　懒散　浪费
　　　　垃圾　劳模　冷暖　乐趣
四音节：来龙去脉　理直气壮　了如指掌
　　　　淋漓尽致　来者不拒　屡见不鲜
　　　　落花流水　炉火纯青　琳琅满目

句段练习：

（1）你会炖炖冻豆腐，你来炖我的炖冻豆腐；
　　　你不会炖炖冻豆腐，别胡炖乱炖炖坏了我的炖冻豆腐。

（2）老罗拉了一车梨，老李拉了一车栗。
　　　老罗人称大力罗，老李人称李大力。
　　　老罗拉梨做梨酒，老李拉栗去换梨。

（3）牛郎恋刘娘，刘娘念牛郎。
　　　牛郎年年恋刘娘，刘娘年年念牛郎。
　　　郎恋娘来娘念郎。

4. 舌根音：g、k、h

舌根音 g、k、h 是 21 个声母中发音最靠后的三个音，也是音色最暗的一组音。有些男声为了追求声音宽厚、有气势，把这三个本来已经靠后的舌根音发得更靠后，这样极容易把韵母也带到后面，导致发声状态不正确。喉音的产生和这三个音错误的发音方式有直接关系。要注意舌位有意识地前移，也就是"后音前发"。

g
单音节：干　革　梗　盖　膏　国　广　共
　　　　刚　隔　苟　挂　关　嘎　骨　逛
双音节：干冰　国旗　改写　干线
　　　　公约　隔离　古朴　供奉
四音节：顾名思义　根深蒂固　甘拜下风
　　　　光彩夺目　功德无量　高谈阔论
　　　　国富民强　骨肉相连　盖棺论定

k
单音节：开　咳　傀　看　慷　狂　考　跨
　　　　空　扛　苦　裤　坤　葵　咯　廓
双音节：开车　魁梧　坎坷　亢奋
　　　　空心　克扣　傀儡　扩建
四音节：开源节流　刻不容缓　可歌可泣
　　　　慷慨解囊　脍炙人口　空无一人
　　　　夸大其词　口无遮拦　空口无凭

h
单音节：哈　孩　罕　浩　轰　痕　吼　户
　　　　花　盒　缓　坏　荒　回　火　混
双音节：烘托　寒潮　悔改　后备
　　　　呼声　河床　好歹　混乱

四音节：汗流浃背　海市蜃楼　后顾之忧
　　　　焕然一新　浩浩汤汤　荒郊野岭
　　　　花红柳绿　昏昏欲睡　祸从口出

句段练习：

（1）哥挎瓜筐过宽沟，赶快过沟看怪狗。
　　　光看怪狗瓜筐扣，瓜滚筐空哥怪狗。
（2）华华有两朵黄花，红红有两朵红花。
　　　华华要红花，红红要黄花。
　　　华华送给红红一朵黄花，
　　　红红送给华华一朵红花。

5. 舌面音：j、q、x

发舌面音 j、q、x 时最容易出现尖音（舌尖化）的问题。对于播音员来说，有了尖音，会显得不庄重、不朴实。为了防止尖音的出现，除了做好辨音外，还应注意不要让舌尖碰到牙齿或跑到两齿之间。部分人发 j、q、x 音时舌尖下垂至下齿龈，舌尖后移，可能是受方言影响（如山东方言），所以发音时要找准发音部位。

j

单音节：讥　局　拣　将　骄　杰　紧　静
　　　　纠　颊　炯　卷　撅　及　酒　俊
双音节：激增　结余　脊髓　降价
　　　　艰辛　及格　假想　进度
四音节：矫揉造作　急中生智　精益求精
　　　　举足轻重　鞠躬尽瘁　拒之门外
　　　　艰难险阻　炯炯有神　将心比心

q

单音节：戚　裙　悄　恰　呛　禽　请　怯
　　　　钦　畦　取　劝　缺　琼　浅　沁
双音节：栖息　前程　起舞　峭壁

　　　　　切割　棋盘　浅海　切忌
四音节：岂有此理　千钧一发　前仆后继
　　　　　潜移默化　悄无声息　轻而易举
　　　　　情不自禁　轻描淡写　罄竹难书

x

单音节：兮　贤　想　霞　兴　雄　朽　续
　　　　　逍　霞　写　信　宣　学　喜　逊
双音节：西医　贤德　想法　下课
　　　　　硝烟　谐调　许久　血汗
四音节：胸有成竹　兴高采烈　心旷神怡
　　　　　心不在焉　相得益彰　选贤举能
　　　　　瑕不掩瑜　下里巴人　信手拈来

句段练习：

（1）七加一，再减一，加完减完等于几？
　　　七加一，再减一，加完减完还是七。

（2）七巷一个漆匠，西巷一个锡匠。
　　　七巷漆匠偷了西巷锡匠的锡，
　　　西巷锡匠拿了七巷漆匠的漆。
　　　七巷漆匠气西巷锡匠偷了漆，
　　　西巷锡匠讥七巷漆匠拿了锡。
　　　请问锡匠和漆匠，
　　　谁拿了谁的锡？谁偷了谁的漆？

（3）生身亲母亲，谨请您就寝。请您心宁静，身心很要紧。
　　　新星伴明月，银光澄清清。尽是清静境，警铃不要惊。
　　　您请我进来，进来敬母亲。

6. 舌尖后音（翘舌音）：zh、ch、sh、r

舌尖后音 zh、ch、sh、r 又叫翘舌音，这组音的发音易和舌尖前音相混。从部位上说,一种情况是这组声母发得比较靠后,把翘舌音变成了卷舌音。解决这个问题要着重练习翘起这个动作。另一种情况是发音偏前,舌位较平,接近于平舌音。解决这个问题舌尖要尽量后移,顶住硬腭前部,再发舌尖后音,听起来就不那么偏前了。发音时注意下巴松弛,牙关打开,气息通畅。

zh

单音节:毡 轧 掌 召 珍 折 整 治
中 竹 肘 拽 专 卓 爪 壮

双音节:扎根 着迷 掌管 战栗
争端 直达 整理 种地

四音节:诸如此类 震耳欲聋 招之即来
专心致志 卓尔不群 整装待发
纸上谈兵 周而复始 重中之重

ch

单音节:权 柴 铲 畅 车 辰 逞 虫
尺 抽 出 船 串 创 垂 辍

双音节:插秧 柴油 产品 倡议
车身 臣民 惩处 创建

四音节:触目惊心 川流不息 出乎意料
出其不意 出类拔萃 赤手空拳
持之以恒 畅所欲言 车水马龙

sh

单音节:筛 勺 陕 霎 摔 神 舍 上
生 时 手 术 烧 爽 甩 税

双音节:杀菌 神灵 手稿 扇贝
伸缩 实权 审理 上将

四音节:生无可恋 实事求是 杀伐果决
上善若水 时不我待 舍我其谁

伤痕累累　神采飞扬　史无前例

r

单音节：扔　饶　冉　让　嚷　人　冗　若
　　　　荣　汝　日　柔　软　锐　热　然

双音节：热爱　人才　日记　融合
　　　　弱势　仍然　入夜　人权

四音节：冉冉升起　若无其事　如闻其声
　　　　仁至义尽　燃眉之急　人云亦云
　　　　日落西山　如梦初醒　人心所向

句段练习：

（1）刚往窗上糊字纸，你就隔着窗户撕字纸。

　　一次撕下横字纸，一次撕下竖字纸。

　　横竖两次撕了四十四张湿字纸。

　　是字纸你就撕字纸，不是字纸，你就不要胡乱撕一地纸。

（2）树上结了四十四个涩柿子，树下蹲着四十四头石狮子；

　　树下四十四头石狮子，要吃树上四十四个涩柿子；

　　涩柿子不让石狮子吃涩柿子，石狮子偏要吃涩柿子。

（3）四是四，十是十，十四是十四，四十是四十。

　　不要把四十说成十四，也不要把十四说成四十。

7. 舌尖前音（平舌音）：z、c、s

发舌尖前音 z、c、s 时，舌尖与上齿背成阻，而不是舌前部整个贴在上齿背或齿龈上，成阻面要小，力量要集中。避免舌尖伸到两齿中间发成齿间音。

z

单音节：灾　杂　宰　暂　糟　责　籽　葬
　　　　宗　足　总　赠　兹　凿　走　罪

双音节：灾荒　杂粮　总管　再度

　　　　　糟糕　责成　早点　赞颂
四音节：自得其乐　座无虚席　责无旁贷
　　　　凿壁偷光　纵横捭阖　载歌载舞
　　　　字里行间　坐吃山空　自告奋勇

c

单音节：擦　岑　此　促　猜　曾　惨　凑
　　　　参　藏　踩　错　仓　从　草　策
双音节：苍天　蚕食　草拟　测绘
　　　　餐厅　裁员　彩礼　翠绿
四音节：层出不穷　此起彼伏　错综复杂
　　　　层峦叠嶂　惨不忍睹　沧海桑田
　　　　寸步难行　才疏学浅　藏龙卧虎

s

单音节：撒　俗　嗓　赛　三　随　扫　色
　　　　森　绥　死　素　僧　髓　索　算
双音节：撒娇　俗名　死板　赛事
　　　　私心　随和　怂恿　散会
四音节：丧心病狂　随心所欲　似是而非
　　　　司空见惯　三顾茅庐　森罗万象
　　　　死气沉沉　俗不可耐　四面楚歌

句段练习：

（1）早晨早早起，早起做早操。

　　　人人做早操，做操身体好。

（2）三山屹四水，四水绕三山。

　　　三山四水春常在，四水三山四时春。

（3）小四在刺字，四次刺"四"字。

　　　"四"字刺四次，四字都是四。

（四）声母难点音对比训练

1. z、c、s 和 zh、ch、sh

两字词的比较：

z、zh	自理—治理	栽花—摘花	钻营—专营	宝藏—保障
c、ch	推辞—推迟	一层—议程	粗布—初步	电磁—电池
s、sh	死结—使节	高三—高山	塞子—筛子	散光—闪光

两字词的连用：

z、zh	组织	作者	自制	赞助
c、ch	此处	财产	仓储	操场
s、sh	素数	随时	死守	赛事

2. n 与 l

两字词的比较：女客—旅客　无奈—无赖　男子—篮子　留念—留恋
两字词的连用：年龄　能力　农历　努力

3. f 与 h

两字词的比较：犯病—患病　西服—西湖　开发—开花　幅度—弧度
两字词的连用：符合　返回　分化　凤凰

4. zh、ch、sh 与 j、q、x

两字词的比较：

zh、j	标志—标记	杂志—杂技	朝气—娇气	驻扎—住家
ch、q	传世—诠释	白痴—白漆	船身—全身	池子—旗子
sh、x	商业—香叶	通顺—通讯	电扇—电线	湿气—吸气

两字词的连用：

zh、j	直接	逐渐	中间	主角
ch、q	长期	传奇	春秋	抽取

sh、x　　　　实习　实现　顺序　熟悉

5. z、c、s 与 j、q、x

两字词的比较：

z、j　　　　滋长—机长　资历—激励　脏水—江水　墓葬—木匠

c、q　　　　刺头—气头　磁带—脐带　苍生—枪声　次贷—气袋

s、x　　　　丝瓜—西瓜　桑蚕—相残　丧生—相声　私人—昔人

两字词的连用：

z、j　　　　自己　杂技　宗教　嘴角

c、q　　　　采取　存钱　苍穹　凑齐

s、x　　　　思想　缩小　私心　苏醒

第三节　韵母

韵母是汉语音节中声母后面的部分，是发音圆润、动听、饱满的关键。普通话有39个韵母，其中23个由元音充当，16个由元音附带辅音韵尾构成。韵母的内部结构可以分为韵头、韵腹、韵尾三个部分。其中，韵母中声音最响亮的部分是韵腹部分，也是韵母中最为关键的发音部分，在它前面的是韵头，后面的则是韵尾。

普通话中的39个韵母可按照不同的条件进行分类，具体如下：

按照语音结构分为单元音韵母（单韵母）、复合元音韵母（复韵母）、鼻尾音韵母（鼻韵母）。

（1）单元音韵母有10个，分别是：a、o、e、ê、i、u、ü、-i（前）、-i（后）、er。

（2）复合元音韵母有13个，前响二合复韵母是：ai、ei、ao、ou；后响二合复韵母是：ia、ie、ua、uo、üe；三响中合复韵母是：iao、iou、uai、uei。

（3）鼻尾音韵母有16个，前鼻音韵母是：an、ian、uan、üan、en、in、uen、ün；后鼻音韵母是：ang、iang、uang、eng、ing、ueng、ong、iong。

按照汉语语音学的传统分析方法，可以根据韵母开头的元音的唇形把韵母分为四类：开口呼韵母、齐齿呼韵母、合口呼韵母、撮口呼韵母，即"四呼"。

（1）开口呼韵母指的是没有韵头，韵腹又不是 i、u、ü 的韵母。
（2）齐齿呼韵母指的是韵头或韵腹是 i 的韵母。
（3）合口呼韵母指的是韵头或韵腹是 u 的韵母。
（4）撮口呼韵母指的是韵头或韵腹是 ü 的韵母。

一、单元音韵母训练

单元音韵母是由单元音充当的韵母，简称单韵母，一共有 10 个。它们的发音特点主要是：发音时舌头的滑动不明显；可与声母组合构成音节，也可以自成音节。单元音韵母的发音条件是舌位和唇形的变化，舌位和唇形决定了单元音韵母的音色。图 1-1 是舌面元音舌位图[①]，该图具体直观地显示了各个单元音韵母在发音时舌位与唇形的变化关系。

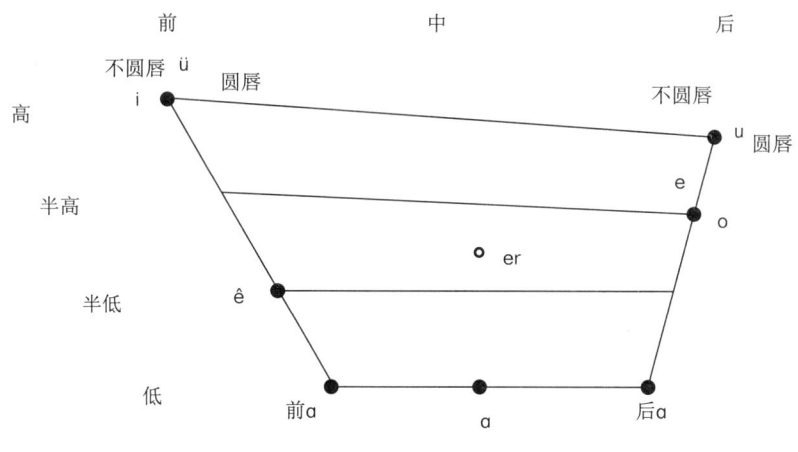

图 1-1　舌面元音舌位图

---

① 中国传媒大学播音主持艺术学院.播音主持语音与发声［M］.北京：中国传媒大学出版社.2014：66.

a

a 是央低不圆唇元音。发音时,软腭上升,关闭鼻腔,音波从口腔出。前舌面下降,舌中部微隆起,舌位低,口腔开度大。发音时,注意口腔打开,气流通畅,下巴松弛,舌位避免偏前或靠后。元音 a 独自成为音节,或用作单韵母,或与介音 i、u 构成复韵母 ia、ua 时,舌位在当中最低处。把发 a 音的舌位向前移一点,或向后移一点,也发出 a 音,但是声音稍有不同,叫"前 a""后 a"。ai、an 等韵母所包含的 a 就是"前 a",ao、ang 等韵母所包括的 a 就是"后 a"。这两个音不必单独练习,只要在学习复韵母和鼻韵母时联系起来观察体会就行。

单音节:阿 哈 卡 琶 他 爸 马 钠
　　　　雅 拉 杂 发 蛙 擦 打 尬
双音节:发达　大厦　打蜡　马达
　　　　压榨　眨巴　大坝　哈达
四音节:跋山涉水　大获成功　杀伐果决
　　　　马到成功　飒爽英姿　拿手好戏
　　　　煞费苦心　拉帮结伙　八面玲珑

o

o 是后半高圆唇元音。发音时,口腔半闭比 a 略窄,舌头后缩,舌根抬起,舌高点偏后,舌面两边微卷,舌中部凹进。注意两唇要收敛,嘴角略撮一些,但唇不要向前噘,上下唇的距离有一食指宽。在东北方言中,o 独立作为韵母时,往往由 e 来替代,如将波 bo、坡 po、摸 mo 读成 be、pe、me。

单音节:噢 播 佛 咯 摸 破 我 婆
　　　　柏 颇 沫 迫 勃 叵 卧 跛
双音节:默默　婆婆　菠萝　破落
　　　　磨破　破获　剥夺　勃勃
四音节:勃勃生机　莫名其妙　默默无闻
　　　　迫在眉睫　破釜沉舟　卧薪尝胆
　　　　破铜烂铁　博闻强识　墨守成规

e

e 是后半高不圆唇元音。发音时,在发 o 的基础上,唇稍向两嘴角展开。练习时保持微笑状态,上下齿从外观上可见到,上下齿之间稍有些距离,这样发音会圆润、明亮。元音 o、e 的舌位都是在后的、半高的,但是唇形不同:o 是圆唇,e 是不圆唇,都能做单韵母。o 可以与 u 结合成为复韵母 uo、ou。

单音节:饿 策 德 歌 合 磕 乐 么
　　　　呢 热 瑟 特 夜 则 膈 撒
双音节:特色 合格 折射 苛责
　　　　车辙 舍得 社科 色泽
四音节:车水马龙 乐极生悲 责无旁贷
　　　　遮人耳目 何乐不为 热血沸腾
　　　　色厉内荏 策马奔腾 阖家欢乐

ê

ê 是前半低不圆唇元音。发音时,口腔半开,舌位前半低,舌尖轻触下齿背,舌面前部隆起,嘴角向两边微展,声带颤动,软腭抬起。ê 在普通话中只与 i、ü 相拼,构成 ie 和 üe 两个复韵母,训练时可借助这两个韵母的发音来体会。在普通话中,ê 除了用于语气词"欸"外,一般不单用。ê 不与任何辅音声母相拼,只出现在复韵母 ie、üe 中,并在书写时省去上面的附加符号"^"。

单音节:杰 憋 鞋 帖 雪 绝
双音节:谢谢 确切 协约 姐姐
　　　　血液 决绝 铁鞋 斜切
四音节:切肤之痛 皆大欢喜 别开生面
　　　　跃马扬鞭 学无止境 绝处逢生

i

i 是前高不圆唇(展唇)元音,是普通话中舌位最前最高的元音。发音时,口腔开度较小,舌尖在下齿背,舌中部隆起,前舌面上升接近硬腭,舌高点偏前,气流通路狭窄,但不应使气流产生摩擦,嘴角向两边展开呈扁平状。练习时,尽量把口腔打开些,舌位稍后些,这就是"窄元音宽发"。

单音节：笔　第　及　李　米　尼　皮　吸
　　　　起　集　题　秘　洗　鼻　一　梨
双音节：吉利　袭击　利息　遗迹
　　　　秘籍　积极　敌意　脾气
四音节：立竿见影　闭关锁国　集思广益
　　　　敌众我寡　滴水之恩　起承转合
　　　　日新月异　比翼双飞　低声下气

u

u 是后高圆唇元音，是普通话中舌位最后最高的元音。发音时，口腔开度较小，舌尖离下齿背稍远，舌头后缩，后舌面上升接近软腭，气流通路狭窄，唇向前撮呈圆形，如吹气状，音色较暗。

单音节：补　促　读　父　古　胡　图　哭
　　　　录　怒　素　物　母　铺　如　足
双音节：部署　出路　读物　服务
　　　　孤独　互助　瀑布　突出
四音节：如狼似虎　出口成章　不堪重负
　　　　粗心大意　出神入化　顾此失彼
　　　　狐假虎威　枯木逢春　触景生情

ü

ü 是前高圆唇元音。发音时，口腔开度较小，唇圆呈扁平小孔，双唇聚拢，两嘴角撮起，没有 u 圆，舌高点比 i 略后。ü 和 i 的发音情况基本相同，区别就在于唇形的圆扁，但 ü 没有 i 那么明亮。元音 i、ü 舌位都是在前的、高的。唇形 i 是不圆唇，ü 是圆唇。如果念不准 ü，可以先念 i，再将声音拖长，逐渐收敛嘴角，成为圆形，就变成 ü 了。元音 u 舌位是在后的、高的，唇形是圆唇。u、ü 虽然都是圆唇，但形状并不一样；发 u 时两唇更收敛。练习 i、u、ü 三个韵母的发音，要好好比较唇形。

单音节：巨　女　于　驴　虚
　　　　鞠　寓　绿　许　趋

双音节：渔具　序曲　区域　女婿

龃龉　郁郁　屡屡　须臾

四音节：举世无双　与人为善　屡试不爽

虚与委蛇　鞠躬尽瘁　郁郁葱葱

取长补短　女中豪杰　取之不尽

er

er 是央中不圆唇卷舌元音。发音时，口腔在半开半闭之间，舌尖卷起，对着硬腭。

er 是一个特别的元音，叫卷舌元音。发音时，舌位与中央 e［ə］一样，但舌尖要对着硬腭轻巧地向上一卷。如果对镜练习，应该看得见舌前部的底面；如果看不见，就是这个音没发好。这个元音只能自成音节，不和声母相拼。实际读音有［ɑr］和［ər］之分，当读去声时为［ɑr］，其他则是［ər］。

单音节：而　尔　二　洱

双音节：耳朵　二胡　儿女　洱海

二十　儿媳　而且　尔后

四音节：尔虞我诈　二龙戏珠　耳听八方

耳熟能详　二话不说　儿女情长

-i（前）

-i（前）是舌尖前不圆唇元音。口微开，嘴角向两边展开，舌尖轻触下齿背，舌尖前部和上齿背保持适当距离。发音时，声带颤动，软腭上升抬起。这个韵母只与声母 z、c、s 有拼合关系。

单音节：自　次　思　紫　赐　似

双音节：字词　自私　孜孜　刺字

此次　私自　四字　子嗣

四音节：自以为是　孜孜不倦　子孙满堂

词不达意　慈眉善目　此起彼伏

四面楚歌　似是而非　伺机而动

-i（后）

-i（后）是舌尖后不圆唇元音。口微开，嘴角向两边微展，舌前端抬起与硬腭前部保持适当距离。这个韵母只与声母 zh、ch、sh、r 有拼合关系。

单音节：之　迟　是　日
　　　　指　吃　时　至

双音节：支持　指示　纸质　值日
　　　　迟滞　吃食　直视　实质

四音节：指鹿为马　只言片语　知之甚少
　　　　持之以恒　驰骋沙场　叱咤风云
　　　　时日无多　诗词歌赋　时至今日

二、复合元音韵母训练

复合元音韵母是由两个或两个以上复合元音充当的韵母，简称复韵母，一共有 13 个。复韵母发音时舌部滑动，声音是连续变化的，不是单元音的简单相加，元音之间相互影响，发音部位有轻微的变化。

二合复韵母由两个元音构成，有前响和后响两种类型。这里的"响"指的是发音更响亮的那个元音，也就是韵腹的部分。韵母发音中最响亮的部分是韵腹，韵腹是韵母发音中最为重要的因素，会影响字音的饱满、洪亮。二合前响复韵母有 ai、ei、ao、ou，二合后响复韵母有 ia、ie、ua、uo、üe。三合复韵母由三个元音构成，也被称为三合中响复韵母，有 iao、iou、uai、uei。

ai

ai 是前响复韵母。发音时，a 处于略前而高的位置，口腔开度略小。i 只是表示舌头移动的方向，实际到不了 i 的位置。a 音较为清晰响亮，i 音发得较轻较短较弱，并应避免偏前，要打开口腔。

单音节：百　菜　带　改　害　开　来　买
　　　　奶　拍　赛　抬　外　在　歹　霾

双音节：白菜　采买　海带　开采
　　　　买卖　奶盖　拍卖　灾害

四音节：百口莫辩　才华横溢　待字闺中
　　　　改头换面　害群之马　开诚布公
　　　　来来往往　拍手称快　歪门邪道

ei

ei 是前响复韵母。ei 里的 e 是一个前半高不圆唇元音，它与前面提到的单元音 e 并不是同一音位，只是写法相同罢了。ei 里的 i 舌位比单发的 i 略低，舌高点略偏后。由于是前响，前面音素发得要清晰、响亮，后面音素发得轻短较弱。

单音节：背　得　飞　给　黑　雷　美　内
　　　　陪　忑　胃　贼　肥　煤　配　微
双音节：蓓蕾　狒狒　飞贼　内配
　　　　配备　违背　贼匪　卑微
四音节：背水一战　飞扬跋扈　黑白分明
　　　　雷厉风行　美不胜收　内忧外患
　　　　为民除害　贼眉鼠眼　杯弓蛇影

ao

ao 是前响复韵母。发音时，ao 中的 a 受到后高元音 o 的影响，处于比较靠后的位置，舌位也高一点。o 同时受到 a 的影响，舌位比单发时稍低，嘴唇略圆。注意"后音前发"。

单音节：宝　糙　岛　搞　好　考　牢　猫
　　　　闹　跑　绕　嫂　掏　摇　早　找
双音节：报道　操劳　稻草　犒劳
　　　　叨扰　超导　照耀　药草
四音节：劳苦功高　牢狱之灾　道貌岸然
　　　　报仇雪恨　高山流水　操之过急
　　　　毛遂自荐　少见多怪　老成持重

ou

ou 是前响复韵母。发音时，ou 里的 o 比单发时舌高点略后且略高，但 o 的唇形没有单发时圆，双唇略撮，舌尖微接下齿背，舌位在 e 稍后处。o 发得较长较响亮，u 比单发时口腔开度大，但唇形比 u 扁，舌根隆起，发音较短。

单音节：凑 抖 否 购 厚 口 楼 某
　　　　坏 柔 手 头 有 走 周 抽
双音节：丑陋 兜售 佝偻 叩首
　　　　肉粥 收走 忧愁 走兽
四音节：钩心斗角 厚颜无耻 口是心非
　　　　漏洞百出 搜肠刮肚 手无寸铁
　　　　头头是道 有气无力 走马观花

ia

ia 是后响复韵母。发音时，a 由于受高元音 i 的影响，舌位稍高，口腔开度比单发时稍闭。同样 i 也会受央低元音 a 的影响，舌位稍降。i、a 相比，i 的发音短暂而极具过渡性；a 的发音较为响亮，时程也较长。练习时注意"前音后发"。

单音节：驾 嗲 假 狭 下
　　　　恰 俩 家 虾 掐
双音节：下嫁 加价 掐架 假牙
　　　　恰恰 下架 下家 押下
四音节：驾轻就熟 下里巴人 家喻户晓
　　　　恰如其分 家徒四壁 虾兵蟹将
　　　　侠肝义胆 掐头去尾 狭路相逢

ie

ie 是后响复韵母。ie 里的 e 是一个前半低不圆唇元音，国际音标为 [ɛ]，在拼音方案中记作 ê。发音时，前舌面略向硬腭上升，舌位半低，比 ei 中的 e 略低一点。i 的发音较为短暂，ê 的发音较为响亮。

单音节：别 叠 杰 裂 灭 捏 撇 妾
　　　　贴 写 瞥 咧 嗟 屉 憋 铁
双音节：结节 裂解 乜斜 贴切
　　　　铁屑 谢谢 趔趄 姐姐

四音节：别出心裁　喋喋不休　铁面无私
　　　　借刀杀人　且战且走　切肤之痛
　　　　铁石心肠　卸磨杀驴　别开生面

ua

ua 是后响复韵母。发音时，a 的口形比单发时稍圆，口腔稍开。u 的口形稍开，舌位稍降。u 的发音短暂，a 的发音较为响亮。注意"后音前发"。

单音节：挂　花　夸　刷　抓
　　　　瓜　话　垮　耍　爪
双音节：挂画　花滑　抓挂　耍滑
　　　　刮花　刮刷　画刷　娃娃
四音节：瓜熟蒂落　花红柳绿　刮目相看
　　　　花前月下　夸大其词　寡不敌众
　　　　夸夸其谈　抓耳挠腮　花好月圆

uo

uo 是后响复韵母。发音时，uo 里的 o 比单发时口腔稍闭，唇形稍圆。uo 里的 u 比单发时唇形略大，但发得轻短，o 发得响而长。注意 uo 的发音动程窄，合口后，打开口腔，避免发成单韵母。

单音节：错　多　过　或　扩　罗　弱　索
　　　　拓　做　戳　卓　说　夺　廓　妥
双音节：错过　堕落　过错　火锅
　　　　阔绰　骆驼　坐落　错落
四音节：错落有致　落荒而逃　多此一举
　　　　火树银花　落叶归根　火冒三丈
　　　　拖泥带水　左右开弓　卓尔不群

üe

üe 是后响复韵母。üe 里的 e 与 ie 中的 e 属同一元音，在拼音方案中记作 ê。发 ü 较轻短，发 ê 响而长。发音时，注意 ü 的撮口，打开口腔。

单音节：绝　略　缺　雪　约　虐
　　　　雀　薛　月　掠　倔　靴
双音节：决绝　雀跃　约略　缺雪
　　　　月缺　雪月　绝学　越爵
四音节：绝无仅有　雪上加霜　决一死战
　　　　略施小计　绝处逢生　缺一不可
　　　　雪中送炭　月明星稀　约定俗成

iao

iao是中响复韵母。发音时，在ao的基础上增加了i（韵头）到ao的发音动程，ao中的a舌位稍高且唇形略扁，这是受到了i的影响。i的舌位比单元音i更高，与上颚接近甚至稍有摩擦，故称之为"半元音"，而且发得轻短；a发得响亮，最后趋向于o的部位。iao的发音动程较宽，唇形舌位的变化较大。

单音节：表　掉　叫　聊　妙
　　　　鸟　票　巧　跳　笑
双音节：秒表　吊脚　角标　料峭
　　　　疗效　缥缈　跷脚　调教
四音节：表里如一　调兵遣将　调虎离山
　　　　教学相长　叫苦不迭　聊胜于无
　　　　妙笔生花　妙手回春　鸟语花香

iou

iou是中响复韵母。发音时，舌位由较紧的i（韵头）向后稍低过渡，o音后舌面向软腭升起，唇形是圆的，韵尾u表示元音活动的方向。对于口腔稍窄的人来说，发音时注意口腔开度以及尾音u的唇形，以保持字音的准确度。在汉语拼音方案中iou写为iu，但在实际发音中不能省略当中的o音，发音必须发全。

单音节：丢　就　留　谬
　　　　牛　球　秀　柳
双音节：舅舅　救球　琉球　求救
　　　　绣球　久留　牛油　悠久

四音节：丢人现眼　鸠占鹊巢　流水潺潺

　　　　牛高马大　忸忸怩怩　秋高气爽

　　　　求贤若渴　修身养性　修辞立诚

uai

uai 是中响复韵母。在 ai 的基础上增加了 u（韵头）到 ai 的发音动程，由于受到圆唇 u 音的影响，ai 里的 a 变得稍圆。发音时，u 发得轻短，a 发得响亮，最后趋向于 i 的部位。在整个发音过程中，唇形舌位变化较大。

单音节：怪　坏　快　帅　踹

　　　　拽　拐　蒯　槐　揣

双音节：乖乖　怀揣　摔坏　快拽

　　　　踹坏　甩甩　拽坏　怪帅

四音节：拐弯抹角　怀才不遇　怀恨在心

　　　　快马加鞭　揣合逢迎　快步流星

　　　　揣时度力　拐弯抹角　率性行事

uei

uei 是中响复韵母。发音时，在 ei 的前面加了一段 u 的发音动程，舌位先降后升，前舌面向硬腭上升，不圆唇，韵尾 i 表示元音活动的方向。在非零声母音节中，e 并不突出，只是处于由 u 到 i 的过程中，所以在写法上忽略这个 e。

单音节：催　对　贵　会　葵　锐

　　　　岁　腿　醉　吹　水　坠

双音节：会徽　队徽　回归　溃退

　　　　碎嘴　退回　醉鬼　荟萃

四音节：吹弹可破　对答如流　垂头丧气

　　　　璀璨夺目　捶胸顿足　鬼斧神工

　　　　垂涎三尺　摧枯拉朽　吹毛求疵

三、鼻尾音韵母训练

鼻尾音韵母是由元音和鼻辅音构成的韵母，简称鼻韵母，一共有 16 个。普通话中可以构成鼻韵母的鼻辅音只有两个：舌尖鼻音 n 和舌根鼻音 ng，它们也被称为前鼻音和后鼻音。将两者进行对比，我们会发现它们音节末尾的鼻音在发音上有所不同，在发音过程中并没有除阻阶段。

鼻韵母分为前鼻音韵母和后鼻音韵母两类。前鼻音韵母有 8 个，分别是：an、en、in、ian、uan、uen、üan、ün。后鼻音韵母也有 8 个，分别是：ang、eng、ing、iang、uang、ueng、ong、iong。

鼻韵母的发音特点是：（1）鼻韵母由元音和鼻辅音组合而成；（2）鼻韵母实际上由舌部的不同部位活动组合而成；（3）在元音到鼻辅音的发音过程中存在相互融合的过渡阶段，也就是元音鼻化阶段。

an

an 是前鼻音韵母。发音时，an 中 a 的舌位由于受到前鼻韵尾 n 的影响，处于比较前的位置，为前低不圆唇元音。n 的归音部位比它充当声母时的除阻部位稍后。鼻韵母音节在语流中由于受到前后音节协同发音的影响，往往会丢失鼻辅音而使主要元音鼻化，但在练习阶段必须归音到鼻辅音上。

单音节：班　参　蛋　烦　敢　汗　看　懒
　　　　慢　难　盘　然　散　摊　咱　站
双音节：拌饭　惨淡　单杆　反弹
　　　　感染　勘探　懒散　展览
四音节：侃侃而谈　懒懒散散　蛮不讲理
　　　　攀龙附凤　三阳开泰　战战兢兢
　　　　甘拜下风　肝肠寸断　干柴烈火

en

en 是前鼻音韵母。发音时，e 的舌位比单发时靠前，舌位升高，舌尖顶住上齿龈，软腭下垂，气流从鼻腔流出，归音到鼻音 n 上。注意与 eng 这个后鼻音韵母的区别。

单音节：奔 岑 分 跟 很 肯 门 嫩
　　　　盆 人 森 吻 怎 陈 身 圳
双音节：深圳　本分　认真　振奋
　　　　本身　深沉　真身　愤恨
四音节：亘古不变　根深蒂固　任重道远
　　　　森罗万象　人才辈出　笨鸟先飞
　　　　针锋相对　本末倒置　震耳欲聋

ian

ian 是前鼻音韵母。在 an 韵前加了一个轻短的 i 韵头。发音时，a 处于比较前且比较高的位置。在实际运用中，注意舌的往返动程要宽，活动范围稍大些。

单音节：边　点　见　脸　面
　　　　年　篇　钱　天　先
双音节：脸面　前天　先天　缅甸
　　　　见面　年检　电线　便笺
四音节：鞭长莫及　点石成金　变本加厉
　　　　遍地开花　颠倒黑白　鲜衣怒马
　　　　见异思迁　坚壁清野　仙风道骨

in

in 是前鼻音韵母。发音时，舌尖抵住下齿背发出 i 音，然后舌尖上举顶住上齿龈，同时软腭下降，气流从鼻腔流出。在实际运用中，i 的开口度要适当扩大，以增加声音的圆润度。

单音节：斌　仅　拎　民　您　品　亲　心　音　禁
双音节：濒临　仅仅　临近　民心
　　　　拼劲　亲民　薪金　引进
四音节：彬彬有礼　金榜题名　宾至如归
　　　　谨小慎微　心安理得　因材施教
　　　　贫困潦倒　秦晋之好　民胞物与

uan

uan 是前鼻音韵母。在 an 韵前增加了一个轻短的 u 韵头。发音时，a 的舌位比单发时靠前，为前低不圆唇元音。u 的口形比单发时稍圆。

单音节：蹿　短　关　欢　卷　款　乱　暖
　　　　全　算　团　选　圆　钻　栓　转

双音节：团员　穿暖　短管　贯穿
　　　　宦官　乱窜　软缎　传唤

四音节：传道授业　欢天喜地　算无遗策
　　　　专心致志　川流不息　钻心刺骨
　　　　断壁残垣　关怀备至　管中窥豹

uen

uen 是前鼻音韵母。先发 u，舌头抬高接近软腭，圆唇，u 发得轻短。紧接着，舌尖前伸抵上齿龈，软腭下降，气流从鼻腔流出。语流中注意 u 的圆唇与口腔开度的保持。中间的元音 e 是过渡性的，在非零声母音节中，中间的 e 被省略，记成 un。

单音节：村　盾　棍　混　困　论　润　孙
　　　　吞　吻　尊　唇　顺　准　蹲　魂

双音节：春困　混沌　温润　论文
　　　　伦敦　昆仑　春笋　馄饨

四音节：滚瓜烂熟　魂牵梦萦　温文尔雅
　　　　浑然一体　寸草不生　稳扎稳打
　　　　文武双全　混淆视听　困兽犹斗

üan

üan 是前鼻音韵母。在 an 韵前加了一个轻短的 ü 韵头。发音时，a 的舌位比单发时偏高，略在中部。ü 的舌位较高且靠前，唇形较圆。üan 中 a 的发音，有别于 an 音中的发音。实际发音时应注意撮口圆唇。

单音节：涓　权　宣　愿　卷　倦　怨　炫
　　　　券　悬　全　选　圆　渊　苑　劝

双音节：权利　玄关　捐款　宣泄
　　　　全员　全款　炫耀　源泉
四音节：不宣而战　临渊羡鱼　诲人不倦
　　　　涓涓细流　不测之渊　全力以赴
　　　　大肆宣扬　团团圆圆　喧宾夺主

ün

ün 是前鼻音韵母。发音时，先发圆唇撮口的 ü，但唇形没有单发时那么圆，舌面接近硬腭。紧接着舌尖前抵上齿龈，软腭下垂，气流从鼻腔出。注意舌面不要升得太高，以免产生摩擦噪声。

单音节：军　群　寻　韵
　　　　训　俊　裙　晕
双音节：菌群　军训　均匀　逡巡
　　　　韵脚　寻找　芸芸　循循
四音节：军令如山　群策群力　君无戏言
　　　　循序渐进　运筹帷幄　群龙无首
　　　　云淡风轻　君子之交　循规蹈矩

ang

ang 是后鼻音韵母。发音时，ang 中的 a 受后鼻韵尾 ng 的影响，处于比较靠后的位置，为后低不圆唇元音。a 的口腔开度大于单发的 a。

单音节：棒　藏　当　放　刚　行　康　浪
　　　　忙　囊　胖　让　桑　趟　往　张
双音节：商场　当场　党章　行当
　　　　沧桑　厂房　方糖　帮忙
四音节：膀大腰圆　康庄大道　旁若无人
　　　　张灯结彩　纲举目张　掌上明珠
　　　　旁观者清　张冠李戴　畅所欲言

eng

eng 是后鼻音韵母。发音时，e 的舌位比单发时偏前且低，然后舌根后缩与软腭接触，此时软腭下垂，气流从鼻腔流出。实际运用时，为增加声音响度，应增大口腔开度。

单音节：崩　层　等　风　更　横　坑　冷
　　　　懵　能　捧　仍　僧　疼　赠　整
双音节：乘风　风声　更正　横生
　　　　生成　升腾　逞能　风筝
四音节：蹦蹦跳跳　层峦叠嶂　瞠目结舌
　　　　蓬荜生辉　承上启下　懵懵懂懂
　　　　能者多劳　登峰造极　风花雪月

ong

ong 是后鼻音韵母。发音时，o 的发音与发单韵母 o 不同，它在 u 与 o 之间，口腔开度比 u 的开度稍大，时程较短。舌根接触软腭，口腔通路封闭，发出鼻音。要注意它与 ueng 和 eng 的区别。

单音节：从　懂　共　洪　空　龙　弄　荣
　　　　颂　同　总　冲　中　公　拢　痛
双音节：隆重　共同　从容　空中
　　　　轰动　冲动　通红　充公
四音节：功亏一篑　匆匆忙忙　空空如也
　　　　弄假成真　戎马生涯　洪水猛兽
　　　　功德无量　公私分明　耸人听闻

iang

iang 是后鼻音韵母。在 ang 韵前加了一个轻短的 i 韵头。发音时，iang 的发音动程较宽，ang 受到 i 的影响，a 的唇形稍扁。

单音节：将　两　强　想　洋
　　　　向　凉　抢　养　酱
双音节：奖项　江洋　亮相　凉凉

跟跄　良将　粮饷　强项

四音节：强词夺理　跟跟跄跄　强兵富国

将心比心　江东父老　强弩之末

将功补过　相安无事　响彻云霄

ing

ing 是后鼻音韵母。发音时，舌面接近硬腭先发出 i，然后舌头后缩，舌根与软腭接触，口腔关闭，气流从鼻腔流出。实际运用中注意与 in 的区别。

单音节：冰　定　经　领　名　宁　瓶　请

挺　行　应　病　景　乒　听　醒

双音节：冰晶　定睛　精兵　精明

明星　应景　经营　蜻蜓

四音节：定睛一看　精兵强将　铤而走险

形容枯槁　请君入瓮　冰清玉洁

轻声细语　惊世骇俗　精打细算

uang

uang 是后鼻音韵母。在 ang 韵前加了一个轻短的 u 韵头。uang 韵母的发音动程较宽，受到 u 的影响，a 的唇形较圆。

单音节：光　晃　狂　床　爽　装

双音节：黄光　矿床　窗框　双簧

装潢　状况　狂妄　双双

四音节：光彩夺目　狂风暴雨　恍若隔世

旷古奇闻　双喜临门　光怪陆离

慌不择路　匡时济世　双管齐下

ueng

ueng 是后鼻音韵母。发音时，u 要发得轻短，然后接着发 eng。实际运用时，合口音 u 的圆唇，可增加字音的准确度和清晰度。在普通话中，ueng 只能出现在零声母音节中，也就是说它不能与任何辅音字母相拼。它只能自成音节。

单音节：翁　嗡　瓮
双音节：渔翁　嗡嗡　水瓮
四音节：瓮中捉鳖　大瓮小瓮　嗡嗡作响

iong

iong 是后鼻音韵母。发音时，i 韵头由于受到圆唇 o 的影响，唇形由扁趋圆，接近于 u。与 j、q、x 组成音节时，注意在发音开始时就要撮口，否则影响发音的清晰度。

单音节：炯　穷　胸　用
　　　　琼　窘　咏　熊
双音节：熊熊　炯炯　熊猫　勇敢
　　　　窘迫　雄鹰　拥抱　琼脂
四音节：炯炯有神　穷凶极恶　凶神恶煞
　　　　茕茕孑立　胸无大志　胸有成竹
　　　　熊熊烈火　庸庸无为　雄才大略

四、韵母难点音对比训练

（一）前后鼻音　an-ang

担心—当心　产房—厂房　反问—访问　散失—丧失
烂漫—浪漫　山口—伤口　开饭—开放　施展—师长

ian-iang

鲜花—香花　坚硬—僵硬　简历—奖励　廉价—粮价
仙姑—香菇　浅显—抢险　试验—式样　老年—老娘

uan-uang

关节—光洁　栓剂—霜剂　专车—装车　晚年—往年
新欢—心慌　车船—车窗　奉还—凤凰　机关—激光

en-eng
沉积—乘机　粉刺—讽刺　申明—声明　陈旧—成就
诊治—整治　绅士—声势　终身—钟声　清真—清蒸

in-ing
亲生—轻生　频繁—平凡　金银—晶莹　禁地—境地
临时—零食　民心—明星　贫民—平民　弹琴—谈情

uen-ueng/ong
滚开—公开　春分—冲锋　炖肉—冻肉　轮子—笼子
吞并—通病　浑水—洪水　乡村—香葱　余温—渔翁

ün-iong
勋章—胸章　巡幸—雄性　运费—用费　群像—穷乡
人群—人穷　寻机—雄鸡　工运—公用　因循—英雄

（二）齐齿呼与撮口呼

i-u
遗传—渔船　异地—玉帝　大姨—大鱼　笔译—比喻

ie-üe
协会—学会　夜色—月色　茄子—瘸子　大写—大雪

ian-üan
咸盐—轩辕　闲心—悬心　前面—全面　有钱—有权

in-ün
今人—军人　信誉—训育　心急—熏鸡　通信—通讯

五、韵母绕口令

a

白石塔,白石搭。白石搭白塔,白塔白石搭。搭好白石塔,白塔白又大。

o

打南坡走来个老婆婆,两手托着俩笸箩。左手的笸箩装着菠萝,右手的笸箩装着萝卜。不知是左手的笸箩装着的菠萝多,还是右手的笸箩装着的萝卜多?说得对送你菠萝和萝卜,说得不对让你扛着笸箩上山坡。

e

坡上立着一只鹅,坡下就是一条河。宽宽的河,肥肥的鹅。鹅要过河,河要渡鹅。不知是鹅过河还是河渡鹅?

i

老毕篱下脱坯,老季窗西喂鸡。老毕脱坯怕碰跑了老季的鸡,老季喂鸡怕碰坏了老毕的坯。老毕顾及老季,老季顾及老毕。老季喂好鸡没碰坏老毕的坯,老毕脱完坯没碰跑老季的鸡。

u

山上五棵树,架上五壶醋,林中五只鹿,箱里五条裤。伐了山上的树,搬下架上的醋,射死林中的鹿,取出箱中的裤。

ü

村里新开一条渠,弯弯曲曲上山去。河水雨水渠里流,满山庄稼绿油油。

-i(前)

四十四个字和词,组成了一首子词丝的绕口词。桃子、李子、梨子、栗子、橘子、柿子、槟子、榛子,栽满院子、村子和寨子。刀子、斧子、锯子、凿子、锤子、刨子、钉子、尺子,做出桌子、椅子和箱子。名词、动词、数词、量词、代词、副词、助词、连词，造成语词、诗词和唱词。蚕丝、生丝、热丝、缫丝、染丝、晒丝、结丝、织丝，自制粗丝、细丝、人造丝。

-i（后）

史老师，讲时事，常学时事长知识。时事学习看报纸，报纸登的是时事，心里装着天下事。

er

有个小孩儿叫小兰儿，口袋儿装着几个钱儿。又打醋，又买盐儿，还买了一个小饭碗儿。小饭碗儿，真好玩儿，红花儿绿叶儿镶金边儿，中间儿还有个小红点儿。

ai

大柴和小柴，帮助爷爷晒白菜。大柴晒的是大白菜，小柴晒的是小白菜。大柴晒了四十四斤四两大白菜，小柴晒了三十三斤三两小白菜。大柴和小柴，一共晒了七十七斤七两大大小小的白菜。

ei

贝贝背水，水洒贝贝一背水；妹妹添煤，煤抹妹妹两眉煤。

ao

张果老，张果老，张果老的门前有棵白核枣。白的多，红的少，看的多，买的少，凭你说得快，一口气说不完一百个枣。一个枣，两个枣，三个枣……一百个枣。

ou

桥西走来一条狗，桥东跑来一只猴。走到桥心两碰头，狗望望猴，猴瞧瞧狗。狗跺跺脚向桥西跑，猴挠挠耳向桥东走。谁也不过桥，不知是狗怕猴，还是猴怕狗。

ia

小亚上午补了牙，邀请小贾去他家。小贾上街买了鸭，高高兴兴去了小亚家。谁知鸭肉碰掉了小亚的假牙，急得小亚怪小贾，急得小贾满地找假牙。

ie

一个小孩子，拿双布鞋子，出门看见紫茄子。小孩子急忙放下布鞋子，去拾紫茄子。拾了紫茄子，忘了布鞋子。

ua

一个胖娃娃，抓了三只大花活蛤蟆。三个胖娃娃，只抓了一只大花活蛤蟆。抓了一只大花活蛤蟆的三个胖娃娃，还不如抓了三只大花活蛤蟆的一个胖娃娃。

uo

树上一个窝，树下一口锅，窝掉下来打着锅，窝和锅都破。锅要窝赔锅，窝要锅赔窝。闹了半天，不知该锅赔窝，还是窝赔锅。

üe

打南边来了个瘸子，手里托着个碟子，碟子里装着茄子。地上钉着个橛子，一下子绊倒了瘸子，砸了手里的碟子，撒了碟里的茄子。气得瘸子拔了橛子、撒了碟子、踩了茄子。

iao

高高山上有座庙，庙里住着俩老道。一个年纪老，一个年纪小。庙前长着许多草药，有时候老老道煮药，小老道采药，有时候小老道煮药，老老道采药。

iou

一葫芦酒九两六，一葫芦油六两九。六两九的油，要换九两六的酒。九两六的酒，不换六两九的油。

uai

槐树槐，槐树槐，槐树底下搭戏台。人家的姑娘都来了，我家的姑娘还没来。说着说着就来了，骑着驴，打着伞，歪着脑袋上戏台。

uei

嘴说腿，腿说嘴，嘴说腿爱跑腿，腿说嘴爱卖嘴。光动嘴，不动腿，不如不长腿。光动腿，不动嘴，不如不长嘴。又动腿，又动嘴，腿不再说嘴，嘴不再说腿。

an

谭家谭老汉，挑担到蛋摊。买了半担蛋，挑担到炭摊。买了半担炭，满担是蛋炭。老汉往回赶，回家蛋炒饭，进门跨门槛，脚下绊一绊，跌了谭老汉，破了半担蛋，翻了半担炭，脏了木门槛。老汉看一看，急得满头汗，连说怎么办，蛋炭完了蛋，老汉怎么吃蛋炒饭。

ian

天连水，水连天，水天一色望无边。蓝蓝的天似绿水，绿绿的水如蓝天。到底是天连水，还是水连天？

uan

河里有只船，船上挂白帆。风吹帆张船向前，无风帆落停下船。

üan

圆圈圆，圈圆圈，圆圆娟娟画圆圈。娟娟画的圈连圈，圆圆画的圈套圈。娟娟圆圆比圆圈，看看谁的圆圈圆。

en

陈庄、程庄都有城，陈庄城通程庄城。陈庄城和程庄城，两庄城墙都有门。陈庄城、程庄人，陈庄人进程庄城。请问陈程两庄城，两庄城门都进人，哪个城进陈庄人，程庄人进哪个城？

in

隔墙听见人分银,不知道多少人分多少银。只听见人说,人人分半斤银余银四两,人人分四两银余银半斤。

uen

孙村温村过新春,春雷一声响昆仑。竹林怀春出春笋,春联春雨处处春。

ün

蓝天上是片片白云,草原上银色的羊群。近处看,这是羊群,那是白云;远处看,分不清哪是白云,哪是羊群。

ang

三只牛儿上山冈,山冈上三个牛铃响。牛铃响,响山冈,山冈上三个铃铛响叮当,铃铛响山冈。

iang

杨家养了一只羊,蒋家修了一垛墙。杨家的羊撞倒了蒋家的墙,蒋家的墙压死了杨家的羊。杨家要蒋家赔杨家的羊,蒋家要杨家赔蒋家的墙。

uang

量窗量床又量墙,跳上床量窗,靠住墙量床。墙比床长,床又比窗长。窗长不过床,床又长不过墙,所以墙比床比窗长。

ing

天上七颗星,树上七只鹰。梁上七个钉,台上七盏灯。拿扇扇了灯,用手拔了钉,举枪打了鹰,乌云盖了星。

eng

天上一个盆,地上一个棚。盆碰棚,棚碰盆,棚倒了,盆碎了,是棚赔盆,还是盆赔棚?

ueng

小蜜蜂，嗡嗡叫，吵得老翁心烦躁。喝口瓮中清泉水，老翁不再心烦躁。

ong

龚先生捡了一棵松，翁先生拿了一只钟。龚先生的松撞破了翁先生的钟，翁先生扭住了龚先生的松。龚先生要翁先生放了他的松，翁先生要龚先生赔了他的钟。龚先生不肯赔翁先生的钟，翁先生不肯放龚先生的松。

iong

小涌勇敢学游泳，勇敢游泳是英雄。河流湍急水汹涌，战胜困难乐无穷。

六、韵母诗词练习（十三辙）

（一）发花辙（包含韵母为 a、ia、ua 的字，如"发、家、花"）

泊秦淮

杜 牧

烟笼寒水月笼沙，夜泊秦淮近酒家。

商女不知亡国恨，隔江犹唱后庭花。

（二）梭波辙（包含韵母为 e、o、uo 的字，如"哥、波、梭"）

湘 中

韩 愈

猿愁鱼踊水翻波，自古流传是汨罗。

蘋藻满盘无处奠，空闻渔父扣舷歌。

（三）乜斜辙（包含韵母为 ê、ie、üe 的字，如"欸、斜、约"）

江 雪

柳宗元

千山鸟飞绝，万径人踪灭。

孤舟蓑笠翁，独钓寒江雪。

（四）一七辙（包含韵母为 i、ü 的字，如"衣、十、鱼"）

江畔独步寻花
杜 甫

黄四娘家花满蹊，千朵万朵压枝低。

留连戏蝶时时舞，自在娇莺恰恰啼。

（五）姑苏辙（包含韵母为 u 的字，如"姑、苏"）

芙蓉楼送辛渐
王昌龄

寒雨连江夜入吴，平明送客楚山孤。

洛阳亲友如相问，一片冰心在玉壶。

（六）怀来辙（包含韵母为 ai、uai 的字，如"来、怀"）

望天门山
李 白

天门中断楚江开，碧水东流至此回。

两岸青山相对出，孤帆一片日边来。

（七）灰堆辙（包含韵母为 ei、uei 的字，如"悲、灰"）

凉州词
王 翰

葡萄美酒夜光杯，欲饮琵琶马上催。

醉卧沙场君莫笑，古来征战几人回？

（八）遥条辙（包含韵母为 ao、iao 的字，如"高、遥"）

春 晓
孟浩然

春眠不觉晓，处处闻啼鸟。

夜来风雨声，花落知多少。

（九）由求辙（包含韵母为 ou、iou 的字，如"由、求"）

黄鹤楼送孟浩然之广陵
李　白
故人西辞黄鹤楼，烟花三月下扬州。
孤帆远影碧空尽，唯见长江天际流。

（十）言前辙（包含韵母为 an、ian、uan、üan 的字，如"班、前、端"）

凉州词
王之涣
黄河远上白云间，一片孤城万仞山。
羌笛何须怨杨柳，春风不度玉门关。

（十一）人辰辙（包含韵母为 en、in、uen、ün 的字，如"人、亲、春"）

清　明
杜　牧
清明时节雨纷纷，路上行人欲断魂。
借问酒家何处有，牧童遥指杏花村。

（十二）江阳辙（包含韵母为 ang、iang、uang 的字，如"刚、江、荒"）

静夜思
李　白
床前明月光，疑是地上霜。
举头望明月，低头思故乡。

（十三）中东辙（包含韵母为 eng、ing、ueng、ong、iong 的字，如"灯、丁、翁、中、穷"）

江南春
杜　牧

千里莺啼绿映红，水村山郭酒旗风。
南朝四百八十寺，多少楼台烟雨中。

第四节　声调

世界上的语言一般可以分为两类：一类是声调语言，一类是语调语言（非声调语言）。汉语及汉藏语系的其他语言属于声调语言。声调语言的最大特点是，声调具有区别意义的作用。比如，汉语普通话里的"礼物"和"里屋"的声母和韵母都是 li wu，但是声调不同，就属于两个不同意义的词汇。非声调语言的英语就不会因为声调的不同出现意义的变化，比如，"book"（书）这个单词，无论你读成什么样的声调，还是代表"书"这个意义。

声调语言明显的一个外部特点就是听起来抑扬顿挫，很好听，像音乐一样。声调给语言增加了音乐美，声调多的和变化明显的语言，音乐性较强。对于学习播音主持艺术的同学来说，掌握好声调是正确发音的重要环节。笔者曾在北京第二外国语学院从事"汉语口语"等课程的对外汉语教学工作，也曾于2019年通过"交换教授计划"到韩国的大学从事一年汉语外教工作。在这些教学工作中，我的感受是：外国人学习汉语普通话，难点之一就是声调，中文口语表达障碍也存在于声调这个部分。这是由于其母语大多数是非声调语言（语调语言），他们可能没有很好地理解和掌握声调在汉语普通话学习中的重要作用和意义，或者缺乏正确的声调语言认知思维和训练方法。

在现代汉语语音学中，声调是指汉语音节所固有的、能区别意义的声音的高低和升降。一个汉字就是一个音节，所以有些场合声调也被叫作字调。构成普通话音节的三个要素：声母、韵母、声调（贯穿整个音节）。声调区别音节的功能与声母、韵母相同。声调虽然属于整个音节，但是音高变化集中表现在韵母上。声调是汉语音节的重要组成部分，有区别语义的重要作用。

调类就是声调的类别，是按照声调的实际读法归纳的。普通话声调有4个调类：阴平、阳平、上声、去声，也就是"四声"。调值指的是声调的高低、升降、曲直的变化，即声调的实际音值。五度标记法（five level tone mark）即五度制调值标记法，是著名语言学家赵元任先生于20世纪20年代发明的一种记录语言声调调值的方法。这种标记法比较清楚直观，使发音更加形象化。用一条竖线表示声音的高低，从下面往上面共分为五度：低、半低、中、半高、高，分别用1、2、3、4、5来表示。阴平是高平调，调值55；阳平是高升调，调值35；上声是降升调，调值214；去声是全降调，调值51（图1-2）。

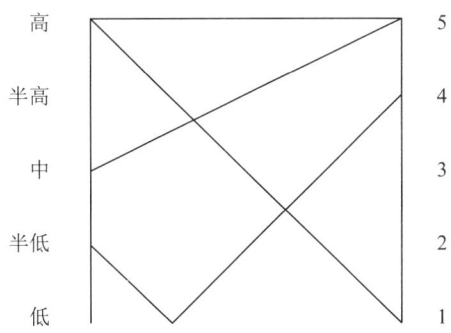

图1-2 普通话调值示意图（五度标记法）

在连续的语流中，由于语音和语音之间的相互影响，某些声调会发生改变，就是"变调"。

一、声调的变化规则

（一）阴平、阳平的变化规则

阴平、阳平在非同调音节前，保持原调。两字词如果是同调相连，则会发生变化。

（1）阴平＋阴平，则前一个音节调值变为44，即44+55。

比如：播音、班车、丰收、鲜花、江山。

（2）阳平＋阳平，则前一个音节调值变为34，即34+35。

比如：人民、银行、学习、迷茫、儿童。

（二）上声的变化规则

（1）上声音节在非上声（阴平、阳平、去声、轻声）音节前，调值214变为211（所谓"半上"），即211+55、211+35、211+51等。

比如：北京、祖国、品味、海报、好吧。

（2）上声音节在上声音节之前，调值214变为24，接近35（所谓"阳上"），即24+214。

比如：感想、友好、选取、北纬、举起。

（3）三个上声相连，变调规则：

①单双格（211、35、214），比如：党小组、纸老虎。

②双单格（35、35、214），比如：选举法、保守党。

（三）去声的变化规则

（1）去声音节在非去声音节前一律不变调。

比如：卫星、调查、治理。

（2）去声音节在去声音节前则从全降调变为半降调（调值从51变为53）。

比如：摄像、电话、报告。

二、同声韵四声音节练习

（一）双唇音

bā 巴	bá 拔	bǎ 把	bà 爸
pō 颇	pó 婆	pǒ 叵	pò 破
māo 猫	máo 毛	mǎo 卯	mào 冒

（二）唇齿音

| fāng 方 | fáng 房 | fǎng 仿 | fàng 放 |

（三）舌尖中音

dī 低	dí 敌	dǐ 底	dì 弟
tōng 通	tóng 同	tǒng 统	tòng 痛
niū 妞	niú 牛	niǔ 扭	niù 拗
liāo 撩	liáo 疗	liǎo 燎	liào 料

（四）舌根音

kē 磕	ké 咳	kě 可	kè 刻
gā 咖	gá 嘎	gǎ 尕	gà 尬
hān 酣	hán 含	hǎn 喊	hàn 汉

（五）舌面音

qīng 青	qíng 情	qǐng 请	qìng 庆
jū 居	jú 局	jǔ 举	jù 据
xiāng 香	xiáng 降	xiǎng 想	xiàng 象

（六）翘舌音

zhī 知	zhí 职	zhǐ 止	zhì 至
chēng 称	chéng 成	chěng 逞	chèng 秤
shēn 申	shén 神	shěn 沈	shèn 甚
rū △	rú 如	rǔ 乳	rù 入

（七）平舌音

zuō 作	zuó 昨	zuǒ 左	zuò 做
cāi 猜	cái 才	cǎi 采	cài 菜
suī 虽	suí 随	suǐ 髓	suì 岁

（八）开口音

bāi 掰	bái 白	bǎi 摆	bài 败
pāo 抛	páo 刨	pǎo 跑	pào 泡
fēi 飞	féi 肥	fěi 匪	fèi 费
lōu 搂	lóu 楼	lǒu 篓	lòu 漏

（九）齐齿音

jiā 家	jiá 夹	jiǎ 甲	jià 架
qīn 亲	qín 勤	qǐn 寝	qìn 沁
xiē 些	xié 斜	xiě 写	xiè 谢
liān △	lián 联	liǎn 脸	liàn 炼

（十）合口音

chuāng 窗	chuáng 床	chuǎng 闯	chuàng 创
wā 蛙	wá 娃	wǎ 瓦	wà 袜
huān 欢	huán 还	huǎn 缓	huàn 幻
guāi 乖	guái △	guǎi 拐	guài 怪

（十一）撮口音

yūn 晕	yún 云	yǔn 允	yùn 运
xuē 薛	xué 学	xuě 雪	xuè 谑
quān 圈	quán 全	quǎn 犬	quàn 劝

三、两字词声调练习

（一）阴阴

| 播音 | 张开 | 班车 | 发声 |
| 西安 | 灯光 | 星空 | 丰收 |

| 香蕉 | 江山 | 咖啡 | 单一 |

（二）阴阳

新闻	发言	中国	征程
坚决	鲜明	飘扬	编排
加强	星球	签名	安全

（三）阴上

听讲	歌舞	方法	批准
发展	班长	灯塔	生产
艰苦	争取	签署	根本

（四）阴去

播送	音乐	欢乐	庄重
规范	通信	飞快	尊敬
希望	中外	帮助	加快

（五）阳阴

国歌	联欢	南方	革新
群居	农村	长江	航空
围巾	营私	原封	图书

（六）阳阳

儿童	人民	吉祥	直达
滑翔	团结	模型	联合
驰名	临时	灵活	豪华

（七）阳上

| 黄海 | 泉水 | 民主 | 明显 |
| 遥远 | 勤恳 | 情感 | 描写 |

| 难免 | 迷惘 | 平坦 | 旋转 |

（八）阳去

豪迈	辽阔	球赛	模范
林业	盘踞	格调	革命
同志	局势	雄厚	行政

（九）上阴

北京	掌声	广播	指标
统一	转播	纺织	整装
影星	演出	讲师	取消

（十）上阳

语言	朗读	起航	指南
普及	反常	敏捷	考察
里程	软席	领衔	党员

（十一）上上

古典	北海	广场	领导
鼓掌	展览	友好	导演
首长	总理	改写	理想

（十二）上去

访问	写作	讲课	简讯
舞剧	主要	考试	想象
土地	广大	典范	选派

（十三）去阴

| 象征 | 贵宾 | 卫星 | 下乡 |
| 健康 | 地方 | 列车 | 认真 |

| 降低 | 特征 | 印刷 | 气温 |

（十四）去阳

电台	调查	自然	化学
措辞	特别	会谈	暂时
配合	未来	辨别	要闻

（十五）去上

剧本	外语	历史	耐久
跳伞	下雨	运转	办法
信仰	戏曲	电影	探险

（十六）去去

祝愿	配乐	再见	日月
大厦	破例	庆贺	宴会
画像	大会	致意	建造

四、四字词声调发音训练

（一）按四声顺序排列

中国伟大	身强体健	风调雨顺	山河美丽
天然宝藏	资源满地	中流砥柱	工农子弟
千锤百炼	光明磊落	花红柳绿	山明水秀
心明眼亮	阴阳上去	飞禽走兽	高扬转降
区别起落	心直口快	优柔寡断	瓜田李下

（二）按声母顺序排列

b

| 百折不挠 | 八仙过海 | 勃勃生机 | 背水一战 |

p
刨根问底	旁观者清	普天同庆	鹏程万里

m
马到成功	蛮不讲理	盲人摸象	美不胜收

f
风和日丽	发扬光大	发愤图强	丰功伟绩

d
大鹏展翅	跌宕起伏	喋喋不休	斗智斗勇

t
它山之石	谈笑风生	滔滔不绝	痛定思痛

n
难上加难	逆水行舟	鸟语花香	怒火中烧

l
老当益壮	兰心蕙质	朗朗乾坤	雷厉风行

g
改过自新	高人一等	敢作敢当	国富民强

k
快马加鞭	慷慨激昂	空空如也	客随主便

h
皓月当空	海天一色	红运当头	横冲直撞

j
急不可耐	见者有份	继往开来	借刀杀人

q
恰如其分	浅尝辄止	茕茕孑立	千军万马

x
细水长流	响彻云霄	栩栩如生	心潮澎湃

zh
战战兢兢	张灯结彩	整装待发	指指点点

ch
长久之计	车水马龙	称心如意	驰骋沙场

sh

煞费苦心　　舌战群儒　　深情厚谊　　时不我待

r

荣华富贵　　忍气吞声　　如影随形　　日新月异

z

杂乱无章　　赞不绝口　　字字珠玑　　足不出户

c

沧海一粟　　策马奔腾　　层出不穷　　词不达意

s

三阳开泰　　四面楚歌　　素未谋面　　索然无味

（三）四音节词组变换

阴阳上去：花红柳绿　　山河美丽　　中国伟大
　　　　　风调雨顺　　千锤百炼　　山盟海誓
去上阳阴：逆水行舟　　异口同声　　破釜沉舟
　　　　　热火朝天　　信以为真　　万古流芳
四声变位：战战兢兢　　心花怒放　　远走高飞
　　　　　姗姗来迟　　荣华富贵　　故地重游
　　　　　来日方长　　欢欣鼓舞　　包罗万象

五、声调综合练习

（一）阴平声练习

落　花

李商隐

高阁客竟去，小园花乱飞。
参差连曲陌，迢递送斜晖。
肠断未忍扫，眼穿仍欲归。
芳心向春尽，所得是沾衣。

题菊花

黄　巢

飒飒西风满院栽，蕊寒香冷蝶难来。

他年我若为青帝，报与桃花一处开。

（二）阳平声练习

望月怀远

张九龄

海上生明月，天涯共此时。

情人怨遥夜，竟夕起相思。

灭烛怜光满，披衣觉露滋。

不堪盈手赠，还寝梦佳期。

滁州西涧

韦应物

独怜幽草涧边生，上有黄鹂深树鸣。

春潮带雨晚来急，野渡无人舟自横。

（三）上声练习

春　晓

孟浩然

春眠不觉晓，处处闻啼鸟。

夜来风雨声，花落知多少。

望　岳

杜　甫

岱宗夫如何？齐鲁青未了。

造化钟神秀，阴阳割昏晓。

荡胸生曾云，决眦入归鸟。

会当凌绝顶，一览众山小。

（四）去声练习

寻隐者不遇
贾 岛

松下河童子，京师采药去。
只在此山中，云深不知处。

醉花阴
李清照

薄雾浓云愁永昼，瑞脑销金兽。
佳节又重阳，玉枕纱厨，半夜凉初透。
东篱把酒黄昏后，有暗香盈袖。
莫道不销魂，帘卷西风，人比黄花瘦。

（五）四声歌

学好声韵辨四声，阴阳上去要分明。
部位方法须找准，开齐合撮属口形。
双唇班报必百波，舌尖当地斗点丁。
舌根高狗坑耕故，舌面积结教坚精。
翘舌主争真知照，平舌资则早在增。
擦音发翻飞分复，送气查柴产彻称。
合口呼午枯胡古，开口河坡歌安争。
撮口虚学寻徐剧，齐齿衣优摇业英。
前鼻恩因烟弯稳，后鼻昂迎中拥生。
咬紧字头归字尾，阴阳上去记变声。
循序渐进坚持练，不难达到纯和清。

（六）句段练习

（1）老屋老，老屋污，老屋经雨老屋涝；
老屋老，老屋孤，老屋经风老屋秃；

老屋老，老屋秃，涝、老、污、秃是老屋。

（2）妈妈骑马，马慢妈妈骂马。舅舅搬鸠，鸠飞舅舅揪鸠。姥姥喝酪，烙酪姥姥捞酪。妞妞轰牛，牛拧妞妞拧牛。

（3）一二三，三二一，一二三四五六七，七六五四三二一，七个姑娘来摘果儿，七个花篮儿手中提，七个果子摆七样，苹果、桃儿、石榴、柿子、李子、栗子、梨。

第五节　语流音变

掌握普通话音节声母、韵母和声调的标准发音，是普通话发音训练的目标。然而在语流中，发音过程不是一个个音节毫无变化地简单相加。一旦突破了单音节的语言单位，为了避免拗口，一些音节或音素的发音会产生相应的变化，这些变化使得有声语言更流畅、更自然。

在语流中，由于受到相邻音节、音素或语言环境的影响，一些音节、音素会发生约定俗成的语音变化，这种变化被称为语流音变。就普通话学习而言，应着重掌握普通话中最典型的语流音变现象：轻声、儿化、语气词"啊"的音变、"一、不"的音变以及词的轻重格式。

一、轻声

每个音节都有它的声调，可在句子或词里，有的音节失去它原来的调，变成较轻较短的调子。轻声在不同音节中，音高反应也不一样，一般要视前面一个音节的声调来定。

（一）轻声的实际读音

1. 轻声在阴平、阳平后面读中调（3度）

棉花	云彩	兄弟	先生	知识
情形	粮食	脾气	风筝	高粱
文凭	结实	窗户	糊涂	功夫

2. 轻声在上声后面读半高调（4度）

体面　指望　买卖　老实　嘱咐
考究　点心　本事　口袋　恍惚
起来　稳当　马虎　首饰　哑巴

3. 轻声在去声后面读低调（1度）

教训　那么　太阳　相声　态度
吓唬　在乎　费用　大夫　故事
应酬　冒失　力量　告诉　任务

（二）轻声词语同非轻声词语比较

包涵—包含　把手—把守　地方—地方　东西—东西
报酬—报仇　比试—笔试　大意—大意　地道—地道

（三）语气词吧、吗、呢、啊轻读

如：去吧！走吗？怎么呢？说啊！

例句：唱吧，跳吧，干什么呢？一起玩啊！

（四）助词的、地、得、着、了、们轻读

如：我的、慢慢地、好得很、拿着、走了、我们

例句：男女老幼喊着叫着，狂跑着，拥挤着，争吵着，砸门的砸门，喊叫的喊叫。

（五）名词后缀子、儿、头轻读

如：桌子、女儿、后头

例句：这头牛个儿大，膘肥，四条腿像木头柱子似的。

（六）量词个轻读

如：三个

例句：随着一声招呼，十几个汉子应声而出。

（七）方位词轻读

如：家里、桌上、地下

例句：

（1）锅里的水吱吱地响，老大娘屋里屋外地忙。

（2）朔方的雪花在纷飞之后，却永远如粉如沙，它们绝不粘连，撒在屋上，地上，枯草上，就是这样。

（八）趋向动词轻读

如：回来、出去、跑出来、走进去

例句：什么时候回来的？该出去玩玩就去跑跑跳跳去。

（九）重叠动词末一个音节轻读

如：看看、说说、写写

例句：小丫头一刻也闲不住，一会儿写写，一会儿画画，一会儿看看，一会儿说说，过一会儿再唱唱。

（十）作宾语的人称代词

如：请你、叫他

例句：请她过来一下，好吗？

（十一）叠字名词和重叠名词不一样，叠字名词第二个音节轻读

如：爸爸、姐姐、妈妈

重叠名词一定不能读轻声。

如：家家户户、老老小小

在播音中，轻声不宜多，只有关系到意义和语气自然的情况下，不得不读轻声时才使用，读得也要比生活语言清晰。

轻声音节读得较短较轻，因而对声母和韵母也会产生影响。清声母有可能变成浊声母，如"好的"中的 de，d 由清变浊（即声带出现颤动），主要元音 e 的舌位也会趋于央化。

(十二)轻声的语句综合练习

(1)其实那个唱话匣子的,看见我跑进家去,当然就会在门口等着,不得到结果,他是不会走掉的。讲价钱的时候,门口围上一群街坊的小孩和老妈子。讲好价钱进来,围着的人便会挨挨蹭蹭地跟进来,北平的土话这叫作"听蹭儿"。我有时大大方方地全让他们进来;有时讨厌哪一个便推他出去,把大门砰地一关,好不威风!

(林海音《〈城南旧事〉代序》)

(2)曲曲折折的荷塘上面,弥望的是田田的叶子。叶子出水很高,像亭亭的舞女的裙。层层的叶子中间,零星的点缀着些白花,有袅娜地开着的,有羞涩地打着朵儿的;正如一粒粒的明珠,又如碧天里的星星,又如刚出浴的美人。微风过处,送来缕缕清香,仿佛远处高楼上渺茫的歌声似的。

(朱自清《荷塘月色》)

二、儿化

儿化起着修饰语言色彩的作用。儿化不是在音节之后加一个单独的 er,而是在最后一个音上附加卷舌动作,使韵母起了变化。

(一)读音的变化

1. 在韵腹或韵尾 a、o、e、u 后加卷舌动作

山坡儿　浪花儿　台阶儿　带头儿
没错儿　豆芽儿　半截儿　白兔儿

2. 在韵尾 -i 后加卷舌动作

小孩儿　小鬼儿　窗台儿　土堆儿
鞋带儿　宝贝儿　摸黑儿　一块儿

3. 韵尾 -ng 或 -n,丢掉鼻尾韵腹变成鼻化元音后加卷舌动作

小虫儿　大嗓儿　相框儿　鼻梁儿
板凳儿　胡同儿　药方儿　电影儿

4. 单韵母 i 或 ü 后加上 er，舌尖元音 -i（前）、-i（后）换成 er

饭粒儿　　毛驴儿　　写字儿　　小米儿

玩意儿　　小刺儿　　树枝儿　　没事儿

（二）比较

宝贝儿—宝贝　　刺儿—刺　　头儿—头

调儿—调　　　　盖儿—盖　　味儿—味

画儿—画　　　　活儿—活　　花儿—花

（三）朗读练习

模特儿　　名牌儿　　脸蛋儿　　丑角儿

风味儿　　女孩儿　　纳闷儿　　花朵儿

橘汁儿　　铁丝儿　　外号儿　　雪人儿

　　进了门儿，倒杯水儿，喝了两口运运气儿。顺手拿起小唱本儿，唱一曲儿，又一曲儿，练完了嗓子我练嘴皮儿，绕口令儿，练字音儿，还有单弦儿牌子曲儿，小快板儿，大鼓词儿，越说越唱我越带劲儿。

　　今儿个的天儿真好，万里无云大晴天儿。一大早儿我就和小王俩人到海边去遛弯儿。啊，这海边多美呀！你看，天连水，水连天，一眼望不到边儿。一阵儿阵儿的海风吹来，凉丝儿丝儿的。沙滩上大大小小、五颜六色的贝壳儿，更是迷人。大个儿的，就像小花扇儿；小个儿的，就像小纽扣儿。贝壳上的一道儿道儿的花纹儿，却是那样清晰。我们看看这个好玩儿，就装在口袋儿里，看那个也好玩儿，又装在口袋儿里。不一会儿，我们就拣了一口袋小贝壳儿和小海螺儿。

三、语气词"啊"的音变

　　"啊"作为语气词用在句首，仍发"a"的本音。如果用在句尾，受它前面音节收尾音素的影响会发生音变。

　　"啊"的音变主要有以下六种：

（一）前一音节收尾音素是 a、o（ao、iao 除外）e、ê、i、ü 时，"啊"读成 ya

黄河啊　可爱啊　快来啊　种花啊　菠萝啊
广播啊　大伙啊　金鱼啊　有余啊　扫雪啊
喝水啊　逛街啊　喝茶啊　回家啊　早起啊
唱歌啊　快写啊　白雪啊　节约啊　你去啊
合格啊　祝贺啊　快划啊　上坡啊　送礼啊

（二）前一音节收尾音素是 u 时（包括 ao、iao），"啊"读成 wa

快走啊　跳舞啊　别哭啊　好笑啊　辛苦啊

（三）前一音节收尾音素是 n 时，"啊"读成 na

咱们啊　真准啊　好人啊　弹琴啊　扎针啊

（四）前一音节收尾音素是 ng 时，"啊"读成 nga

好冷啊　好清啊　小熊啊　动听啊　真诚啊

（五）前一音节收尾音是 -i（前）时，"啊"读成 za

陶瓷啊　几次啊　写字啊　工资啊　自私啊

（六）前一音节收尾音素是 -i（后）、r 和 er（含儿化）时，"啊"读成 ra

节日啊　老师啊　雨点儿啊　女儿啊　橙汁啊

四、"一、不"的音变

（一）"一、不"后的字为去声时，读阳平

一：一部　一定　一个人　一共
不：不必　不会　不去　不为名　不为利　不怕苦

（二）"一、不"在非去声前读去声

一：一年　　一本　　一般　　一起

不：不同意　　不可能　　不好　　不多　　不高

（三）"一、不"单念或在句尾时读原调

一：第一　　统一　　五一

不：不　　绝不　　就不

（四）"一、不"夹中间念轻声

一：笑一笑　　想一想　　看一看　　说一说　　试一试
　　谈一谈　　走一走　　尝一尝　　停一停　　跑一跑

不：来不来　　差不多　　行不行　　了不起　　甜不甜
　　冷不冷　　拿不动　　好不好　　热不热　　走不走

五、词的轻重格式

由于词义、感情的不同，一个词中有轻重的区别，这叫词的轻重格式。我们将短而弱的音节称为轻，长而强的音节称为重，介于二者之间的称为中。

（一）双音节词的轻重格式

中重：理论　　当代　　自然　　田野　　家乡　　日常
　　　草鞋　　出版　　放心　　烟火　　信奉　　本身

重中：重量　　气味　　颜色　　温度　　视觉　　突然
　　　情感　　父亲　　记者　　价值　　声音　　形象

重轻：萝卜　　棉花　　石头　　豆腐　　行李　　灯笼
　　　说说　　力气　　唠叨　　痛快　　清楚　　妹妹

（二）三音节词的轻重格式

中中重：天安门　　科学院　　展览馆　　播音员　　护身符

中重轻：过日子　　拿架子　　卖关子　　拉关系　　牛脾气
中轻重：吃不消　　大不了　　对不起　　说得来　　数得着

（三）四音节词的轻重格式

中重中重（大部分是联合关系）

　　　五光十色　　丰衣足食　　日积月累　　龙飞凤舞　　移风易俗

中轻中重（大部分是专有名词和象声词）

　　　奥林匹克　　二氧化碳　　集体经济　　马马虎虎　　大大方方

重中中重（大部分是偏正关系和一三格式）

　　　心如刀割　　惨不忍睹　　义不容辞　　美不胜收　　一扫而空

（四）综合练习

（1）无论你处在什么样的地方、什么样的环境、什么样的状态，只要心里有阳光，世界便充满光明。无论一生遭受多少困难欺诈，请依然相信人类的光明大于暗影，哪怕只多一个百分点呢，也是希望永远在前。所以在布置我们的精神空间时，请给爱留下足够的容量。

（2）街头纷乱的脚步，听不出你的身影；桌边堆砌的信笺，拣不出你的笑脸。辞旧之钟悠悠，敲打着尘封心情；赶路时针匆匆，送不来你的祝愿。是云断秦岭，封锁了曾经的约定？还是雪拥蓝关，阻隔了不老的誓言？是心泉枯竭，流不出灵犀之源？还是笔端凝滞，再也写不出只语片言？远方，我的远方！问你是否还住在梦中的伊甸？红墙绿瓦之上，悠闲着袅袅轻烟。问你是否如故，笑靥似不败的桃花。一双明眸，两泓透亮的清泉。远方呵，远方！请不要忘记，我们的故事，叫作天涯若比邻。开头和结尾，有真诚和挚爱相连。我们在每一个牵挂的白昼行走，我们在每一个思念的夜晚交谈，默契似破茧之蝶，翩然振翅，舞蹈在彼此心岸。

（沣雪《致远方》）

第二章 发声

规范的语音发声是播音与主持艺术专业学习最基础的部分，也是播音与主持艺术专业统考中评委老师们非常看重的基本功。如果考生在现场或者线上提交的视频中，发声方法比较单一，甚至出现喉部过于紧张、吐字归音不到位、气息控制不好等问题，很容易被考官识别，拉低考试成绩。因此，考生在考试之前，一定要请专业老师给自己的发声"把把脉"，并在专业老师的引导和帮助下，进行刻苦的发声技巧练习，努力提升自己的语音发声水平，做到普通话语音规范化、播音主持发声技巧娴熟化，以声传情，以情带声，声情并茂。

第一节 播音与主持艺术专业统考对发声的要求

参加播音与主持艺术专业统考的同学们用有声语言进行表达，要依靠发声器官发出声音。这些声音与普通人发出的声音有一些不同，要更动听、更圆润。通过分析我们可以发现，声音的圆润和动听，除了与考生自身的声音条件有关外，还与发声技巧和方法息息相关。

播音主持语言不等同于生活语言，但也不能脱离语言的一般性规律。人在交际过程容易产生表达愿望，能比较自如地调整自己的说话状态，优化自己的有声语言。但是当面对文字稿件时，如果不能真诚地表达，就很容易被大众认为是一部"读字机器"。因此，准备参加播音与主持艺术专业统考的同学们一定要努力打好自己的语言基本功，坚持勤练不辍。从笔者参加过的统考阅卷情况来看，几乎所有的高分考生的语言基本功都是十分扎实的。他们语音发声技巧娴熟，能很好地为表情达意做铺垫，达到"情声合一"的境界。

播音员主持人的声音应该是动听的、吸引人的，能给人以美感。在具体的工作中，播音员主持人需要大量地使用声音，长时间处于高强度的用声状态，因此必须掌握科学、正确的用声方法，方法错误则会使声音疲劳、僵化，缺乏美感。

康辉老师经常需要从事高强度的播音主持工作，但是声音依然能保持非常好的状态，主要原因是他每天都要进行一定量的声音训练。一位如此优秀的播音员尚且如此，那么作为播音与主持艺术专业初学者的我们，为什么不把练声作为学习道路上一件重要的事情来对待呢？我们在练声的过程中，要掌握正确的方法。比如"八百标兵奔北坡"，如果唇舌无力，语言就不会有弹性；又如"数枣"练习，从一个枣到十个枣，再从十个枣到一个枣，声音要有高低变化，速度要有快有慢。只有掌握正确的方法，融入感情去练习，才能有针对性地改正语音发声的问题，提升训练效果。

第二节　吐字归音

吐字归音是源于我国古典戏曲艺术的一种发音方法，它是根据汉语音节的特点，把一个字的字音分为字头、字腹、字尾三个部分，字头出字、字腹立字、字尾归音，从而达到字音清晰、圆润、动听的目的。具体的要求是：字头有力，叼住弹出；字腹饱满，拉开立起；字尾归音，到位弱收。请同学们根据以上文字描述，画出"枣核形"字头、字腹、字尾的位置。

练习一

一、唇的练习

喷——也称作双唇打响。双唇紧闭，将唇的力量集中于唇中央，阻住气流，然后突然喷气出声，发出 p 音。此练习可加强双唇的闭合力量。

咧——双唇闭紧，尽力向前噘起，然后嘴角用力向两边伸展咧嘴，反复进行。此练习可加强唇的圆展变化能力。

撇——双唇闭紧，向前噘起，然后向左歪、向右歪、向上抬、向下压。此练习可加强唇部的力量。

绕——双唇闭紧，向前噘起，然后向左或向右做360度的转圈运动。此练习可增加唇的灵活性。

二、舌的练习

刮舌——舌尖抵住下齿背，舌体贴住齿背，用上门齿齿沿刮舌叶、舌面，使舌面逐渐上挺隆起，然后将舌面后移，向上贴住硬腭前部。这一练习可增加舌面隆起的力量，也可扩大口腔开度。

顶舌——闭唇，用舌尖顶住左内颊，用力顶；然后用舌尖顶住右内颊做同样练习。此练习可加强舌的接触力度。

伸舌——将舌伸出唇外，舌尖向前、向左右、向上下尽力伸展。这一练习可提高舌的伸展能力。

绕舌——闭唇，把舌尖伸到齿前唇后，向顺时针方向绕360度，然后向逆时针方向绕360度，交替进行。此练习可增加舌的灵活性。

舌打响——

（1）舌尖打响。舌尖抵住上齿龈阻挡气流，然后突然打开，发出类似"da"的送气音。如果掌握较好，可以尝试发送气的"ta"。此练习可增加舌尖的力量。

（2）舌根打响。舌根抵住软腭，阻挡气流，然后突然打开，发出类似"ga"的送气音。如果掌握较好，可以尝试发送气的"ka"。此练习可增加舌根的力量。

三、打开口腔的练习

朗读以下词语，体会吐字时的口腔开度。这些词语的第一个音节都是容易打开口腔的音节，朗读时注意用第一音节带发后面的音节，使发后面的音节也能尽量打开口腔。

来龙去脉　狼狈不堪　牢不可破　老当益壮　老生常谈

两次三番　雷厉风行　冷嘲热讽　两袖清风　量力而行
燎原烈火　少安毋躁　来日方长　浪子回头　踉踉跄跄
山河美丽　朗朗上口　浪迹天涯　良师益友　良时吉日

四、咬字力度练习

百家姓

百家姓，姓百家，念错了，闹笑话。
念念看，差不差？查贾萨车柴沙夏。
彭朋庞潘包白皮。马麦梅莫牟茅墨。
方黄王汪万范花。房洪冯凤丰封翁。
傅胡吴伍邬武乌。仇周赵招曹寿邵。
张常蒋章尚商姜。廖楼吕卢陆刘鲁。
李赖雷林龙梁凌。牛年聂倪宁侬南。
高顾郭葛古柯戈。甘耿关管邝康孔。
陈郑沈程申岑曾。任饶荣戎融容阮。
翟赤祁齐薛戚季。何贺郝俟韩霍惠。
佟东童董仲钟庄。朱诸瞿褚祝储楚。
许徐舒苏宋孙随。史诗石师施池斯。
尹易应殷严言鄢。俞余袁游尤姚尧。
陶屠邰唐汤谭党。狄丁邓杜铁腾戴。

练习二

吐字归音练习

采用慢速播报新闻和朗读古诗词的方式，体会并掌握音节的吐字归音。练习时应放慢发音速度，以加强对音节发音过程的细致体验。

（一）新闻训练

特别节目《走进老区看新貌》明天上午10：00到11：00在央视新闻频道播出四川篇。川陕革命老区主要覆盖四川巴中、达州、广元、南充等地区。节目将带您走进大巴山腹地，生动展现党的十八大以来，四川革命老区广大干部群众奋力谱写新时代振兴发展壮美篇章的生动故事。

（2022年5月27日中央广播电视总台《新闻联播》）

（二）诗歌训练

望庐山瀑布

李白

日照香炉生紫烟，遥看瀑布挂前川。
飞流直下三千尺，疑是银河落九天。

题西林壁

苏轼

横看成岭侧成峰，远近高低各不同。
不识庐山真面目，只缘身在此山中。

声声慢·寻寻觅觅

李清照

寻寻觅觅，冷冷清清，凄凄惨惨戚戚。乍暖还寒时候，最难将息。三杯两盏淡酒，怎敌他、晚来风急！雁过也，正伤心，却是旧时相识。

满地黄花堆积，憔悴损，如今有谁堪摘？守着窗儿，独自怎生得黑！梧桐更兼细雨，到黄昏、点点滴滴。这次第，怎一个愁字了得！

水调歌头·明月几时有
苏轼

（丙辰中秋，欢饮达旦，大醉，作此篇，兼怀子由。）

明月几时有？把酒问青天。不知天上宫阙，今夕是何年。我欲乘风归去，又恐琼楼玉宇，高处不胜寒。起舞弄清影，何似在人间。

转朱阁，低绮户，照无眠。不应有恨，何事长向别时圆？人有悲欢离合，月有阴晴圆缺，此事古难全。但愿人长久，千里共婵娟。

满江红·怒发冲冠
岳飞

怒发冲冠，凭栏处、潇潇雨歇。抬望眼、仰天长啸，壮怀激烈。三十功名尘与土，八千里路云和月。莫等闲、白了少年头，空悲切。

靖康耻，犹未雪。臣子恨，何时灭。驾长车，踏破贺兰山缺。壮志饥餐胡虏肉，笑谈渴饮匈奴血。待从头、收拾旧山河，朝天阙。

雨巷
戴望舒

撑着油纸伞，独自
彷徨在悠长，悠长
又寂寥的雨巷，
我希望逢着
一个丁香一样的
结着愁怨的姑娘。

她是有
丁香一样的颜色，
丁香一样的芬芳，
丁香一样的忧愁，
在雨中哀怨，
哀怨又彷徨。

她彷徨在这寂寥的雨巷，
撑着油纸伞
像我一样，
像我一样地
默默彳亍着，
冷漠，凄清，又惆怅。

她静默地走近
走近，又投出
太息一般的眼光，
她飘过
像梦一般的，
像梦一般的凄婉迷茫。

像梦中飘过
一枝丁香的,
我身旁飘过这女郎;
她静默地远了,远了,
到了颓圮的篱墙,
走尽这雨巷。

在雨的哀曲里,
消了她的颜色,
散了她的芬芳

消散了,甚至她的
太息般的眼光,
丁香般的惆怅。

撑着油纸伞,独自
彷徨在悠长,悠长
又寂寥的雨巷,
我希望飘过
一个丁香一样的
结着愁怨的姑娘。

致橡树

舒 婷

我如果爱你——
绝不像攀援的凌霄花,
借你的高枝炫耀自己;
我如果爱你——
绝不学痴情的鸟儿,
为绿荫重复单调的歌曲;
也不止像泉源,
常年送来清凉的慰藉;
也不止像险峰,
增加你的高度,衬托你的威仪。
甚至日光,
甚至春雨。

不,这些都还不够!
我必须是你近旁的一株木棉,
作为树的形象和你站在一起。
根,紧握在地下;

叶,相触在云里。
每一阵风过,
我们都互相致意,
但没有人,
听懂我们的言语。
你有你的铜枝铁干,
像刀,像剑,也像戟;
我有我红硕的花朵,
像沉重的叹息,
又像英勇的火炬。

我们分担寒潮、风雷、霹雳;
我们共享雾霭、流岚、虹霓。
仿佛永远分离,
却又终身相依。
这才是伟大的爱情,
坚贞就在这里:

爱——
不仅爱你伟岸的身躯,
也爱你坚持的位置,
足下的土地。

相信未来

食 指

当蜘蛛网无情地查封了我的炉台,
当灰烬的余烟叹息着贫困的悲哀,
我依然固执地铺平失望的灰烬,
用美丽的雪花写下:相信未来。

当我的紫葡萄化为深秋的露水,
当我的鲜花依偎在别人的情怀,
我依然固执地用凝霜的枯藤,
在凄凉的大地上写下:相信未来。

我要用手指那涌向天边的排浪,
我要用手掌那托起太阳的大海,
摇曳着曙光那支温暖漂亮的笔杆,
用孩子的笔体写下:相信未来。

我之所以坚定地相信未来,
是我相信未来人们的眼睛——

她有拨开历史风尘的睫毛,
她有看透岁月篇章的瞳孔。

不管人们对于我们腐烂的皮肉,
那些迷途的惆怅、失败的苦痛,
是寄予感动的热泪、深切的同情,
还是给以轻蔑的微笑、辛辣的嘲讽。

我坚信人们对于我们的脊骨,
那无数次的探索、迷途、失败和成功,
一定会给予热情、客观、公正的评定,
是的,我焦急地等待着他们的评定。

朋友,坚定地相信未来吧,
相信不屈不挠的努力,
相信战胜死亡的年轻,
相信未来,热爱生命。

长江之歌

胡宏伟

你从雪山走来,春潮是你的风采;你向东海奔去,惊涛是你的气概。
你用甘甜的乳汁,哺育各族儿女;你用健美的臂膀,挽起高山大海。
我们赞美长江,你是无穷的源泉;我们依恋长江,你有母亲的情怀。
你从远古走来,巨浪荡涤着尘埃;你向未来奔去,涛声回荡在天外。

你用纯洁的清流,灌溉花的国土;你用磅礴的力量,推动新的时代。

我们赞美长江,你是无穷的源泉;我们依恋长江,你有母亲的情怀。

乡愁
余光中

小时候
乡愁是一枚小小的邮票
我在这头
母亲在那头

长大后
乡愁是一张窄窄的船票
我在这头
新娘在那头

后来啊
乡愁是一方矮矮的坟墓
我在外头
母亲在里头

而现在
乡愁是一湾浅浅的海峡
我在这头
大陆在那头

你是人间的四月天
林徽因

我说你是人间的四月天;
笑响点亮了四面风;
轻灵在春的光艳中交舞着变。
你是四月早天里的云烟,
黄昏吹着风的软,
星子在无意中闪,细雨点洒在花前。
那轻,那娉婷,你是,
鲜妍百花的冠冕你戴着,
你是天真,庄严,你是夜夜的月圆。

雪化后那片鹅黄,你像;
新鲜初放芽的绿,你是;
柔嫩喜悦,水光浮动着你梦期待中
白莲。
你是一树一树的花开,
是燕在梁间呢喃,
——你是爱,是暖,
是希望,你是人间的四月天!

第三节　共鸣控制

共鸣控制是播音发声中的重要一环。它可以扩大和美化声音，改善声音质量，提高声音色彩的表现力。

一、共鸣基础练习

（一）a、o、e、i、u、ü 六个元音的单发

注意用自然的声音发出，丹田与硬腭两端用气形成一条线，要均匀、和谐、圆润、自如。

（二）双唇音与开口呼韵母拼合练习

b—ai—bai（百）　p—ai—pai（排）
m—ai—mai（买）b—ao—bao（包）

练习时速度要慢，注意韵腹拉开立起，收好字尾，声音似挂在硬腭前。

（三）柔和色彩的字词练习

山清水秀　花红柳绿　春暖花开　如沐春风　花团锦簇
风清月朗　月明星稀　山河美丽　栩栩如生　和风细雨

练习时对窄元音要宽发，在不影响音色的前提下，声腔的开度要大一些，以增强口腔共鸣。

（四）"a"元音的直上直下及滑动练习

发 a 音时，注意声音从低起逐渐升高，然后稍停片刻（或换气）再降低，直到声止气停（图 2-1）。

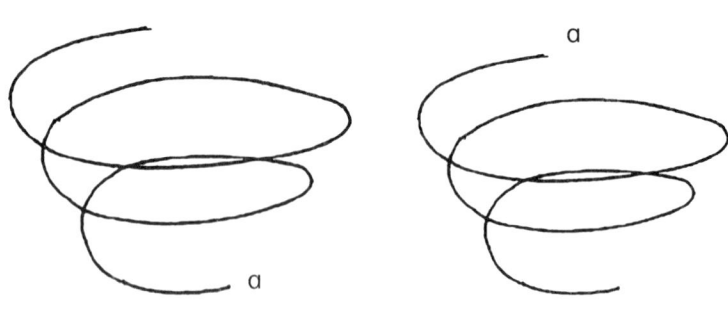

图 2-1　a 元音发声练习

二、胸腔共鸣训练

胸腔的空间及共鸣能量大，善于运用胸腔共鸣，可使声音听起来洪亮、结实、有力，给受众带来真实感和信任感。练习胸腔共鸣时，声音不要过亮，可手按胸部，体会共鸣的感觉。

（一）"a"元音练习

参照上述 a 元音的直上直下及滑动练习。

（二）体会夸大的上声

如：好（hǎo）、百（bǎi）、买（mǎi）、老（lǎo）等

（三）词语练习

买卖　炒饭　散漫　脑干　罕见　蹒跚　想象　方向

（四）句段练习（注意胸腔共鸣与口腔共鸣的对比练习）

（1）我看樱花往少里说，也有几十次了。在东京的青山墓地看，上野公园看，千鸟渊看……雨里看，雾中看，月下看……日本到处都有樱花，有的是几百棵花树拥在一起，有的是一两棵花树在路旁水边悄然独立。春天在日本就是沉浸在弥漫的樱花气息里。

（2）保尔说得好："人最宝贵的是生命，生命每个人只有一次。人的一生应当

这样度过：回首往事，他不会因为虚度年华而悔恨，也不会因为生活庸俗而羞愧；临终之际，他能够说：我的整个生命和全部精力，都献给了世界上最壮丽的事业——为解放全人类而斗争。"让我们用这段光彩夺目的话来激励和鞭策自己，成为一个无愧于时代的高尚的人。

三、口腔共鸣训练

口腔是人体非常重要的共鸣腔，对播音发声起着至关重要的作用。练习打开口腔，使口腔在发声过程中处于积极的状态，有利于产生较好的口腔共鸣，使字音圆润动听。

（一）结合气息做拼合练习

（1）bā dā gā pā tā kā
（2）pēng pā pī pū pāi
　　　pāi pū pī pā pēng
（3）b—a—bā　　p—a—pā
　　　b—an—bān　　p—an—pān

（二）提高声音明亮度练习

播读时噘唇，共鸣音色会变暗。可用双唇适当贴近上下齿的方式改善共鸣，使声音更明亮。分别用噘唇和唇齿贴近两种方式播读以下新闻片段，比较音色及播读效果的不同。

"深圳媒体深入市场主体实地调研，走街进企报道深企创新发展故事，展现深圳先进制造业勃勃生机，让人对深圳制造强市充满期待。"昨日，有关专家、协会、企业纷纷点赞深圳媒体"高质量发展调研行"活动。他们认为，深圳支持企业发展不遗余力，相继推出4个"30条"支持企业政策措施，以及"20+8"产业集群行动计划，奏响高质量发展强音。

(三)消除消极音色练习

如果发音时嘴角下垂,声音就会缺少积极的感情色彩。可以适当提颧肌,使嘴角略微上抬,消除消极音色。分别用嘴角下垂和嘴角上提两种方式播读以下散文片段,比较音色及播读效果的不同。

盼望着,盼望着,东风来了,春天的脚步近了。

一切都像刚睡醒的样子,欣欣然张开了眼。山朗润起来了,水涨起来了,太阳的脸红起来了。

小草偷偷地从土里钻出来,嫩嫩的,绿绿的。园子里,田野里,瞧去,一大片一大片满是的。坐着,躺着,打两个滚,踢几脚球,赛几趟跑,捉几回迷藏。风轻悄悄的,草绵软软的。

(朱自清《春》)

(四)改善 ü、u、o 的音色

有的人发带有 ü、u、o 音的字时,易翘唇,使音色沉闷暗浊。要使音色得到改善,可使唇齿适当贴近,减少翘唇。

1. **韵母练习**

ao ou iao iou uai uei üan ün

2. **句段练习**

(1)天空变成了浅蓝色,很浅很浅的;转眼间天边出现了一道红霞,慢慢儿扩大了它的范围,加强了它的光亮。

(2)她是有丁香一样的颜色,丁香一样的芬芳,丁香一样的忧愁,在雨中哀怨,哀怨又彷徨。

四、鼻腔共鸣训练

鼻腔共鸣是通过软腭来实现的。当软腭放松,鼻腔通路打开时,声音在鼻腔得到共鸣,就产生了标准的鼻辅音 m、n、ng;鼻腔通路和口同时打开,会使元音鼻化。少量的元音鼻化可以提高音色的明亮度,但过多的元音鼻化会形成"齉鼻"

音,这是发音大忌。软腭关闭后,较强的声音沿硬腭传到鼻腔内壁,发声者可以感受到鼻腔在振动,这是头腔共鸣的发声方法,但在播音中很少见。

(一)鼻腔共鸣练习

1. 单韵母+鼻腔共鸣

纯 a 音——加鼻腔共鸣 ã 音

纯 i 音——加鼻腔共鸣 ĩ 音

纯 u 音——加鼻腔共鸣 ũ 音

2. 鼻辅音+元音

ma——mi——mu

na——ni——nu

3. 哼唱

m 哼唱,使鼻腔通路中的气息和软腭的前部扯紧。

n 哼唱,使软腭中部振动,并扩大鼻咽腔。

ng 哼唱,使软腭后面的垂直部分振动,并打开鼻咽腔的下部。

4. 词语练习

| 湘江 | 妈妈 | 长江 | 美貌 | 头脑 | 人民 |
| 南宁 | 弥漫 | 满面 | 中央 | 荒凉 | 泥泞 |

5. 语段练习

(1)朝霞冉冉升起,东方透出微明。你听,你听!国旗的飘扬声。

(2)蓝蓝的天上白云飘,白云下面马儿跑,挥动鞭儿响四方,百鸟齐飞翔。

(二)解除鼻音训练

(1)软腭上提,使口腔后部声音的通道畅通无阻,解除鼻音,同时可以减轻喉音重的毛病。

(2)发"吭"声练习,注意挺软腭,先关闭鼻咽道,然后突然打开,发"吭"(kēng)声。

(3)手捏鼻孔不出气,发"a"音。如果鼻腔从元音就开始振动,说明鼻腔共鸣过多,应减少元音的鼻化程度。

(4)串发六个元音:a——o——e——i——u——ü。

（5）拼合练习。

b—ang—bāng（邦）

p—ang—pāng（乓）

m—ang—māng（牤）

b—ai—bāi（掰）

（6）用鼻韵母中的主要元音与鼻尾音做拆合练习，练习时注意先发元音，再发鼻音，然后合并发音。

an—a—n　　　　ang—a—ng　　　　en—en

ian—i—a—n　　iang—i—a—ng　　ün—ü—n

uang—u—a—ng

五、共鸣综合训练

（1）大江东去，浪淘尽，千古风流人物。故垒西边，人道是，三国周郎赤壁。乱石穿空，惊涛拍岸，卷起千堆雪。江山如画，一时多少豪杰。

遥想公瑾当年，小乔初嫁了，雄姿英发。羽扇纶巾，谈笑间，樯橹灰飞烟灭。故国神游，多情应笑我，早生华发。人生如梦，一尊还酹江月。

（苏轼《念奴娇·赤壁怀古》）

（2）东风夜放花千树。更吹落、星如雨。宝马雕车香满路。凤箫声动，玉壶光转，一夜鱼龙舞。

蛾儿雪柳黄金缕。笑语盈盈暗香去。众里寻他千百度。蓦然回首，那人却在，灯火阑珊处。

（辛弃疾《青玉案·元夕》）

（3）其实幸福和世界万物一样，都有它的征兆。幸福常常是朦胧的，很有节制地向我们喷洒甘霖。你不要总希冀轰轰烈烈的幸福，它多半只是悄悄地扑面而来。你也不要企图把水龙头拧得更大，那样它会很快地流失。你需要静静地以平和之心，体验幸福的真谛。

（毕淑敏《提醒幸福》）

（4）在历史时代，国家间经常发生对抗，好男儿戎装卫国。国家的荣誉往往需要以自己的生命去换取。但在和平时代，唯有这种国家之间大规模对抗性的大赛，才可以唤起那种遥远而神圣的情感，那就是：为祖国而战！

（冯骥才《国家荣誉感》）

（5）猴王找到了一个大西瓜，但是，它不知道西瓜的吃法。请教别人吧，又不好意思，那样就显得自己太无知了。

"哎！有了！"猴王想出了一条妙计。它把一大群猴召集到一块儿，对它们说："今天我找到了一个大西瓜，把你们请来饱餐一顿。可是我要先考考你们。这西瓜的吃法嘛，我是知道的，可我要看你们说得对不对。谁说对了，就多吃一份，谁要是说错了，可是要受罚的。"

小毛猴听了，搔了搔腮说："我知道，我知道，吃西瓜是吃瓤儿！"

"不对！"一只短尾巴猴说："我不同意吃的说法！上次我到姑姑家吃过甜瓜，甜瓜是吃皮的。我想甜瓜是瓜，西瓜也是瓜，西瓜当然也吃皮啦！"

"吃西瓜吃瓤！"

"不对，吃皮！"

"这……"猴王不知道谁说得对，就把目光转到了年纪最大的老猴身上。

老猴认为出头露面的机会来了，于是捋了捋胡子，清了清嗓子，说："这个这个……吃西瓜当然……当然是吃皮咯！我之所以长寿，就是吃了西瓜皮的缘故！"

听老猴这么一说，大伙都喊起来："对，吃西瓜吃皮！吃西瓜吃皮！"

猴王一看，大家都说吃西瓜是吃皮，就大着胆子说："你们大家说得都对，吃西瓜是吃皮。哼，只有小毛猴说错了，那就让它吃瓤，我们大家都吃西瓜皮。"

吃着吃着，一只小猴子觉得不是味儿，捅了捅旁边的猴说："哎，我说，这东西怎么不好吃呀？"

旁边的猴回答："那……那是你吃不惯。我过去常吃西瓜，西瓜嘛，就是这个味儿。"

（6）一只小羊在大热天走到小河边去喝水，倒霉的是，它正好碰到一只饿狼在那儿徘徊。饿狼暗中瞧着小羊，把它当作猎捕的对象。可是为了要做得冠冕堂皇，狼吆喝道："你好大的胆子，竟用你的脏鼻子让泥沙把我的清水搅得混浊不堪！"

"要是狼大王准许，我斗胆报告，我是在离大王一百步的下游喝水。我可没有什么错要招大王发怒；我不会弄脏大王的水，即使我存心弄脏也不成！"

"这样说来，倒是我撒谎了！过去谁说过这样无礼的话？你从实招来！唷，我想起来了，两年前我走过的时候，就是你站在这儿说的。伙计，我可忘不了，忘不了！"

"然而，的确是你错了。我还不满一岁呢。"可怜的小羊答道。

"那么，一定是你的哥哥。"

"我没有哥哥，大王。"

"哦，那就一定是你的朋友什么的，要不然就是你的亲属；可不是嘛，凡是你们羊类，还有你们的猎狗和你们的牧人，都想谋害我，老是想谋害我，老是找机会要害我。为了这些伤害，我就要跟你算账！"

"可是我呢，我哪儿得罪了你？"无辜的小羊问。

"别废话！你讲了那么多话。你以为我有功夫来细数你的罪状？你的罪状就在这里：我要把你吃掉！"

说完，狼猛扑上去，把小羊吃掉了。

第四节　呼吸控制

气息是语音发声的根本，是情感表达的基石。声带通过气息产生颤动，从而发出声音。但在有声语言的表达过程中，仅仅是声带颤动发出声音还不够，气息要源源不断地供给声带，声音才能富于弹性、持久。表达情绪时，也需要以气托声、以声传情。

一、慢吸慢呼

（1）闻花

立定站稳或一只脚稍向前，双目平视前方，头正，双肩放松，用鼻子吸一口新鲜的空气，这时你似乎闻到了花的芳香，你会觉得肺的下部及腰部充满了气息，仿佛气入丹田。保持几秒钟，再轻徐地呼出。

（2）"a"音延长

用慢吸慢呼的动作，发单元音"a"的延长音。用自己舒服的声音发，逐渐由小到大、由低到高、由近到远、由弱到强。气息要通畅自如，下腭、舌根不能紧张，喉部放松，让气流集中地打到硬腭前端发出。

（3）数数练习

慢吸气，吸八成满，呼气时数1、2、3、4、5……。吐字要清楚，嘴用力但不要紧张；别跑气、换气，喉要松，气要通，直至一口气数完，能数多少就数多少，逐渐增加。

二、快吸慢呼

（1）想象看到一封使你意想不到的、高兴的信时，这时你会快而短促地急吸一口气，并在短时间内保持这样的吸气状态，然后慢慢地呼气。这就是播稿中经常使用的快吸慢呼。经常做这个练习，可以延长呼气时间，更有效地控制呼吸。

（2）四声气息控制练习

妈 麻 马 骂 搭 达 打 大

这个练习可反复做，既可用于慢吸气，也可用于快吸气。注意字音要清楚、准确，熟练后可逐渐改变声音的高低、强弱、快慢，并调节好气息。

（3）夸大的上声练习

① ǎ ǐ ǎi ǎo ǔ

② 马（mǎ） 老（lǎo） 满（mǎn） 想（xiǎng）

　仰（yǎng） 场（chǎng） 请（qǐng） 跑（pǎo）

　起（qǐ） 买（mǎi） 雨（yǔ） 赏（shǎng）

（4）选由开口呼音节组成的人名，假设"他"在远处，你发现了他要喊他，马上吸一口气，然后拖长腔喊。比如，阿毛、阿兰、小刚、小佳……

三、换气练习

（1）数枣

出东门，过大桥，大桥底下一树枣。拿着竿子去打枣，青的多红的少，一个枣儿、两个枣儿、三个枣儿……十个枣儿、九个枣儿、八个枣儿……一个枣儿。这是一个绕口令，一口气说完才算好。

（2）数红旗

广场上，飘红旗，看你能数多少面旗：一面旗、两面旗、三面旗、四面旗……十面旗。

（3）新闻稿件

7月2日，玻利维亚新闻部副部长阿尔孔在接受当地媒体采访时确认，该国总统阿尔塞不会出席6日在美国洛杉矶举行的第九届美洲峰会，以反对美国可能将古巴、委内瑞拉和尼加拉瓜三国排除在美洲峰会之外的做法。她说，美国的这种做法是对美洲峰会的破坏。墨西哥、阿根廷、智利、安提瓜和巴布达等多个拉美和加勒比国家此前已对美国的做法进行批评或抵制。

端午假期第三天，各地开展丰富多彩的民俗文化活动，各族群众在浓厚的节日氛围里，尽享欢乐假期。在云南西双版纳、四川甘孜州，优美的自然景观吸引众多游客前来度假打卡；内蒙古、山西等地都组织了骑行比赛，让人们近距离感受生态之美；武汉黄鹤楼开启了为期三天的端午夜游专场。今年端午假期期间，全国国内旅游出游7961万人次，实现国内旅游收入258.2亿元。假日市场总体安全平稳有序。

今天凌晨一点左右，西直门立交桥1号匝道桥吊装了最后两段钢梁，其中一段为北京建桥史上最重的钢梁，重达87吨。至此，1号匝道桥和2号匝道桥上8跨13段总重747.22吨、面积1488平方米的钢梁全部吊装完毕。

四、弱控制训练

（1）深吸气，匀呼气，缓慢持续地发 ai、uai、uang、iang 四个音。
（2）夸张声调，延长发音，控制气息。

山河美丽：sh—ān　　　　h—é　　　　m—ěi　　　　l—lì
中国伟大：zh—ōng　　　　g—uó　　　　w—ěi　　　　d—à
花红柳绿：h—uā　　　　　h—óng　　　l—iǔ　　　　l—ǜ

（3）控制气息，扩展音域。

春日忆李白

杜甫

白也诗无敌，飘然思不群。
清新庾开府，俊逸鲍参军。
渭北春天树，江东日暮云。
何时一樽酒，重与细论文。

如梦令·常记溪亭日暮

李清照

常记溪亭日暮，沉醉不知归路。
兴尽晚回舟，误入藕花深处。
争渡，争渡，惊起一滩鸥鹭。

蝶恋花·伫倚危楼风细细

柳永

伫倚危楼风细细，望极春愁，黯黯生天际。草色烟光残照里。无言谁会凭阑意。
拟把疏狂图一醉，对酒当歌，强乐还无味。衣带渐宽终不悔。为伊消得人憔悴。

五、强控制训练

深吸气，保持一定量，如果气吸得不够，喉咙就会紧张；呼气要均匀、顺畅。
（1）用京剧老生"笑"的方式，吸气后发"哈、哈"：hà—hà—hà—hàhà，体会气沉的感觉。

（2）反复弹发：嘿—哈—嘿—哈……体会膈肌和腹肌的作用。

（3）数葫芦和瓢。

一口气数不了二十四个葫芦、四十八块瓢。一个葫芦两块瓢，两个葫芦四块瓢，三个葫芦六块瓢，四个葫芦八块瓢，五个葫芦十块瓢，六个葫芦十二块瓢，……二十四个葫芦四十八块瓢。

（4）诗词训练。

沁园春·雪
毛泽东

北国风光，千里冰封，万里雪飘。

望长城内外，惟余莽莽；大河上下，顿失滔滔。

山舞银蛇，原驰蜡象，欲与天公试比高。

须晴日，看红装素裹，分外妖娆。

江山如此多娇，引无数英雄竞折腰。

惜秦皇汉武，略输文采；唐宗宋祖，稍逊风骚。

一代天骄，成吉思汗，只识弯弓射大雕。

俱往矣，数风流人物，还看今朝。

永遇乐·京口北固亭怀古
辛弃疾

千古江山，英雄无觅孙仲谋处。

舞榭歌台，风流总被雨打风吹去。

斜阳草树，寻常巷陌，人道寄奴曾住。

想当年，金戈铁马，气吞万里如虎。

元嘉草草，封狼居胥，赢得仓皇北顾。

四十三年，望中犹记，烽火扬州路。

可堪回首，佛狸祠下，一片神鸦社鼓。

凭谁问：廉颇老矣，尚能饭否？

第五节　声音弹性

一、单一声音要素对比

（一）高与低

高与低表现为音高变化，即声音的高低变化。"有兴趣"的声音常有明显的高低变化；"缺乏兴趣"的声音则缺少高低变化，显得单调。向积极一端发展的感情如激动、紧张、喜悦，声音呈升高趋势；向消极一端发展的感情如安静、放松、悲伤，声音则呈降低趋势。

（高）举头望明月，（低）低头思故乡。

（二）强与弱

强与弱表现为气流与发音强度的变化，即音量大小的变化。

播音主持创作中，有力、激昂的感情常用较强的音量来表现；而软弱、怀疑、消沉的感情常用较弱的音量来表现。重音发音力度增强，非重音稍弱。

（强）飞流直下三千尺，（弱）疑是银河落九天。

（三）实与虚

实与虚表现为音色的变化，主要是由声门不同的开闭状态造成的。

实声响亮扎实，多用于表达严肃、紧张、激动、兴奋的感情；虚声音色柔和，常与亲切、温柔、轻松的感情联系在一起。有时虚声也可用于表现"喊叫"，但这时要避免音量过强。

（偏实）我擦了擦她头上的汗，轻轻地问："（虚）感觉好些了吗？"（用虚声表示亲切、温柔的感情色彩）。

他焦急地寻找着，大声呼喊："（虚）小于，你在哪里？"

（四）快与慢

快与慢体现为发音速度或发音长度的变化。

虽然语言节奏中包含各种声音要素的变化，如强弱、高低的对比，但由发音速度对比引发的节奏变化，最容易被人察觉。发音速度快，给人以匆忙、紧张之感；发音速度慢，则给人以放松、平和之感。二者在语流当中的对比变化形成了节奏的变化。

（快）他赶紧扑向路边，险些被飞驰而过的车撞倒。（慢）他慢慢站起来，掸了掸身上的泥，继续漫无目的地向前走去。

二、多声音要素对比

多声音要素的对比适用于表达复杂、细致的情感，常见的有"刚与柔""纵与收""厚与薄""明与暗"等。

（一）刚与柔

"刚"与实声、较强音量、有力的吐字有关；"柔"则与虚声、较弱音量、略松散的吐字有关。

播音主持创作时，要注意"过刚则直，过柔则靡"，"硬邦邦"的僵直声或萎靡不振的柔弱声都不可取。

请用刚与柔的对比变化朗诵下面的散文，注意表现作者的感情变化。

那是力争上游的一种树，笔直的干，笔直的枝。它的干通常是丈把高，像加过人工似的，一丈以内绝无旁枝。它所有的丫枝一律向上，而且紧紧靠拢，也像加过人工似的，成为一束，绝不旁逸斜出。它的宽大的叶子也是片片向上，几乎没有斜生的，更不用说倒垂了。它的皮光滑而有银色的晕圈，微微泛出淡青色。这是虽在北方风雪的压迫下却保持着倔强挺立的一种树！哪怕只有碗那样粗细，它却努力向上发展，高到丈许，两丈，参天耸立，不折不挠，对抗着西北风。

（茅盾《白杨礼赞》）

(二）纵与收

纵与收指声音的放纵与收束。"纵"与高音、强音、实声、速度较快、气息流畅有关，适合表达高兴、兴奋、愤怒、生气等感情；"收"与低音、弱音、虚声、速度偏慢、气息控制较强有关，适合表达沉静、谨慎、理性等感情。

《我愿意是急流》是匈牙利著名诗人裴多菲的作品，表达出作者对生命的激情与渴望。整首诗既激情澎湃、豪迈洒脱，又不失深沉、凝重与庄严。下面节选的一段，前四句可放开，后四句可略收束。

我愿意是荒林，在河流的两岸，
对一阵阵的狂风，勇敢地作战。
只要我的爱人，是一只小鸟，
在我的稠密的，树枝间做窠，鸣叫。

(三）厚与薄

厚与薄是一种与声音共鸣变化有关的对比形式。

当气息吸得较深、喉部放松、胸腔共鸣较强时，会产生较厚实的声音；当气息吸得较浅，喉部闭合较紧，胸腔共鸣较少时，易形成较细薄的声音。

厚与薄不仅与声音的高低有关，还与共鸣方式有关。想要获得厚实饱满或轻巧细薄的音色，除了改变音高、音量外，还要调整呼吸状态，通过使用喉部、口腔和共鸣控制等技巧，改变声音的"厚度"与"薄度"。厚实的声音，音高较低、音量较强，常表现深沉、庄重、压抑的语气；细薄的声音，音高较高、音量较小，常表现喜悦、欢快、开心的语气。

下面童话故事中的角色不同，说话的声音有厚薄的对比变化。

老猴认为出头露面的机会来了，于是捋了捋胡子，清了清嗓子，说："这个这个……吃西瓜当然……当然是吃皮咯。我之所以长寿，就是吃了西瓜皮的缘故！"听老猴这么一说，大伙都喊起来："对，吃西瓜吃皮！吃西瓜吃皮！"

（《猴吃西瓜》节选）

(四）明与暗

明朗的声音，共鸣位置靠前，声音偏高，喉部闭合略紧；暗淡的声音，共鸣位置靠后，声音偏低，喉部闭合略松。

明朗的声音常用于表现开心、欢快的情绪；而"暗淡"的声音较适合表现深沉、感慨的情绪。

请通过明暗对比表现出下面两段文字感情色彩的变化。

（明）我爱大自然，因为春天的生机盎然，因为夏天的绿意勃发，因为秋天的安宁沉静，因为冬天的万物萌生。

（暗）亲人已仙游，未呈儿孙福。游魂于千里，如何度思量。

三、综合练习

心中有梦想 脚下就有力量
——写在"中国梦"提出六周年之际（节选）

梦想，是一切奋斗的起点。

一个有梦想、肯奋斗的民族，是不可战胜的。

……

站在中国梦提出六周年的节点上，眺望标注着一个个历史进步节点的逐梦征程，我们充满信心：

2019年，新中国成立70周年；2020年，全面建成小康社会；2021年，中国共产党成立100周年；2035年，基本实现社会主义现代化；2050年，全面建成社会主义现代化强国……

信心，来自科学理论指引的思想力量。

从工厂企业到机关社区，从繁华都市到边远乡村，习近平新时代中国特色社会主义思想指导改革发展的火热实践，为各项事业发展注入强大精神动力——

在中国核桃之乡河北涉县，规模经营提高了核桃品质，深加工增加了产品附加值，"小山货"成为"黄金果"；

在曾经的"国贫县"河南新蔡县，蔬菜大棚成为"技术课堂"，农民有了脱贫致富的真本领；

在过去的资源枯竭城市、今日的中国棉袜之乡，吉林辽源念好民营经济"快、实、活"的"三字经"，走出特色鲜明的发展之路……

信心，来自中国共产党的领航开路。

从站起来、富起来到强起来,实现中华民族复兴大业,必须把党建设得更加坚强有力。

党的十九大后习近平总书记首次出京活动,以初心之旅号召"不忘初心、牢记使命、永远奋斗",砥砺于新的伟大斗争,投身于新的革命实践。

成立中央审计委员会,强调更好发挥审计在党和国家监督体系中的重要作用;强化党对机构编制工作的集中统一领导,统筹使用各类编制资源;召开两次中央军民融合发展委员会会议,推动加快形成全要素、多领域、高效益军民融合深度发展格局……党总揽全局、协调各方,改革的系统性、创造性、实效性越来越强。

信心,来自新时代改革开放不断推向深入的强大动能。

北京天安门广场东侧,国家博物馆。

从粗布土衣凭票购买到天猫魔镜百搭试穿,从村头的"大喇叭"到"全触控"、柔性显示屏……庆祝改革开放40周年大型展览记录40年来中国取得巨大成就的同时,也昭示:未来已来,路在脚下。

就在参观庆祝改革开放40周年大型展览的第二天,习近平总书记主持召开中央深改委第五次会议,强调把深化改革开放同推动实现"两个一百年"奋斗目标、实现中华民族伟大复兴的中国梦结合起来,以更大决心、更大勇气、更大力度把改革开放推向深入。

信心,来自团结一心、上下同欲的磅礴伟力。

人民是历史的创造者,群众是真正的英雄。

虚心向人民学习,倾听人民呼声,汲取人民智慧,就能创造出一个又一个人间奇迹;与人民心心相印、与人民同甘共苦、与人民团结奋斗,就能创造出属于新时代的光辉业绩,让全体中国人民和中华儿女在实现中华民族伟大复兴的历史进程中共享幸福和荣光。

(2018年11月28日新华社)

第三章　朗读

朗读是播音与主持艺术专业学习和统考的重要组成部分，是考官考查考生语言基本功的重要环节。可以说，考生的基本功越扎实，朗读能力越能清晰地在作品朗读和指定新闻稿件播读中体现出来，就越能受到考官的青睐与认可。当然，除了在语言基本功方面下苦功学习以外，考生还要深刻地理解与感受稿件，使技巧与情感完美地融合。

第一节　播音与主持艺术专业统考对朗读的要求

中国播音学创始人之一张颂教授在《朗读学》中指出：朗读学的任务是明确的，那就是为了解决把文字作品转变为有声语言的过程中存在的各种基本问题，给朗读者以正确的理论指导，使朗读作为一种语言艺术再创作达到表情明意、言志传神的目的。同时，朗读为听者从有声语言中获得情操陶冶、知识积累和美感享受提供某种标尺，从而使朗读的作用发挥得更充分。[①]

朗读，是把文字作品转化为有声语言的创作活动。既然要使用有声语言，就会涉及许多语音问题。从整体看，播音与主持艺术专业统考要求考查朗读者的思想感情运动以及有声语言的表达技巧。从绝大多数省份的统考大纲来看，无论是自备稿件朗读还是新闻播报，都考查了考生的朗读能力。这里把朗读考查的重点归纳为四个方面：基调分寸、情感感受、停连与重音、语气与节奏。

---

① 张颂.朗读学［M］.4版.北京：中国传媒大学出版社，2022：22-23.

第二节 基调分寸

　　基调，是指稿件总的感情色彩和分量、播音时总的态度倾向，不是某一句或某一段的感情色彩和分量，也不是播音时声音的高低。它体现的是朗读者对稿件认识、感受的整体结果。每一篇稿件都有一定的感情色彩和分量。有的昂扬，有的凝重，有的明快，有的豪放，有的深情，有的风趣，等等，这些都是基调的问题。

　　通常情况下，朗读者在阅读全文后，对文章整体表达的含义要有基本的认识，然后联系文章背景，总结文章主题，确定文章的基调，从文字符号代表的意义出发，把握朗读的态度分寸。要求：基调的概括要准确，态度要鲜明，整体感要统一。

一、示例与分析

春

朱自清

　　盼望着，盼望着，东风来了，春天的脚步近了。

　　一切都像刚睡醒的样子，欣欣然张开了眼。山朗润起来了，水涨起来了，太阳的脸红起来了。

　　小草偷偷地从土里钻出来，嫩嫩的，绿绿的。园子里，田野里，瞧去，一大片一大片满是的。坐着，躺着，打两个滚，踢几脚球，赛几趟跑，捉几回迷藏。风轻悄悄的，草软绵绵的。

　　桃树、杏树、梨树，你不让我，我不让你，都开满了花赶趟儿。红的像火，粉的像霞，白的像雪。花里带着甜味儿；闭了眼，树上仿佛已经满是桃儿、杏儿、梨儿。花下成千成百的蜜蜂嗡嗡地闹着，大小的蝴蝶飞来飞去。野花遍地是：杂样儿，有名字的，没名字的，散在草丛里，像眼睛，像星星，还眨呀眨的。

　　"吹面不寒杨柳风"，不错的，像母亲的手抚摸着你。风里带来些新翻的泥土的气息，混着青草味儿，还有各种花的香，都在微微润湿的空气里酝酿。鸟儿将窠巢安在繁花嫩叶当中，高兴起来了，呼朋引伴地卖弄清脆的喉咙，唱出宛转的曲子，与轻风流水应和着。牛背上牧童的短笛，这时候也成天在嘹亮地响。

雨是最寻常的，一下就是三两天。可别恼。看，像牛毛，像花针，像细丝，密密地斜织着，人家屋顶上全笼着一层薄烟。树叶子却绿得发亮，小草也青得逼你的眼。傍晚时候，上灯了，一点点黄晕的光，烘托出一片安静而和平的夜。乡下去，小路上，石桥边，有撑起伞慢慢走着的人，还有地里工作的农夫，披着蓑，戴着笠的。他们的草屋，稀稀疏疏的，在雨里静默着。

天上风筝渐渐多了，地上孩子也多了。城里乡下，家家户户，老老小小，他们也赶趟儿似的，一个个都出来了。舒活舒活筋骨，抖擞抖擞精神，各做各的一份事去。"一年之计在于春"，刚起头儿，有的是工夫，有的是希望。

春天像刚落地的娃娃，从头到脚都是新的，他生长着。

春天像小姑娘，花枝招展的，笑着，走着。

春天像健壮的青年，有铁一般的胳膊和腰脚，他领着我们上前去。

示例分析：

（1）主题

作者通过平实、自然、活泼、口语化的表达方式，赞美春天，赞美青春。

（2）背景

创作该文时，朱自清刚刚结束欧洲漫游回国，与陈竹隐女士缔结美满姻缘，而后喜得贵子，同时出任清华大学中国文学系主任，人生可谓喜事连连，春风得意。文章描写、讴歌了一个蓬勃的春天，但它更是朱自清心灵世界的一种逼真写照。

（3）基调

生机勃勃、积极向上。

二、训练材料

"我走进大漠，是为了让更多孩子走出大漠"

新疆且末县，离李桂枝的家乡，有4000多公里。

22年前的8月,经过长达5天4夜的车马劳顿,李桂枝从家乡河北定州来到新疆且末。

一踏上这片沙漠边的绿洲,当时22岁的她就爱上了这里:"且末,有能歌善舞的维吾尔族姑娘,有香甜的瓜果,和谐、安宁、美丽,仿佛是世外桃源!"

且末县第二中学语文老师,是河北保定学院中文系毕业生李桂枝的第一份工作。

"当时,学校很缺教师。我想着,自己来这里可以更好地发挥作用,春风化雨,教书育人,"她说,"结果一待下来,就再也没想过要离开。"

她,是一颗种子,在沙漠中也要扎根成长。

且末是一个民族聚居地,70%多的居民是维吾尔族。身为人民教师,李桂枝把促进民族团结作为自己的职责使命。

生活中,她主动了解少数民族的风俗习惯。闲暇时,她主动向维吾尔族教师请教维吾尔语,并帮助他们纠正国通语发音。节假日,她常去维吾尔族同事和学生家里走访,与他们交朋友。

22年中,互相学习,互相帮助,互相理解,互相支持,民族团结的种子悄然在彼此心中落地生根,并茁壮成长。

她,是一面旗帜,在遥远边疆也要高高飘扬。

作为一名入党积极分子,李桂枝来到大漠。她在大漠中庄严宣誓,正式加入中国共产党。

李桂枝深知,新疆要发展,教育要先行。她千方百计,把"文化润疆"融入具体工作。

借助语文课,她开设了每周阅读课,带领学生研读名著,让中华优秀传统文化浸润孩子们的身心。

22年中,她播撒文化知识的种子,促进文化认同,当选新疆维吾尔自治区优秀教师,让鲜红的党旗在大漠中高高飘扬。

她,是一支红烛,燃尽自己也要照亮别人。

瘦瘦弱弱的李桂枝,一直在教学一线从事语文教学兼班主任工作。

她不断探索创新教育教学方法,采用灵活多变的教学形式,让学生打心眼儿里喜欢上课堂、喜欢上学习。孩子们都说:"上李老师的课,总感觉时间过得很快。"

一分耕耘，一分收获。2020年，她带的第一届高三班，40人中有30多人考上了本科大学。

22年中，李桂枝在大漠中呕心沥血、甘为人梯，从青春年华到鬓生华发。她说："我走进这片大漠，就是要让更多的孩子走出大漠，飞向更广阔的天空。"

（2022年7月7日《光明日报》，记者罗旭、李慧）

第三节　情感感受

情感感受在播音中具有特定含义，即在符合稿件需要的前提下，以稿件提供的材料为原型，使稿件中的人物、事件、场面、情绪等在播讲者脑海中不断浮现，形成连续活动的画面，而播讲者根据画面不断引发相应的态度、感情的过程就是情感感受。情感感受是播讲者在二次创作中调动思想感情，并使之处于运动状态的重要手段。

由此可见，情感感受是一种想象、联想活动，但它不是天马行空的，而要以稿件提供的材料为原型，符合稿件的情感需要，服务于视听的需要。

情感感受的过程大致分为四步：

第一步，理清头绪。脑海里连续活动的画面从哪里开始？接下来发生了什么？之后将如何变化？导致什么样的结果？哪里是重点需要详细描述的？哪里可以较为粗略地一带而过？这些播讲者都要心中有数，既不可走过场，也不可陷进去。

第二步，设身处地。播讲者要把稿件描写的内容当作自己亲眼所见、亲耳所闻、亲身经历，进入具体的事件、场景，不能袖手旁观、闭目塞听。置身其中，并不是"忘乎所以"，而是处于情理之中。设身处地，主要是获得现场感，产生"我就在"的感觉。

第三步，触景生情。当某种场景在脑海中浮现时，播讲者一定要作出积极的反应。触景生情是感受的核心，要求播讲者通过"景"的刺激，引起具体的符合稿件基调的"情"的反应。

第四步，现身说法。当脑海中浮现出连续活动的画面，那么把情景再现的过程展现出来，就是播讲者的责任。播讲者头脑中再现了稿件描写的情景，经过自己的消化吸收和加工制作，使受众产生身临其境的感觉，并从中受到感染，就算完成了播讲的任务。

一、示例与分析

难以想象的抉择（节选）

巴尼·罗伯格是美国缅因州的一个伐木工人。一天早晨，巴尼像平时一样驾着吉普车去森林干活。由于下过一场暴雨，路上到处坑坑洼洼。他好不容易把车开到路的尽头，走下车，拿了斧子和电锯，朝着林子深处又走了大约两英里路。

巴尼打量了一下周围的树木，决定把一棵直径超过两英尺的松树锯倒，出人意料的是：松树倒下时，上端猛地撞在附近的一棵大树上，松树一下子弯成了一张弓，旋即又反弹回来，重重地压在巴尼的右腿上。

剧烈的疼痛使巴尼只觉得眼前一片漆黑。但他知道，自己首先要做的事是保持清醒。他试图把腿抽出来，可是办不到。腿被压得死死的，一点也动弹不得。巴尼很清楚，要是等到同伴们下工后发现他不见了再来找的话，他很可能会因为流血过多而死。他只能靠自己了。

巴尼拿起手边的斧子，狠命朝树身砍去。可是，由于用力过猛，砍了三四下后，斧子柄便断了。巴尼觉得自己完了。他喘了口气，朝四周望了望。还好，电锯就在不远处躺着，他用手里的断斧柄一点一点地拨动着电锯，把它移到自己手够得着的地方，然后拿起电锯开始锯树。但他发现，由于倒下的松树呈45度角，巨大的压力随时会把锯条卡住，如果电锯出了故障，那么他只能束手待毙了。左思右想，巴尼终于认定，只有一条路可走了。他狠了狠心，拿起电锯，对准自己的右腿，进行截肢……

巴尼把断腿简单包扎了一下，他决定爬回去。一路上巴尼忍着剧痛，一寸一寸地爬着；他一次次地昏迷过去，又一次次地苏醒过来，心中只有一个念头：一定要活着回去！

示例分析：

第一步：理清头绪。

《难以想象的抉择》描写的是一个伐木工人在遭遇危险后在生死边缘作出的艰难抉择。文章共分为三个部分，分别是伐木工巴尼陷入困境、多次尝试后果断抉择、强忍剧痛走出困境。其中，第二部分巴尼决定自行截肢一段应当作为文章的重点。

第二步：设身处地。

我们一般人很难遇到文中描写的绝境，但我们都看过类似的独自一人面对生死抉择的电影，因此不妨把这个故事想象成电影画面，一步一步分解故事发生的过程，产生置身其中的感受。

第三步：触景生情。

（1）茫茫森林，突遇危险，临危不惧，勇敢解脱。我们对巴尼产生了由衷的敬佩之情。

（2）胆大心细，遇事不慌，巴尼沉着冷静、粗中有细。

（3）信念坚定，行为果敢，巴尼的行为令人感动，我们应该称他为勇士。

第四步：现身说法。

通过对文章的分析，我们对巴尼产生了较为全面的认识，这是一个勇敢坚毅、顽强不屈的男人，朗读时应以把握巴尼的心理状态变化为主。

二、训练材料

（一）句段练习

（1）锅里的水吱吱地响，老大娘里屋外屋地忙，烧完热水，又端饺子又端鸡蛋，香味伴着腾腾的热气在屋里弥漫。

（2）荷塘的四面，远远近近，高高低低都是树，而杨柳最多。这些树将一片荷塘重重围住；只在小路一旁，漏着几段空隙，像是特为月光留下的。树色一例是阴阴的，乍看像一团烟雾；但杨柳的丰姿，便在烟雾里也辨得出。树梢上隐隐约约的是一带远山，只有些大意罢了。树缝里也漏着一两点路灯光，没精打采的，是渴睡人的眼。这时候最热闹的，要数树上的蝉声与水里的蛙声；但热闹是它们的，我什么也没有。

（朱自清《荷塘月色》）

（3）太阳刚露脸的时候，我沿着小河往村里走，那淡淡的轻轻的雾气，那润润的湿湿的泥土气味，不停地扑在我的脸上，钻进我的鼻子，小河水清得一眼望到底；刚抽穗的麦子清清楚楚地倒映在水里，早上刚下过雨，岸上到处都是浅浅的牛蹄印儿。

（方之《在泉边》）

（4）雪纷纷扬扬，下得很大。开始还伴着一阵儿小雨，不久就只见大片大片的雪花，从彤云密布的天空中飘落下来。地上一会儿就白了。冬天的山村到了夜里格外寂静，只听见雪花簌簌地不断往下落。偶尔咯吱一声响，树林的枯枝被积雪压断了。

大雪整整下了一夜。早晨，天放晴了，太阳出来了。推开门一看，嗬！好大的雪啊！山川、树木、房屋，全部罩上了一层厚厚的雪。万里江山变成了粉妆玉砌的世界。落光叶子的柳树上，挂满了毛茸茸、亮晶晶的银条儿；冬夏常青的松树和柏树上，堆满了蓬松松、沉甸甸的雪球儿。一阵风吹来，树枝轻轻地摇晃，美丽的银条儿和雪球儿簌簌地落下来，玉屑似的雪末儿随风飘扬，映着清晨的阳光，显出一道道五光十色的彩虹。

（峻青《第一场雪》）

（5）一个春天的月牙在天上挂着。我看出它的美来。天是暗蓝的，没有一点云。那个月牙清亮而温柔，把一些软光儿轻轻送到柳枝上。院中有点小风，带着南边的花香，把柳条的影子吹到墙角有光的地方来，又吹到无光的地方去；光不强，影儿不重，风微微地吹，都是温柔，什么都有点睡意，可又要轻软地活动着。月牙下边，柳梢上面，有一对星儿好像微笑的仙女的眼，逗着那歪歪的月牙和那轻摆的柳枝。墙那边有棵什么树，开满了白花，月的微光把这团雪照成一半儿白亮，一半儿略带灰影，显出难以想到的纯净。

（老舍《月牙儿》）

（6）六月十五日那天，天热得发了狂。太阳刚一出来，地上已经像下了火。一些似云非云似雾非雾的灰气低低地浮在空中，使人觉得憋气……

街上的柳树像病了似的。叶子挂着层灰土在枝上打着卷；枝条一动也懒得动，无精打采地低垂着。马路上一个水点也没有，干巴巴地发着些白光。便道上尘土飞起多高，与天上的灰气联结起来，结成一片毒恶的灰沙阵，烫着行人的脸。处处干燥，处处烫手，处处憋闷，整个的老城像烧透的砖窑，使人喘不过气来。狗趴在地上吐出红舌头，骡马的鼻孔张得特别大，小贩们不敢吆喝，柏油路晒化了，甚至于铺户门前的铜牌好像也要晒化了。

（老舍《骆驼祥子》）

（7）一阵狂风卷过，寒气阵阵袭来，伫立在签子门边的余新江浑身发冷，禁不住颤抖了一下，屋瓦上响起了哗哗哗的声音，击打在人的心上。是暴雨？这声音比暴雨更响，更加嘈杂，更加猛烈。"冰雹！"余新江听见有人悄声喊着。他也侧耳细听那屋瓦上的响声。在沉静的寒气里，在劈打屋顶的冰雹急响中，忽然听出一种隆隆的轰鸣。这声音夹杂在冰雹之中，时大时小。余新江渐渐想起，刚才在冰雹之前的狂风呼啸中，似乎也曾听到这种响声，只是不如现在这样清晰，这样接近，因为他专注地观察敌人，所以未曾引起注意。这隆隆的轰鸣，是风雪中的雷声吗？余新江暗自猜想着：在这隆冬季节，不该出现雷鸣啊！难道是敌人在爆破工厂，毁灭山城了吗？忽然，余新江冰冷的脸上，露出狂喜，他的手心激动得冒出了汗水。他突然一转身，面对着全室的人，眼里不可抑制地涌出滚烫的泪水。

"听！炮声，解放军的炮声！"

（《红岩》第二十九章）

（二）短文练习

军礼

天下着鹅毛大雪。一支红军队伍在零下三十多度的酷寒中艰难地行进着。

突然，队伍中有人喊起来："有人冻死啦"！军长一震，急步向前跑去。松树下，一位战士倚着树干，坐在雪窝里，一动也不动。他的左手夹着半截用树叶卷成的烟，小心地放在胸前，仿佛在最寒冷的时刻还在渴望一支烟的温暖。他的右手握着一个小纸包，脸上还挂着一丝早已冷却的笑容。军长用颤抖的双手打开了那个纸包，一只红辣椒跳进了军长的眼帘。军长轻轻拂去战士肩上的积雪，猛然发现他身上竟然穿得那样单薄，单薄得就像一张纸。"棉衣，棉衣呢？为什么没有发给他棉衣？"军长两眼发红："军需处长呢？"警卫员在发愣。"给我找军需处长"。还是没有人应声。"快，快给我找军需处长！"警卫员"哇"的一声哭了出来："报告军长，他就是刚任命的军需处长。棉衣不够了……每个人发的御寒辣椒他都没舍得吃一口……"

军长愣住了，他望着雕像般的军需处长，眼泪成串成串地流了下来。他高高地举起那只鲜红的辣椒，在铅灰色的天穹下，在迷漫的雪雾中，辣椒就像一支燃烧的火炬，照耀着前程，在这火炬下，一只又一只右手缓缓举起，军礼是那样庄重,整个队伍发出一片抽泣声,像一曲悲壮的哀乐,回荡在雪地上空。

人们不知道这位军需处长的名字。可是,永远也忘不了他留给我们的那只鲜红的辣椒。

背影(节选)

我说道:"爸爸,你走吧。"他往车外看了看说,"我买几个橘子去。你就在此地,不要走动。"我看那边月台的栅栏外有几个卖东西的等着顾客。走到那边月台,须穿过铁道,须跳下去又爬上去。父亲是一个胖子,走过去自然要费事些。我本来要去的,他不肯,只好让他去。我看见他戴着黑布小帽,穿着黑布大马褂,深青布棉袍,蹒跚地走到铁道边,慢慢探身下去,尚不大难。可是他穿过铁道,要爬上那边月台,就不容易了。他用两手攀着上面,两脚再向上缩;他肥胖的身子向左微倾,显出努力的样子。这时我看见他的背影,我的泪很快地流下来了。我赶紧拭干了泪,怕他看见,也怕别人看见。我再向外看时,他已抱了朱红的橘子往回走了。过铁道时,他先将橘子散放在地上,自己慢慢爬下,再抱起橘子走。到这边时,我赶紧去搀他。他和我走到车上,将橘子一股脑儿放在我的皮大衣上。于是扑扑衣上的泥土,心里很轻松似的,过一会说,"我走了,到那边来信!"我望着他走出去。他走了几步,回过头看见我,说,"进去吧,里边没人。"等他的背影混入来来往往的人里,再找不着了,我便进来坐下,我的眼泪又来了。

第四节 停连、重音

一、停连

停连包括两个方面:停,指停顿;连,指连接。有停顿,有连接才能更好地传情达意。

在播音主持艺术实践中,语音的层次之间、段落之间、语句之间、词组之间,总有休止、中断的地方,都属于停顿的范围。那些不休止、不中断的地方,特别是文字稿件中有标点符号而不休止、不中断的地方,就是连接。停顿和连接都是有声语言行进中显示语意、抒发感情的方法。

停连和重音是有声语言的标点符号。停连,一方面要准确理解语句的意思,另一方面要正确分析语句的结构。停与连，在有声语言的表达中常常是同时存在的，这既是生理需要，也是心理需要。从生理上说，一口气说完一个话题不行，一口气读完一篇稿件也不行；从心理上说，停连应该是积极的、主动的，以自如地服从思想感情运动的需要。思想感情的运动需要在哪里停顿，就要在哪里停顿，需要停顿多久，就要停顿多久。在停连的运用上，生理需要必须服从心理需要，不可因停害意、因停断情。

停顿是思想感情运动状态的继续和延伸，而不是思想感情的终止、中断和空白。在确定停连的位置时，应注意将标点符号作为参考，将语法关系作为基础，将情感表达作为根本。同时也应当注意，播音中的停顿是清晰表达全篇主旨的方法，而不是静止地、孤立地、局部地将文章各种关系进行解构。

从全局的角度，停连可分为以下十类。

第一类：区分性停连　第二类：呼应性停连
第三类：并列性停连　第四类：分合性停连
第五类：转换性停连　第六类：回味性停连
第七类：判断性停连　第八类：强调性停连
第九类：生理性停连　第十类：灵活性停连

停连的方法大致可分为：扬停、落停、直连、曲连。①

二、重音

稿件是由许多语句组成的，语句中的词或词组并不处于完全并列、同等重要的地位，其中，有的重要些，有的次要些。这些重要的需要我们强调，以便突出且明晰地表达出具体的语言目的和思想感情。我们强调的词语，就是重音。重音能够突出语言目的，使句与句之间的逻辑关系更严密，感情色彩更鲜明。

任何一个句子都有重音，有时，一个句子里有两个以上的重音，那就需要区分哪里是主要重音，哪里是次要重音。

确定重音有三个基本原则：一是能够突出语句目的的中心词，二是能够体现逻辑关系的关系词，三是能够点染感情色彩的关键词。据此，重音通常分为以下

---

① 详细内容可参见张颂.朗读学［M］.4版.北京：中国传媒大学，2022.

十类：

第一类：并列性重音　　第二类：对比性重音

第三类：转折性重音　　第四类：递进性重音

第五类：比喻性重音　　第六类：呼应性重音

第七类：强调性重音　　第八类：肯定性重音

第九类：反义性重音　　第十类：拟声性重音

运用重音的方法大致可分为：强弱法、快慢法、虚实法。①

三、训练材料

（一）停连练习

（1）政协第十四届全国委员会常务委员会第四次会议 2 日上午在京闭幕，会议以"加强生态环境保护，推进美丽中国建设"为议题协商议政。中共中央政治局常委、全国政协主席王沪宁主持闭幕会并讲话。他表示，中共十八大以来，我国生态文明建设发生了历史性、转折性、全局性变化，美丽中国建设迈出重大步伐。要深入学习贯彻习近平生态文明思想，贯彻落实习近平总书记在全国生态环境保护大会上的重要讲话精神，加大生态文明建设专题协商和民主监督力度，为加快美丽中国建设、推进人与自然和谐共生的现代化献计出力。

（2）习近平总书记指出："中国要强盛、要复兴，就一定要大力发展科学技术，努力成为世界主要科学中心和创新高地。"党的十八大以来，在以习近平同志为核心的党中央坚强领导下，我国科技创新空间布局持续优化，创新高地加速崛起，创新成果竞相涌现，不断推动我国高质量发展。

（3）记者从国资委了解到，截至目前，地方国企改革三年行动主体任务完成超过 90%。其中，各地国企公司制改革基本完成，剥离企业办社会职能和解决历史遗留问题全面扫尾。国企改革三年行动包括建立现代企业制度、监管、布局结构等任务，进一步增强国有企业活力和效率。

（4）在五四青年节到来之际，第 26 届中国青年五四奖章评选结果揭晓。共青团中央、全国青联决定授予马瑜婷、王震、王琳等 49 名同志第 26 届中国青年

---

① 详细内容可参见张颂.播音创作基础[M].4 版.北京：中国传媒大学出版社，2022.

五四奖章，授予首钢集团冬奥服务保障青年团队、中交天津航道局有限公司天鲲号等16个青年集体第26届中国青年五四奖章集体。

（5）在4月25日举行的国务院政策例行吹风会上，人社部、财政部等四部门相关负责人表示，我国将通过政府政策支持、个人自愿参加、市场化运营的方式，推动个人养老金发展，将结合实际分步实施，逐步推开，选择部分城市先试行一年，再总结推广，利用市场化手段丰富个人养老金资金储备。

（6）由中央宣传部统筹指导，河北、福建、浙江、上海四省（市）党委宣传部组织编写的《让群众过上好日子——习近平正定足迹》《闽山闽水物华新——习近平福建足迹》《干在实处勇立潮头——习近平浙江足迹》《当好改革开放的排头兵——习近平上海足迹》四部系统记述习近平同志地方工作经历图书，近日由人民出版社分别会同河北、福建、浙江、上海人民出版社出版发行。

（7）由中央宣传部指导，中央广播电视总台与中国图书评论学会联合推出的"全民阅读大会·2021年度中国好书"盛典今晚在总台央视综合频道和科教频道播出，节目将"中国好书"颁奖活动与"全民阅读大会"深度融合，通过"课堂之外""文艺之力""探索之旅"等5个篇章，揭晓年度"主题出版类""人文社科类""文学艺术类"等6类上榜好书。

（8）在香港回归祖国25周年、《粤港澳大湾区发展规划纲要》发布三周年之际，作为"融通大湾区·融媒采访行"大型立体式融媒体采访报道活动的先导部分，深圳特区报、读特客户端携手大湾区其他城市主流媒体共同参与的"融通大湾区 同心向未来"大型特别联动报道，将于6月30日上午6时正式拉开序幕，全程持续25小时，至7月1日上午7时结束。

（9）2018年4月，浙江省安吉县的20位农民党员给习近平总书记写信表示，村里因为种白茶致富，吃水不忘挖井人，致富不忘党的恩，愿意捐赠茶苗帮助贫困地区。总书记回信说："'吃水不忘挖井人，致富不忘党的恩'，这句话讲得很好。增强饮水思源、不忘党恩的意识，弘扬为党分忧、先富帮后富的精神，对于打赢脱贫攻坚战很有意义。"

（10）5月28日，南方开始出现大范围的降雨过程，江西、广西等地部分地区出现大到暴雨。受持续强降雨影响，江西部分河流水位上涨，农田被淹；广西部分地区出现内涝、人员被困，当地迅速组织人员及时转移群众，排查隐患。预计未来一周，南方还将维持多雨的状态。水利部针对浙江、安徽、福建、江西等多省近期汛情启动水旱灾害防御Ⅳ级应急响应。

（二）重音练习

（1）近日，人力资源社会保障部、财政部印发通知，2022年将招募3.4万名高校毕业生参加"三支一扶"计划。"三支一扶"指支农、支教、支医和帮扶乡村振兴。今年的招募人员向乡村振兴重点帮扶县、脱贫县、易地扶贫搬迁大型和特大型集中安置区所在县倾斜，对国家乡村振兴重点帮扶县实行计划单列。

（2）6月11日，记者从广东省自然资源厅获悉，近日该厅联合广东省税务局印发《关于进一步深化信息共享 便利不动产登记和办税工作的实施方案》，力争将不动产登记和办税便利化打造为广东优化营商环境的特色品牌，在2023年底前，统一线上线下"一窗办理"业务流程，全省所有市县实现不动产登记和办税"网上办理"。

（3）为贯彻落实《广东省促进建筑业高质量发展的若干措施》，支持企业做大做强，培育龙头骨干企业，发展建筑业总部经济，实现深圳建筑业稳增长和高质量发展目标，市住房和建设局近日发布了《深圳市建筑业稳增长奖励措施》，将于6月19日正式实施。

（4）"深圳媒体深入市场主体实地调研，走街进企报道深企创新发展故事，展现深圳先进制造业勃勃生机，让人对深圳制造强市充满期待。"昨日，有关专家、协会、企业纷纷点赞深圳媒体"高质量发展调研行"活动。他们认为，深圳支持企业发展不遗余力，相继推出4个"30条"支持企业政策措施，以及"20+8"产业集群行动计划，奏响高质量发展强音。

（5）中央财政近日下达多项民生领域预算。下达2125亿元，支持地方落实好义务教育"两免一补"和学生营养改善等政策；下达230亿元，支持地方持续扩大普惠性学前教育资源；下达70亿元，支持地方改善县域普通高中办学条件；下达5亿元，支持地方改善特殊教育学校基本办学条件。

（6）根据国务院物流保通保畅工作领导小组办公室监测汇总数据，10月23日—10月29日，全国货运物流有序运行，其中：国家铁路累计运输货物7729.8万吨，环比增长1.76%；全国高速公路累计货车通行5671.6万辆，环比增长0.91%；监测港口累计完成货物吞吐量25,725.9万吨，环比增长5.71%，完成集装箱吞吐量570万标箱，环比增长1.46%；民航累计保障航班10.7万班，环比下降

0.3%；邮政快递累计揽收量约 27.86 亿件，环比增长 1.24%；累计投递量约 27.77 亿件，环比增长 2.32%。

（7）记者6日从工业和信息化部获悉，我国 5G 商用三年来，已经进入规模化应用关键期。截至目前，开通 5G 基站 161.5 万个，5G 网络覆盖全国所有地市、县城城区和 87% 的乡镇镇区，5G 移动电话用户总数超 4.13 亿户。"5G+工业互联网"在建项目 2400 个，5G 应用案例超过 2 万个。

（8）针对端午假期铁路客流回暖、部分地区短途探亲的特点，铁路部门及时加开列车增加运力。端午假期首日，全国铁路发送旅客 664.4 万人次，开行旅客列车 6566 列，创今年 3 月以来单日旅客发送量新高。全国高速公路总流量 3057 万辆，路面通行效率有所提升。全国水路发送旅客 37.76 万人次。

（9）端午假期第三天，各地开展丰富多彩的民俗文化活动，各族群众在浓厚的节日氛围里，尽享欢乐假期。在云南西双版纳、四川甘孜州，优美的自然景观吸引众多游客前来度假打卡；内蒙古、山西等地都组织了骑行比赛，让人们近距离感受生态之美；武汉黄鹤楼开启了为期三天的端午夜游专场。今年端午假期期间，全国国内旅游出游 7961.0 万人次，实现国内旅游收入 258.2 亿元。假日市场总体安全平稳有序。

（10）特别节目《走进老区看新貌》28日上午10:00到11:00在央视新闻频道播出四川篇。川陕革命老区主要覆盖四川巴中、达州、广元、南充等地区。节目将带您走进大巴山腹地，生动展现党的十八大以来，四川革命老区广大干部群众奋力谱写新时代振兴发展壮美篇章的生动故事。

（11）在这里，诞生了世界上最早的彩陶。

在这里，"人文始祖"伏羲"一画开天"创立了古老的华夏文明。

在这里，秦王朝先祖奋发崛起，称霸西戎。

这里是中国北方农业文明的源头之一，是古丝绸之路上的交通要道，是石窟艺术之乡，也是一片红色的土地。

这里，是甘肃。

在中国历史文化宝库中，甘肃是一块瑰丽璀璨的美玉。从敦煌的莫高窟到武威的文庙、白塔寺遗址，从嘉峪关的长城到张掖的大佛寺、红军西路军纪念馆，这里有不可移动文物 16,895 处，其中：世界文化遗产地 7 处，全国重点文物保护单位 152 处，省级文物保护单位 532 处；国有馆藏可移动文物 43 万件（套）；国家级历史文化名城4座、名镇8座，省级历史文化名城8座、名镇7座……

近年来，甘肃省委省政府深入贯彻落实习近平总书记关于历史文化遗产保护重要指示要求，坚持"保护为主、抢救第一、合理利用、加强管理"的工作方针，文物保护利用各项工作取得历史性成就，实现历史性突破。

（三）新闻组合练习

要求：两位同学一组，分A、B角色共同完成以下新闻播报练习。根据政治、经济、社会、体育、娱乐、国际等不同内容进行合理排序，可添加一些开始语、串联词和结束语，自拟新闻节目名称。教师根据同学们的现场表现或录音作品打分。

（1）人社部等三部门日前联合印发通知，推动各地多渠道、多形式、多领域发布一批适合高校毕业生就业的基层岗位，有序组织开展招聘工作，对到城乡基层就业创业的毕业生，做好档案转递、社保缴纳等服务保障。

（2）伊朗总统莱希19日会见到访的哈萨克斯坦总统托卡耶夫，双方在包括工业、农业、文化等领域签署了多份谅解备忘录。莱希表示，这是两国深化关系意愿的体现，两国关系未来还可以在上合组织等一些区域组织中得到进一步发展。

（3）科技部等七部门联合印发通知，明确部属高校、中央院所、中央企业等单位加大科研助理岗位开发力度，最大限度吸纳高校毕业生就业。设立科研助理岗位的单位应根据国家有关规定签订服务协议，为科研助理办理参加社会保险及住房公积金等。

（4）由中华全国新闻工作者协会主办的2022年"一带一路"记者组织论坛29日晚通过网络视频方式在京召开。论坛以"媒体的社会责任"为主题，来自六十多个国家和地区的近百位记者组织负责人和媒体代表进行了深入交流。

（5）第六届世界智能大会24日在天津开幕，以"智能新时代：数字赋能智赢未来"为主题，围绕人工智能、智能制造、数字经济等前沿领域举办30场高峰会和平行论坛，并运用现代信息技术打造全景立体式的"云上"智能展区。

（6）美联社公共事务研究中心发布的一项最新民调显示，85%的受访者认为美国正朝着错误的方向发展，这一数据比3月份的民调结果高出17个百分点。此外，有79%的受访者认为美国经济状况不佳。

（7）2022年上半年，亚太区域主要股市均以下跌为主。相关数据显示，截至

7月4日，港股中的恒生指数半年跌6.7%，恒生科技指数半年跌13.87%；亚太区域其他市场的主要股指均呈下跌态势，日经225指数半年跌10.74%，韩国KOSPI指数半年跌22.3%，澳大利亚S&P指数半年跌11.18%，新加坡海峡时报指数半年跌0.11%。此外，越南胡志明指数领跌亚太区域股市，半年累计跌27.8%。

（8）英国国家统计局22日发布的数据显示，受食品、能源价格上涨等因素影响，英国5月份消费者价格指数同比上涨9.1%，为1982年3月以来的最高值。其中，食品和饮料价格同比上涨8.7%，是2009年3月以来的新高。

（9）2022年世界女排联赛三周分站赛总计12轮比赛全部结束，中国女排以8胜4负积26分的成绩排名战绩榜第四位，成功跻身总决赛，完成赛前制定的初步目标。对于今年初重回中国女排主帅位置的蔡斌来说，这12场比赛也是他打造全新中国女排的起步，他直言"中国女排正向着靠团队打球的方向努力"。

（10）7月6日，电影《觅渡》在常州市第二中学迎来了全剧的封镜。该片由江苏省电影集团有限公司、常州广播电视台、江苏恐龙园赞奇影业有限公司共同出品，江苏亚细亚影视制作有限公司、江苏恐龙园赞奇影业有限公司、深圳一声春雷有限公司共同承制。

（11）舞蹈诗剧《只此青绿》片段在虎年央视春晚刷屏后，直接带动了线下演出的热潮。近日，《只此青绿》在北京保利剧院上演，原计划演出5场，结果因观众反响强烈先后3次加演13场，共演出18场，观众达1.9万人次。每次演出结束，演员们都在如潮的掌声中不断返场谢幕，而观众则沉浸在青绿山水的典雅意境中。

（12）北京时间7月2日国际泳联世锦赛跳水项目的比赛继续进行，在刚刚结束的混双10米台决赛中，中国组合任茜和段宇以341.16分夺得金牌，这是中国跳水队本届世锦赛的第10枚金牌，同时也是中国队本届世锦赛的第15枚金牌。

（四）稿件片段练习

（1）中国人说：靠山吃山，靠海吃海。这不仅是一种因地制宜的变通，更是顺应自然的中国式生存之道。从古到今，这个农耕民族精心使用着脚下的每一寸土地，获取食物的活动和非凡智慧，无处不在。

贵州省从江县，侗族、苗族和壮族聚居的山区，这里的人自古以糯米为主食，在高山梯田里种植着近百种原始的糯稻。远离现代文明的喧嚣，散落的村寨像一个个孤岛，深藏在大山深处。

十月，是糯稻成熟的季节。壮族聚居的下尧村，正在迎接一个专为稻谷丰收设置的节日——新米节。但糯稻并不是村民们唯一的收获，水田里还藏着其他的秘密。水稻田，可以同时养鲤鱼和鸭子，这种稻、鱼、鸭共作的古老体系，已被列入全球重要农业文化遗产。

（电视专题片《舌尖上的中国》）

　　（2）一个十六七岁的姑娘，活灵活现地站在我的眼前了。她疏眉细眼，故意眯缝着眼瞧我，小鼻子微微朝上翘着，薄薄的两片小嘴唇因为忍住笑而紧闭着，两颗小酒窝儿，在那又红又结实的腮上陷得很深。

（浩然《红枣林》）

　　（3）猫的性格实在有些古怪。说它老实吧，它的确有时候很乖。它会找个暖和的地方，成天睡大觉，无忧无虑，什么事也不过问。可是，它决定要出去玩玩，就会出走一天一夜，任凭谁怎么呼唤，它也不肯回来。说它贪玩吧，的确是呀，要不怎么会一天一夜不回家呢？可是，它听到老鼠的一点响动，又是多么尽职。它闭息凝视，一连就是几个钟头，非把老鼠等出来不可！

　　……

　　小猫满月的时候更可爱，腿脚还不稳，可是已经学会淘气。一根鸡毛、一个线团，都是它的好玩具，要个没完没了。一玩起来，它不知要摔多少跟头，但是跌倒了马上起来，再跑再跌。它的头撞在门上、桌腿上，撞疼了也不哭。它的胆子越来越大，逐渐开辟新的游戏场所。它到院子里来了，院中的花草可遭了殃。它在花盆里摔跤，抱着花枝打秋千，所到之处，枝折花落。你见了，绝不会责打它，它是那么生机勃勃，天真可爱！

（老舍《猫》）

　　（4）疆场上，他们是无畏的英雄，随时准备为祖国献出宝贵的生命。他们为国尽了力，流了血。然而，疆场上可歌可泣的事迹，不过是他们在人生舞台上的一个序幕。在病床上，面临着比死亡还要严峻的考验：双目失明、断臂截腿、皮肉的苦痛、精神的折磨，这是常人难以想象、难以忍受的煎熬。……但是，英雄毕竟是英雄，他们挺过来了，斗志昂扬意气风发地重新走上生活之路。他们不仅满怀希望地规划自己的未来，而且毫不犹豫地在人生的征途上开始新的攀登。

（1985年7月4日《人民日报》评论《伟大理想的力量》）

　　（5）有人这样比喻：从事禁毒工作就像在"刀尖"上走步，这次，年仅30岁的缉毒民警柯占军没能躲过歹徒的"刀尖",倒在了毒贩的枪口下。他在生命的最后瞬间,心脏中弹却仍死死抱住毒贩的脚不放,他用生命书写了一名缉毒警察的忠诚。30岁,正是旭日东升的年龄。而他却把短短的一生献给了挚爱的禁毒事业,用不朽的灵魂,树立起了一座丰碑。

翻阅柯占军的档案,在短短9年的从警生涯里,他主办毒品案件33起,参与协助侦办毒品案件101起,缴获毒品837.763公斤,缴获毒资1000多万元,缴获各类枪支7支,3次荣获个人嘉奖,2011年参与侦破部级禁毒案荣记个人三等功一次。

(《缉毒英雄柯占军》)

(6) 风在狂吼……雷在轰响……

一堆堆乌云,像青色的火焰,在无底的大海上燃烧。大海抓住金箭似的闪电,把它们熄灭在自己的深渊里。这些闪电的影子,像一条条的火蛇,在大海里蜿蜒游动,一晃就消失了。

——暴风雨!暴风雨就要来啦!

这是勇敢的海燕,在闪电之间,在怒吼的大海上高傲地飞翔。这是胜利的预言家在叫喊:

——让暴风雨来得更猛烈些吧!

(高尔基《海燕》)

(7) 那天深夜,陈阵突然被嘎斯迈急促的呼叫声和狗群的狂吼声惊醒,当他急匆匆地穿上毡靴和皮袍,拿着手电筒和马棒冲出包的时候,他的双腿又剧烈地颤抖起来。透过雪花乱飞的手电光亮,他竟然看到嘎斯迈正拽着一条大狼的长尾巴。这条狼从头到尾差不多有一个成年人的身长,而她居然想把狼从挤得密不透风的羊群里拔出来。狼拼命地想回头咬人,可是吓破胆的傻羊肥羊们前扑后拥,也把狼的前身挤得动弹不得。陈阵想上前帮嘎斯迈,可两腿抖得就是迈不开步。他原先想亲手触摸一下活狼的热情,早被吓得结成了冰。

(姜戎《狼图腾》)

(8) 唐山第一次失去了它的黎明,天地间被一座城市毁灭时产生的一切死亡物质笼罩着。

唐山矿冶学院图书馆的第一层楼面整个向西剪切滑动,原来三层的建筑像被地壳吞没了一层。唐山第十中学前的水泥马路被拦腰震断,一截向左,一截向右，错位达一米多，而这次大地震地裂缝穿过的地方：唐山地委党校、东京街小学、地区农研所以及整个路南居民区，都像被一只巨手从地面上抹去了似的，不见了。在陆军二五五医院，一个女兵被一根水泥梁柱横穿了胸膛，胸口血肉模糊；一个八九岁的男孩冲人喊着："救救我哥哥吧，我的爸妈全没了，救救我哥哥吧……"在他的旁边，一个十二三岁的男孩正大口大口地吐血，胸前一片殷红。

和历史上许多大震之后的情景一样，无休无止的暴雨开始了，唐山的废墟中涌出了混着泥土和碎石的红色水流。剧痛中的唐山城在凄苦地呻吟着。

（钱刚《唐山大地震》）

第五节 语气、节奏

一、语气

语气是播音表达技巧之一。播音中的语气是思想感情运动状态支配下语句的声音形式，以具体的语句为基本单位。语气由两方面构成：一方面是具体的思想感情，另一方面是具体的声音形式。两者相辅相成，前者决定后者，后者对前者有反作用。

具体的思想感情包含两方面的内容：一是语气的感情色彩，二是语气的分量。这是语气的灵魂。

比如说"你对我可真好啊"，要体现爱怜的感情色彩，就应"气徐声柔"；要表现喜的感情色彩，就应"气满声高"；要显得冷漠，就应"气少声平"；等等。

语气的分量，就是在把握语气感情色彩的基础上，进一步把握好"度"的要求，也就是把握好感情色彩的分寸、火候。在把握语气分量时，要考虑两个方面的情况：一是语句中，语气色彩本身分量上的差异；二是从文章整体出发，依据文章的主次关系，把握语气分量上的差异。一般来说，重点句的语气分量比非重点句重。为了便于说明，我们把语气分量分为重度、中度、轻度三个等级。

语势是指"一个句子在思想感情运动状态下声音的态势，或者说有声语言的发展趋势"。它是对语气声音形式的概括。思想感情的不断运动发展造成了语势的曲折变化。为了加深大家对语势的感性认识，我们将语势归纳为五种基本类型。

（1）波峰类。声音的发展趋向是由低到高再向低。

（2）波谷类。声音的发展趋向是由高向低再到高。

（3）上山类。声音的发展趋向是由低到高。

（4）下山类。声音的发展趋向是由高向低。

（5）半起类。声音的发展趋向是由低向高，但上至一半就止住了。

二、节奏

节奏也是播音表达技巧之一。由一定的思想感情的波澜起伏所造成的，在朗读全篇作品中所显示的，抑扬顿挫、轻重缓急的声音形式的回环往复，就是节奏。[①] 语气是指"这一句"的思想感情的色彩和分量，节奏是指"这一段""这一篇"的思想感情运动状态的外部呈现。

把握节奏，首先要使思想感情处于运动状态。播音创作主体只有"有动于衷"、有感而发，积极主动地驾驭有声语言，才能使有声语言产生抑扬顿挫、轻重缓急的变化。可以说，思想感情的运动状态便是"内心节奏"，或曰"内部节奏"。

抑扬，是声音高低的变化；顿挫，是声音的间歇或停顿；轻重，是声音的强弱变化；缓急，是语节长短、快慢的变化。

节奏的基本类型有六种：轻快型、舒缓型、紧张型、低沉型、高亢型、凝重型。每一类型以相似、相近的语气、语势转换为主，当然也可以有其他类型的语气、语势夹杂其中，原则是不会喧宾夺主。

运用节奏技巧，要掌握几种常见的方法：第一，欲抑先扬，欲扬先抑；第二，欲停先连，欲连先停；第三，欲轻先重，欲重先轻；第四，欲快先慢，欲慢先快。注意运用节奏技巧时，控制与放开都有一个"度"，不可不及，也不可过。

---

① 张颂.朗读学［M］.4版.北京：中国传媒大学出版社，2022：203.

三、训练材料

(一) 语气感情色彩练习

1. 喜庆欢乐的色彩

蒲公英的种子飞向天空,鸟巢上空的夜被绚烂的烟花点亮。

伴着激情乐章,杨朔丞同学在鸟巢外的服务岗位上许愿,度过了难忘的20岁生日。

"冬奥开幕式刚好和我生日在同一天,挺惊喜的,对我来说是一份特殊的礼物,是实现自我价值最好的时候。"他说。

2月4日,期盼已久的2022年北京冬奥会惊艳开幕。

在立春时节邂逅,青年演员和北京冬奥城市志愿者像一片片雪花,温暖凝聚在鸟巢,用精彩的演出为冬奥喝彩,用志愿的热情为冬奥服务。中青报记者在采访中了解到,这个由90后、00后组成的青年群体,有很多人和杨朔丞一样,和冬奥有着不解之缘。

世界的目光再次聚焦中国。冰雪之约已经开启。

身着不同服饰的年轻人跳着"行进式广场舞"为开幕式热场,如同冬天里的一把火,将现场的气氛点燃。

北京城市学院的张佳仪在鸟巢"起舞"。这一刻,她的心情激动又温暖。

张佳仪的父亲是北京市公安局特勤局的民警,曾参与2008年北京奥运会等国家重大活动。"以前我还小,不太能具体体会到那种激动的心情。"如今,这对父女变成了"战友","备场化妆的时候,我还见到了正在巡查的爸爸,他走到我身边悄悄说了声'加油'!"有了父亲的陪伴,她对演出自信满满,"我的笑容一定自信又灿烂!"

(2022年2月5日《中国青年报》)

2. 亲切的色彩

朋友,你到过天山吗?天山是我们祖国西北边疆的一条大山脉,连绵几千里,横亘准噶尔盆地和塔里木盆地之间,把广阔的新疆分为南北两半。远望天山,美丽多姿,那长年积雪高插云霄的群峰,像集体起舞时的维吾尔族少女的珠冠,银光闪闪;那富于色彩的连绵不断的山峦,像孔雀正在开屏,艳丽迷人。

天山不仅给人一种稀有美丽的感觉，而且更给人一种无限温柔的感情。它有丰饶的水草，有绿发似的森林。当它披着薄薄云纱的时候，它像少女似的含羞；当它被阳光照耀得非常明朗的时候，又像年轻母亲饱满的胸膛。人们会同时用两种甜蜜的感情交织着去爱它，既像婴儿喜爱母亲的怀抱，又像男子依偎自己的恋人。

如果你愿意，我陪你进天山去看一看。

（碧野《天山景物记》）

3. 怒的色彩

当朝大学士，统共有五位，朕不得不罢免四位，六部尚书，朕不得不罢免三位。看看这七个人吧，哪个不是两鬓斑白，哪个不是朝廷的栋梁，哪个不是朕的儿女亲家。他们烂了，朕心要碎了。祖宗把江山交到朕的手里，却搞成了这个样子，朕是痛心疾首。

朕有罪于国家，愧对祖宗，愧对天地，朕恨不得自己罢免了自己！还有你们，虽然个个冠冕堂皇站在干岸上，你们就那么干净吗？朕知道，你们有的人比这七个人更腐败！

朕劝你们一句，都把自己的心肺肠子翻出来晒一晒洗一洗拾掇拾掇！……朕现在是越来越清楚了，大清的心头之患不在外边，而是在朝廷。就是在这乾清宫！就在朕的骨肉皇子和大臣们当中。

咱们这儿烂一点，大清国就烂一片！你们要是全烂了，大清各地就会揭竿而起，让咱们死无葬身之地呀！想想吧，崇祯皇帝朱由检吊死在煤山上才几年呢？忘啦！那棵老歪脖子树还站在皇宫后边天天地盯着你们哪！

（《康熙王朝》台词）

4. 否定的色彩

"退费难""隐形变异培训"等成校外培训投诉举报重点问题

记者从教育部获悉，当前，教育部正持续推进校外培训投诉举报的核查处置工作，截至5月底，来自"国务院互联网＋督查"、教育部官网、"中国教育督导"微信公众号等举报平台的问题线索共有616条，目前教育部已经处置完毕594条，投诉举报问题主要集中在培训机构"退费难""占用节假日组织学科类培训""隐形变异培训"等方面。

教育部相关负责人介绍，各地多措并举，综合施策，以直接退费、借助法律途径、提供置换服务等方式解决"退费难"问题；同时，依法依规查处违规培训，对于问题严重的培训机构，先后关停 11 家、限期整改 16 家、给予警告 4 家。

下一步，教育部将责成未处理完毕的省份尽快完成核查处置，推动动态清零。约谈投诉举报问题较多的省份，指导各地对投诉较多的校外培训机构加强日常监管，并对各地反馈已经核查解决的重点问题线索进行抽查回访，确保核查处置工作扎实有效。

（2022 年 6 月 24 日《中国青年报》）

5. 赞美的色彩

神舟十三号载人飞船返回舱成功着陆　飞行任务取得圆满成功

今天 9 时 56 分，神舟十三号载人飞船返回舱在东风着陆场成功着陆，执行飞行任务的航天员翟志刚、王亚平、叶光富安全顺利出舱，身体状态良好，神舟十三号载人飞行任务取得圆满成功。

9 时 06 分，北京航天飞行控制中心通过地面测控站发出返回指令，神舟十三号载人飞船轨道舱与返回舱成功分离。此后，飞船返回制动发动机点火，返回舱与推进舱分离。

返回舱成功着陆后，担负搜救回收任务的搜救分队及时发现目标并第一时间抵达着陆现场。返回舱舱门打开后，医监医保人员确认航天员身体健康。

神舟十三号载人飞船于 2021 年 10 月 16 日从酒泉卫星发射中心发射升空，随后与天和核心舱对接形成组合体，3 名航天员进驻核心舱，进行了为期 6 个月的驻留，创造了中国航天员连续在轨飞行时长新纪录。航天员在轨飞行期间，先后进行了 2 次出舱活动，开展了手控遥操作交会对接、机械臂辅助舱段转位等多项任务，还进行了 2 次"天宫课堂"太空授课等科普活动。神舟十三号载人飞行任务的圆满成功，标志着空间站关键技术验证阶段任务圆满完成，中国空间站即将进入建造阶段。

今天 17 时 05 分，圆满完成神舟十三号载人飞行任务的航天员翟志刚、王亚平、叶光富乘坐任务飞机平安抵达北京。3 名航天员抵京后将进入医学隔离期，进行全面的医学检查和健康评估，并安排休养。

（2022 年 4 月 16 日《新闻联播》）

6. 严肃、客观、公正的色彩

王毅说，当前，中美关系仍未走出上届美政府制造的困境，甚至还在遭遇越来越多的挑战，中美关系的历史叙事被人为歪曲，现实状况被所谓"政治正确"

所绑架，发展方向面临进一步引向歧途的危险。根本原因是美方的对华认知出现了问题，由此制定的对华政策自然也偏离了正确轨道。美国对华政策中的一些自相矛盾和言行不一，从深层次反映出美方的世界观、中国观以及中美历史观、利益观、竞争观都出现了严重偏差。许多人由此认为美国正患上越来越严重的"中国恐惧症"。如果任由这种"威胁膨胀"发展下去，美国对华政策将是一条走不出去的死胡同。

（2022年7月9日《中国新闻》）

7. 坚定昂扬的色彩

摆在我们面前的，是一场极为痛苦的严峻的考验。在我们面前，有许多许多漫长的斗争和苦难的岁月。你们问：我们的政策是什么？我要说，我们的政策就是用我们的全部力量，在海上、陆地和空中进行战争，同一个在人类黑暗悲惨的罪恶史上所从未有过的穷凶极恶的暴政进行战争。这就是我们的政策。你们问：我们的目标是什么？我可以用一个词来回答：胜利——不惜一切代价，去赢得胜利。无论多么可怕，也要赢得胜利；无论道路多么遥远和艰难，也要赢得胜利！因为没有胜利，就不能生存。大家必须认识到这一点：没有胜利，就没有英国的存在，就没有英国代表的一切，就没有促使人类朝着自己的目标奋勇前进这一世代相传的强烈欲望和动力。但是当我挑起这个担子的时候，我是心情愉快、满怀希望的。我深信，人们不会听任我们的事业遭受失败。此时此刻，我觉得我有权要求大家的支持，我要说："来吧，让我们同心协力，一道前进。"

（丘吉尔《出任首相后的首次演说》）

8. 深情怀念的色彩

"共和国勋章"获得者、中国工程院院士袁隆平，因多器官功能衰竭，今天13时07分在长沙逝世，享年91岁。袁隆平被誉为"杂交水稻之父"，是世界上第一个成功利用水稻杂种优势的科学家。他于1964年开始研究杂交水稻，成功选育了世界上第一个实用、高产杂交水稻品种，从1976年起在全国大面积推广应用，使水稻产量得以大幅度提高。20多年来，袁隆平带领团队开展超级杂交稻攻关，目前新育成的第三代杂交稻全年亩产达到1530.76公斤。杂交水稻现在已在印度、美国、巴西等国大面积种植。

（2021年5月22日《新闻联播》）

9. 思考辨证的色彩

春秋末期，齐国和楚国都是大国。

有一回，齐王派大夫晏子出使到楚国去。楚王仗着自己国力强盛，想乘机侮辱晏子，以显示楚国的威风。楚王知道晏子身材矮小，就叫人在城门旁边开了一个五尺来高的洞。晏子来到楚国，楚王叫人把城门关了，让晏子从这个洞钻过去。晏子看了看，对接待的人说："这是个狗洞，不是城门。只有访问'狗国'，才从狗洞进去。我在这等一会儿，你们先去问个明白，楚国到底是什么样的国家？"接待的人立刻把晏子的话传给了楚王。楚王只好吩咐打开城门，把晏子迎接进去。

晏子面见楚王，楚王看了他一眼，冷笑说："难道齐国没有人了吗？"晏子严肃地回答："这是什么话？我国首都临淄住满了人。大伙都把袖子举起来，就能够连成一片云；大伙都甩一把汗，就能够下一阵雨；街上的人肩膀擦着肩膀，脚尖碰着脚跟。大王怎么说齐国没有人呢？"楚王说："既然有这么多人，为什么让你来呢？"晏子装着很为难的样子说："您这一问，我实在不好回答。撒谎吧，怕犯了欺君之罪；说实话吧，又怕大王生气。"楚王说："实话实说，我不生气。"晏子拱了拱手说："我们国家有个规矩：访问上等的国家，就派上等人去；访问下等的国家，就派下等人去，我最不中用，就被派到这儿来了。"说着他故意笑了笑，楚王也只好赔笑。

一天，楚王安排酒席招待晏子，正当他们吃得高兴的时候，有两个武士押着一个囚犯，从堂下走过。楚王看见了，问他们："囚犯犯的什么罪？他是哪里人？"武士回答说："他犯了盗窃罪，是齐国人。"楚王笑嘻嘻地对晏子说："齐国人怎么这样没出息，干这种事情？"楚国的大臣们听了，都得意地笑起来。晏子听后，面不改色，站起来说："大王怎么不知道啊？淮南的柑橘又大又甜，可这种橘树一种到淮北，就只能结又小又苦的枳，还不是因为水土不同吗？同样的道理，齐国人在齐国能安居乐业，好好地劳动，一到楚国，就做起盗贼了，也许是两国的水土不同吧。"楚王听了，只好赔不是说："我原来想取笑大夫，没想到反而让大夫取笑了。"

从此以后，楚王不敢不尊重晏子了。

（二）节奏分析练习

请将每一句话对应的情绪和节奏在空格处写出来。

《麻雀》(屠格涅夫)	
原文	分析
我打猎回来,走在林荫路上。猎狗跑在我的前面。	
突然,我的猎狗放慢脚步,悄悄地向前走,好像嗅到了前面有什么野物。	
风猛烈地摇撼着路旁的白桦树。我顺着林荫路望去,看见一只小麻雀呆呆地站在地上,无可奈何地拍打着小翅膀。它嘴角嫩黄,头上长着绒毛,分明是刚出生不久,从巢里掉下来的。	
猎狗慢慢地走近小麻雀,嗅了嗅,张开大嘴,露出锋利的牙齿。突然,一只老麻雀从一棵树上飞下来,像一块石头似的落在猎狗面前。它挓挲(zhā shā)起全身的羽毛,绝望地尖叫着。	
老麻雀用自己的身躯掩护着小麻雀,想拯救自己的幼儿。可是因为紧张,它浑身发抖,发出嘶哑的声音,准备着一场搏斗。在它看来,猎狗是多么庞大的怪物啊!可是它不能安然地站在高高的没有危险的树枝上,一种强大的力量使它飞了下来。	
猎狗愣住了,它可能没料到老麻雀会有这么大的勇气,慢慢地、慢慢地向后退。	
我急忙唤回我的猎狗,带着它走开了。	

(三)节奏类型练习

1. 轻快型

珍珠鸟

冯骥才

真好!朋友送我一对珍珠鸟,放在一个简易的竹条编的笼子里,笼内还有一卷干草,那是小鸟舒适又温暖的巢。

我听别人说,这是一种怕人的鸟。

我把它挂在窗前。那儿还有一盆异常茂盛的法国吊兰。我便用吊兰长长的、串生着小绿叶的垂蔓蒙盖在鸟笼上,它们就像躲进幽深的丛林一样安全;从中传出的笛子般又细又亮的叫声，也就格外轻松自在了。

阳光从窗外射入，透过这里，吊兰那些无数指甲状小叶，一半成了黑影，一半被照透，如同碧玉；斑斑驳驳，生意葱茏。小鸟的影子就在这中间隐约闪动，看不完整，有时连笼子也看不出，却见它们可爱的鲜红小嘴儿从绿叶中伸出来。

我很少扒开叶蔓瞧它们，它们便渐渐敢伸出小脑袋瞅瞅我。我们就这样一点点熟悉了。

三个月后，那一团越发繁茂的绿蔓里边，发出一种尖细又娇嫩的鸣叫。我猜到，是它们有雏儿了。我呢？决不掀开叶片往里看，连添食加水时也不睁大好奇的眼睛去惊动它们。过不多久，忽然有一个小脑袋从叶间探出来。哟，雏儿！正是这小家伙！

它很小，就能轻易地由笼子里钻出身。瞧！多么像它的父母：红嘴红脚，灰蓝色的毛，只是后背还没有生出珍珠似的圆圆的白点；它好肥，整个身子好像一个蓬松的球儿。

起先，这小家伙只在笼子四周活动，随后就在屋里飞来飞去，一会儿落在柜顶上；一会儿神气十足地站在书架上，啄着书背上那些大文豪的名字；一会儿把灯绳撞得来回摇动，跟着又跳到画框上去了。只要大鸟在笼子里叫一声，它立即飞回笼里去。

我不管它。这样久了，打开窗子，它最多只在窗框上站一会儿，决不飞出去，可乖了！

渐渐地它胆子大了，就落在我的书桌上。

它先是离我较远，见我不去伤害它，便一点点挨近，然后蹦到我的杯子上，俯下头来喝茶，再偏过脸瞧瞧我的反应。我只是微微一笑，依旧写东西，它就放开胆子跑到稿纸上，绕着我的笔尖蹦来蹦去，跳动的小红爪子在纸上发出嚓嚓的响声。

我不动声色地写，默默享受着这小家伙亲近的情意。这样，它完全放心了。索性用那涂了蜡似的小红嘴，"嗒嗒"啄着我颤动的笔尖。我用手抚一抚它那细腻的绒毛，它也不怕，反而很友好地啄两下我的手指。

有一次，它居然跳进我的空茶杯里，隔着透明光亮的玻璃瞅我，它不怕我突然把杯口捂住。是的，我不会。

白天，它这样淘气地陪伴我；天色入暮，它就在父母的再三呼唤声中，飞向笼子，扭动滚圆的身子，挤开那些绿叶钻进去。

有一天，我伏案写作时，它居然落到我的肩上。我手中的笔不觉停了，生怕惊跑它。待一会儿，扭头看，这小家伙竟趴在我的肩头睡着了，银灰色的眼睑盖住了眸子，小红脚刚好给胸脯上长长的绒毛盖住。我轻轻一抬肩，它没醒，睡得好熟！还咂咂嘴，难道在做梦？

我笔尖一动，流泻下一时的感受：

信赖，往往创造出美好的境界。

一九八四年一月于天津

2. **舒缓型**

人生有许多事是值得等待的（节选）

林清玄

人生有许多事是值得等待的。有时是一首歌，有时是一场电影，有时是一树的樱花，有时是一段旅程，有时是用一生等待一个人。等待我们的，有时是刻骨铭心的相逢，有时是心花碎裂的别离。

人是不是也像菅芒花的种子，在某地某一个秋天偶然飞起，与前世的亲友、情人在此相会，随着业力的风在宇宙漂流？这是不是就是轮回的秘密呢？菅芒花永远不死，因为它随风飞翔，落在任何环境都努力生长。

人生就像一列火车，有人上车，有人下车，没有人会陪你走到最后，碰到了便是有缘，即使到了要下车的时候，也要心存感激地告别，在心里留下那空白的一隅之地，等到多年后想起时依然心存甘味。生命只是如此前行，不必说给别人听，只在心里最幽微的地方，时时点着一盏灯，灯上写两行字：今日踽踽独行，他日化蝶飞去。

我们是风沙的中年，不能给温室的少年指出道路，就像草原的树没有资格告诉路树，应该如何往下扎根、往上生长。路树虽然被限制了根茎，但有自己的风姿。那样的心情，正如同有一个晚秋的清晨，我发现路边的马缨丹结满了晶莹露珠，透明得没有一丝杂质的露珠停在深绿的叶脉上，那露水，令我深深感动，不只是感动于那种美，而是惊奇于都市的花草也能在清晨有这样清明的露。

黄昏时，那一轮金橙色的夕阳离我们极远极远，但我们一发出智慧的声音，他就会安静地挂在树梢上，俯身来听。然后我感觉，夕阳只是个纯真的孩子，他永远不受城市的染着，他的清明需要一些赞美。每天我走完了黄昏的散步，将归家的时候，我就怀着感恩的心情摸摸夕阳的头发，说一些赞美与感激的话。

有人问我:"为什么草木无心,也能自然生长、开花、结果,有心的人反而不能那么无忧地过日子?"我反问道:"你非草木,怎么知道草木是无心的呢?你说人有心,人的心又在哪里呢?假若草木真是无心,人如果达到无心的境界,当然可以无忧地过日子。""凡夫"的"凡"字就是中间多了一颗心,刚强难化的心与柔软温和的心并无别异。具有柔软心的人,即使面对的是草木,也能将心比心,也能与草木至诚相见。

3. 紧张型

河南多地持续强降雨 郑州遭遇历史极值暴雨

近日,河南省郑州市、许昌市、新乡市等多地连降暴雨和大暴雨。记者从郑州市防汛抗旱指挥部获悉,7月20日,郑州市受强降雨影响,单日降雨量突破历史极值,单小时降雨量超过日历史极值,降雨造成郑州市区严重内涝,市内交通中断,多处小区停水停电。20日16时30分起,郑州市防汛抗旱指挥部已将防汛Ⅱ级应急响应提升至Ⅰ级。

针对河南省防汛抢险救灾工作,国家防总于20日20时启动防汛Ⅲ级应急响应。国家防总河南工作组已紧急赶赴现场协助开展抗洪抢险工作。

河南省气象台实况数据显示:郑州市过去24小时降雨量达457.5mm,16时—17时一小时降雨量达201.9mm,单日降雨量突破历史极值,单小时降雨量超过日历史极值,降雨强度历史罕见。

记者从河南省防汛抗旱指挥部、省应急管理厅获悉,7月17日以来河南大部出现暴雨、大暴雨,郑州、焦作、济源等地出现特大暴雨,卫河、贾鲁河、沙颍河、洪汝河、白河、双洎河出现涨水过程,巩义、登封、新密等地受灾严重。

记者从河南省水利厅了解到,目前河南全省已经有32座大中型水库超汛限水位,个别河段已发生险情,部分区域发生洪涝灾害。随着降雨的持续,部分河道可能超过警戒水位,一些山区河道可能出现严重的山洪灾害。

截至发稿时,河南省消防救援总队7月20日共处置抗洪抢险救援408起,郑州市消防救援支队出动消防车548辆次,舟艇25艘次,指战员2710人次,营救被困人员849人,疏散转移群众1500余人,消防救援队伍已做好跨区域增援准备。

记者从水利部获悉,受强降雨影响,河南部分河流发生超警及超历史洪水。预计未来三天,受强降雨影响,黄河中游伊洛河、沁河,海河流域漳卫南运河,淮河流域洪汝河、沙颍河等河流将出现明显涨水过程,黄河中游干流花园口河段可能发生洪水，暴雨区内部分中小河流可能发生超警以上洪水。

4. 低沉型

秋天的怀念

史铁生

双腿瘫痪后，我的脾气变得暴怒无常。望着望着天上北归的雁阵，我会突然把面前的玻璃砸碎；听着听着李谷一甜美的歌声，我会猛地把手边的东西摔向四周的墙壁。这时，母亲就会悄悄地躲出去，在我看不见的地方偷偷地听着我的动静。当一切恢复沉寂，她又悄悄地进来，眼边红红的，看着我。"听说北海的花儿都开了，我推着你去走走。"她总是这么说。母亲喜欢花，可自从我的腿瘫痪以后，她侍弄的那些花都死了。"不，我不去！"我狠命地捶打这两条可恨的腿，喊着，"我可活什么劲儿！"母亲扑过来抓住我的手，忍住哭声说："咱娘儿俩在一块儿，好好儿活，好好儿活……"

可我却一直都不知道，她的病已经到了那步田地。后来妹妹告诉我，她常常肝疼得整宿整宿翻来覆去地睡不了觉。

那天我又独自坐在屋里，看着窗外的树叶"唰唰啦啦"地飘落。母亲进来了，挡在窗前："北海的菊花开了，我推着你去看看吧。"她憔悴的脸上现出央求般的神色。"什么时候？""你要是愿意，就明天？"她说。我的回答已经让她喜出望外了。"好吧，就明天。"我说。她高兴得一会坐下，一会站起："那就赶紧准备准备。""哎呀，烦不烦？几步路，有什么好准备的！"她也笑了，坐在我身边，絮絮叨叨地说着："看完菊花，咱们就去'仿膳'，你小时候最爱吃那儿的豌豆黄儿。还记得那回我带你去北海吗？你偏说那杨树花是毛毛虫，跑着，一脚踩扁一个……"她忽然不说了。对于"跑"和"踩"一类的字眼，她比我还敏感。她又悄悄地出去了。

她出去了，就再也没回来。

邻居们把她抬上车时，她还在大口大口地吐着鲜血。我没想到她已经病成那样。看着三轮车远去，也绝没有想到那竟是永远的诀别。

邻居的小伙子背着我去看她的时候，她正艰难地呼吸着，像她那一生艰难的生活。别人告诉我，她昏迷前的最后一句话是："我那个有病的儿子和我那个还未成年的女儿……"

又是秋天，妹妹推着我去北海看了菊花。黄色的花淡雅，白色的花高洁，紫红色的花热烈而深沉,泼泼洒洒,秋风中正开得烂漫。我懂得母亲没有说完的话。妹妹也懂。我俩在一块儿,要好好儿活……

5. 高亢型

海燕

〔俄〕高尔基

在苍茫的大海上,狂风卷集着乌云。在乌云和大海之间,海燕像黑色的闪电,在高傲地飞翔。

一会儿翅膀碰着波浪,一会儿箭一般地直冲向乌云,它叫喊着,——就在这乌儿勇敢的叫喊声里,乌云听出了欢乐。

在这叫喊声里——充满着对暴风雨的渴望!在这叫喊声里,乌云听出了愤怒的力量、热情的火焰和胜利的信心。

海鸥在暴风雨来临之前呻吟着,——呻吟着,它们在大海上飞蹿,想把自己对暴风雨的恐惧,掩藏到大海深处。

海鸭也在呻吟着,——它们这些海鸭啊,享受不了生活的战斗的欢乐:轰隆隆的雷声就把它们吓坏了。

蠢笨的企鹅,胆怯地把肥胖的身体躲藏到悬崖底下……只有那高傲的海燕,勇敢地,自由自在地,在泛起白沫的大海上飞翔!

乌云越来越暗,越来越低,向海面直压下来,而波浪一边歌唱,一边冲向高空,去迎接那雷声。

雷声轰响。波浪在愤怒的飞沫中呼叫,跟狂风争鸣。看吧,狂风紧紧抱起一层层巨浪,恶狠狠地把它们甩到悬崖上,把这些大块的翡翠摔成尘雾和碎末。

海燕叫喊着,飞翔着,像黑色的闪电,箭一般地穿过乌云,翅膀掠起波浪的飞沫。

看吧,它飞舞着,像个精灵,——高傲的、黑色的暴风雨的精灵,——它在大笑,它又在号叫……它笑那些乌云,它因为欢乐而号叫!

这个敏感的精灵,——它从雷声的震怒里,早就听出了困乏,它深信,乌云遮不住太阳,——是的,遮不住的!

狂风吼叫……雷声轰响……

一堆堆乌云,像青色的火焰,在无底的大海上燃烧。大海抓住金箭似的闪电,把它们熄灭在自己的深渊里。这些闪电的影子,像一条条火蛇,在大海里蜿蜒游动，一晃就消失了。

——暴风雨！暴风雨就要来啦！

这是勇敢的海燕，在闪电之间，在怒吼的大海上高傲地飞翔。这是胜利的预言家在叫喊：

——让暴风雨来得更猛烈些吧！

6. 凝重型

岳阳楼记（节选）
范仲淹

予观夫巴陵胜状，在洞庭一湖。衔远山，吞长江，浩浩汤汤，横无际涯，朝晖夕阴，气象万千，此则岳阳楼之大观也，前人之述备矣。然则北通巫峡，南极潇湘，迁客骚人，多会于此，览物之情，得无异乎？

若夫淫雨霏霏，连月不开，阴风怒号，浊浪排空，日星隐曜，山岳潜形，商旅不行，樯倾楫摧，薄暮冥冥，虎啸猿啼。登斯楼也，则有去国怀乡，忧谗畏讥，满目萧然，感极而悲者矣。

四、补充材料

（1）孔乙己是站着喝酒而穿长衫的唯一的人。他身材很高大，青白脸色，皱纹间时常夹些伤痕，一部乱蓬蓬的花白的胡子。穿的虽然是长衫，可是又脏又破，似乎十多年没有补，也没有洗。他对人说话，总是满口之乎者也，教人半懂不懂的。因为他姓孔，别人便从描红纸上的"上大人孔乙己"这半懂不懂的话里，替他取下一个绰号，叫作孔乙己。孔乙己一到店，所有喝酒的人便都看着他笑，有的叫道："孔乙己，你脸上又添上新伤疤了！"他不回答，对柜里说："温两碗酒，要一碟茴香豆。"便排出九文大钱。他们又故意的高声嚷道："你一定又偷了人家的东西了！"孔乙己睁大眼睛说："你怎么这样凭空污人清白……""什么清白？我前天亲眼见你偷了何家的书，吊着打。"孔乙己便涨红了脸，额上的青筋条条绽出，争辩道："窃书不能算偷……窃书！……读书人的事，能算偷么？"接连便是难懂的话，什么"君子固穷"，什么"者乎"之类，引得众人都哄笑起来，店内外充满了快活的空气。

（鲁迅《孔乙己》）

（2）那就是白杨树，西北极普通的一种树，然而实在是不平凡的一种树！

那是力争上游的一种树，笔直的干，笔直的枝。它的干通常是丈把高，像加过人工似的，一丈以内绝无旁枝。它所有的丫枝一律向上，而且紧紧靠拢，也像加过人工似的，成为一束，绝不旁逸斜出；它的宽大的叶子也是片片向上，几乎没有斜生的，更不用说倒垂了；它的皮光滑而有银色的晕圈，微微泛出淡青色。这是虽在北方风雪的压迫下却保持着倔强挺立的一种树！哪怕只有碗那样粗细，它却努力向上发展，高到丈许，两丈，参天耸立，不折不挠，对抗着西北风。

这就是白杨树，西北极普通的一种树，然而决不是平凡的树！

（茅盾《白杨礼赞》）

（3）天冷极了，下着雪，又快黑了。这是一年的最后一天——大年夜。在这又冷又黑的晚上，一个乖巧的小女孩，赤着脚在街上走着。

她在一座房子的墙角里坐下来，蜷着腿缩成一团。她觉得更冷了。她不敢回家，因为她没卖掉一根火柴，没挣到一个钱，爸爸一定会打她的。再说，家里跟街上一样冷。他们头上只有个房顶，虽然最大的裂缝已经用草和破布堵住了，风还是可以灌进来。

她的一双小手几乎冻僵了。啊，哪怕一根小小的火柴，对她也是有好处的！她敢从成把的火柴里抽出一根，在墙上擦燃了，来暖和暖和自己的小手吗？她终于抽出了一根。哧！火柴燃起来了，冒出火焰来了！她把小手拢在火焰上。多么温暖、多么明亮的火焰啊，简直像一支小小的蜡烛。这是一道奇异的火光！小女孩觉得自己好像坐在一个大火炉前面，火炉装着闪亮的铜脚和铜把手，烧得旺旺的，暖烘烘的，多么舒服啊！哎，这是怎么回事呢？她刚把脚伸出去，想让脚也暖和一下，火柴灭了，火炉不见了。她坐在那儿，手里只有一根烧过的火柴梗。

她又擦了一根。火柴燃起来了，发出亮光来了。亮光落在墙上，那儿忽然变得像薄纱那么透明，她可以一直看到屋里。桌上铺着雪白的台布，摆着精致的盘子和碗，肚子里填满了苹果和梅子的烤鹅正冒着香气。更妙的是这只鹅从盘子里跳下来，背上插着刀和叉，摇摇摆摆地在地板上走着，一直向这个穷苦的小女孩走来。这时候，火柴又灭了，她面前只有一堵又厚又冷的墙。

（安徒生《卖火柴的小女孩》）

第四章 创作

创作是艺术的灵魂,也是播音与主持艺术专业统考时评委非常关注的一个方面,它向评委展示了考生在学习播音与主持艺术专业时的思考深度与广度,及其学习该专业的潜力。很多艺考培训机构对于播音与主持艺术专业的学习目标处于较为浅层的认知,一味地让学生模仿声音表面上的"形似",而忽略了语言表达的"内核"——创作,这是不可取的。

第一节 播音与主持艺术专业统考对创作的要求

在实际的学习过程中,播音与主持艺术创作要遵循一些基本原则。

第一,综合性原则。考生在准备稿件的过程中,要尽可能地综合运用各种语言技巧,发挥主观能动性。

第二,整体性原则。考生在准备稿件的过程中,要抓住作品的整体意蕴,从多个角度思考作品主旨。语言技巧的运用要有利于表达作品的整体意蕴和深刻内涵。

第三,统一性原则。在日常训练中,考生应该注意强化语境意识和语体意识,提高自己在不同语境和语体中熟练运用语言技巧的能力,使语言技巧和语境、语体和谐统一。

第四,互补性原则。考生要记住,创作的各个部分是相辅相成的,它们互为补充,需要结合起来综合运用。因为训练时间有限,所以要多用自己的长处弥补短处的训练与表达,在实践过程中快速提升自己的能力。

第五,个性化原则。在综合训练阶段,考生还要注意找到自己的"个性",不能一味求全求稳,过于强调共性的练习,而忽略了个性的培养。一定要善于发现自己在语言技巧上的个性化因素和长处,并加以灵活地使用和强化。

第六,灵活性原则。学习播音与主持艺术,不能过于死板,一味追求对"大师"或艺考培训机构教师的模仿。有些艺考培训机构由于师资等原因,对考生的训练过于简单化，千篇一律，没有因材施教，让很多本来条件比较好的"苗子"走偏了。因此考生应该培养自己的审美旨趣，灵活学习和运用各种播音主持创作技巧，提高自己的语言艺术表现力。

第二节　朗读作品

这里的作品指的是考生抽取的文学作品，主要包括古诗词、散文、现代诗歌等。这个部分主要考查考生对作品背后的情感的诠释是否恰当，能否运用一定的基本功和语言技巧较好地完成作品的表达。朗读时，稿件是否具有清晰的情感主线，是否有一定幅度的节奏变化，是否凸显出考生的语言技巧，都是影响考生成绩的关键因素。

请同学们在每一篇稿件后面的方框内写出自己的理解与感受，并结合自己掌握的语言技巧做细致的分析。

示例与分析

示例 1

青衣

毕飞宇

自古到今，唱青衣的人成百上千，但真正领悟了青衣意韵的人极少。

筱燕秋是个天生的青衣胚子，二十年前京剧《奔月》的演出，让人们认识了一个真正的嫦娥。但造化弄人，此后她沉寂了二十年，在远离舞台的戏校里教书。学生春来的出现让筱燕秋重新看到了当年的自己。二十年后，《奔月》复排，这对师生成了嫦娥的A、B角。把命都给了嫦娥的筱燕秋一口气演了四场，她不让给春来，谁劝都没用。可第五场，她来晚了，筱燕秋冲进化妆间的时候，春来已经上好妆了。她们对视了一眼，筱燕秋一把抓住化妆师，她想大声地告诉化妆师，她想告诉每一个人，"我才是嫦娥，只有我才是嫦娥"，然而她此刻只会抖动着嘴唇，不会说话。

上了妆的春来真是比天仙还美，她才是嫦娥。这个世上没有嫦娥，化妆师给谁上妆，谁就是嫦娥。大幕拉开，锣鼓声响起来，筱燕秋目送着春来走向了上场门。她知道，她的嫦娥在她四十岁的那个雪夜，真的死了。

观众承认了春来，掌声和喝彩声就是最好的证明。

筱燕秋无声地坐在化妆台前，她望着镜子里的自己，目光像秋夜的月光，汪汪地散了一地。她一点也不知道自己做了什么，拿起水衣给自己披上，取过肉色的底彩，挤在左手的掌心，均匀地一点一点往脸上抹，往脖子上抹，往手上抹……她请化妆师帮她调眉、包头、上齐眉穗、戴头套，镇定自若，出奇地安静。

她并没有说什么，只是拉开门，朝门外走去。筱燕秋穿着一身薄薄的戏装走进了风雪，她来到了剧场的门口，她站在了路灯下面，她望了大雪中的马路一眼，自己给自己数起了板眼。她开始唱，她唱的依旧是二黄慢板转原板、转流水、转高腔。

雪越来越大，人越来越多，越来越挤，但是没有一点声音。筱燕秋旁若无人，边舞边唱。她要给天唱，给地唱，给她心中的观众唱。

筱燕秋的告别演出轰轰烈烈地结束了，人的一生其实就是不断失去自己挚爱的过程，并且是永远的失去。但我们从筱燕秋的笑容中看到了她的释怀，看到了她的执着和期盼。

生活中充满了失望和希望，失望在先，希望在后，有希望就不是悲。

示例分析：

青衣是中国戏曲中旦行的一种，北方剧种多称青衣，南方剧种多称正旦。因演员扮演的角色常穿青色褶子而得名。角色一般都是端庄、严肃、正派的人物。有人说毕飞宇是中国最擅长写女性的作家之一，他在《青衣》中，塑造了一个鲜活的女性形象——一个女人、一个青衣。她为了追求自己的戏曲梦，在理想与现实之间周旋、挣扎，不断寻求着自赎之路。这篇稿件文字细腻，人物角色心理活动复杂，同学们要用心感受、体会角色心理，用真挚的情感表现出人物的真实感受和情感态度。

示例 2

喊黄河（节选）

郝立轩

那是我浊浪淘沙、深不可测的虎跳峡啊，
千年史书，万代智慧，记载过多少雄文，珍藏过多少华篇。
黄河啊黄河，对你：
每一个沙砾，都是丰富而又流动的情感。
……
耸峙的奇峰，曾经阻挡过你决胜千里的蹄踏，
是你挥舞怒涛的巨斧，凿开通往天堑的道路。
逶迤的峻岭，曾经阻挡过你震天拍地的嘶鸣，
是你扬起飞瀑的利刃劈开锁住关峡的门闸。
你以一个拓荒者的魂魄，
塑成历史的风景，
你以一个拓荒者的气度，
挥写历史的丰篇！
山，躺下去是河，
河，站起来是山！
大河为何向东流？
那是与密西西比河忠诚地去握手；
大河为何向东流？
那是莱茵河亲密的呼唤；
大河为何向东流？
那是与尼罗河忘情地去对话
……
黄河选择了大海，那是大海的幸运；
大海接纳了黄河，那是黄河的光荣！
就在黄河与全世界的江河纵情狂舞之间，
地球分娩出一个古老而又年轻的巨人
叫——中国！！！

示例分析：

黄河是中华民族的母亲河，本文通过对黄河的描写与赞美，表达了对母亲河深深的眷恋与自豪之情。全篇文字大气磅礴、气象万千，同学们要运用较强的气息控制与口腔控制，在形之于声的过程中，使用大气豪迈的声音与浓烈的情感，将自己对黄河与祖国的热爱之情表达得淋漓尽致。朗读此文的用声状态以宽厚沉稳为主，尤其是女生要注意气息的状态，认真体会胸腔共鸣的发声技巧，整体上一气呵成。

示例 3

天上的草原

阿木古郎

在儿时依稀的记忆中，我是出生在飘着炊烟的白色毡房，茫茫的大草原啊，是我熟睡时的摇篮，是我嬉戏时的玩伴，也是我学习时的殿堂。养育我的这片土地，我当作自己一样爱惜，沐浴我的这江河水啊，你为何总像母亲的乳汁一样醇香？

苍鹰在天穹中寻望，黑色的骏马在肆意飞奔。平顶山下，成群的牛羊。还有你，我天上的草原；还有你，那悠扬的牧歌——夜夜伴我入梦乡。我喜欢纵马驰骋，放声歌唱，那就像是回到了传说中的时代，我向往着像我的祖辈那样成为一匹苍狼去周游世界，去看看祖父故事中那无边的海洋。

而现在，我是真的离开了你，来到这陌生的地方，不见了蒙古包，不见了牧场，只为心中一个小小的理想而不停地奔忙。其间有欢笑，也有泪水，曾经骄傲，也曾经气馁。但是，但是我从未曾后悔，因为每当我拖着疲惫的身体入睡时，我发现你那悠扬的牧歌又在我的耳边回响；我发现我的那颗心啊，一直跳跃在绿宝石似的草原上。如水晶般清澈的河水啊，我真的发现，那歌声就像是号角，而那颗心源源不断地给我力量与希望!

腾格里塔拉,我天上的草原,直到现在我才明白,为什么我的祖辈千回百转历经艰险,都要重回你的身旁,为什么我身在异乡总觉得你在不住地把我盼望!

蒙古人,是草原的儿子,草原的儿子就是这样地恋乡啊。

腾格里塔拉,我天上的草原,请你听我讲,我也是草原的儿子,我也是草原的儿子啊!我今日所做的一切,就是为了有朝一日,能够重回你的身旁,替你抚去脸上的皱纹,替你驱赶那肆虐的风暴,让你昔日的笑容重新绽放!

等着我呀,我天上的草原,我长生天的故乡,我的亲娘!

示例分析:

《天上的草原》是一部原创作品,作者的文笔清新朴实,饱含着浓烈的情感。他对家乡草原的热爱,迸发在文字之外,叩击心灵。备稿时,同学们可结合自己对家乡的思念和深深的情感,让思绪流动起来。朗读时,同学们应找到"声铺地面"的感觉,气息沉稳,声音浑厚,注意对胸腔共鸣的运用,情绪饱满,情感真挚,气足声长,表现出作者浓郁的情感与草原的辽阔感。

示例4

我的心(节选)

巴金

近来,不知道什么缘故,我的这颗心痛得更厉害了。我要对我的母亲说:"妈妈,请你把这颗心收回去吧,我不要了!"

记得当初你把这颗心交给我的时候,你对我说过:"你的爸爸一辈子拿它待人、爱人,他和平安宁地度过了一生。他在临死的时候把这颗心交给我,要我在你长成的时候交给你。他说,承受这颗心的人将永远正直幸福,并且和平安宁地度过一生。现在你长成了,也就承受了这颗心,带着我的祝福,孩子,到广大的世界中去吧!"

这些年来，我怀着这颗心走遍了世界，走遍了人心的沙漠，所得到的只是痛苦和痛苦的创痕。正直在哪里？幸福在哪里？和平在哪里？这一切可怕的景象哪一天才会看不到？这一切可怕的声音哪一天才会听不见？这样的悲剧哪一天才会不再上演？这一切都像箭一样地射到我的心上，我的心布满了痛苦的创痕，因此我的心痛得更厉害了。

我不要这颗心了。有了它，我不能闭目为盲；有了它，我不能塞耳为聋；有了它，我不能吞炭为哑；有了它，我不能够在人群的痛苦中找寻我的幸福；有了它，我不能够和平地生活在这个世界；有了它，我再也不能够生活下去了。

妈妈，请你饶了我罢！这颗心我实在不要，不能够要了！

我多时以来就下决心放弃一切。让人们去竞争，去残杀；让人们来虐待我，凌辱我。我只愿有一时的安息。可我的心不肯这样，它要使我看、听、说。看我所怕看的，听我所怕听的，说别人所不愿听的。于是我又向它要求道："心啊，你去罢！不要再这样苦苦地恋着我。有了你，无论如何我不能够活在这样的世界上了，请你为了我幸福的缘故，撇开我罢。"

它没有回答，因为它知道：既然它已被你的祝福系在我的胸膛上，那么也只能由你的诅咒而分开。妈妈，请你诅咒我罢！请你收回这颗心吧，让它去毁灭罢。因为它不能活在这样的世界上，而有了它，我也不能够活在这个世界上了。

在这样大的血泪的海中，一个人，一颗心，算得什么？能做什么？妈妈，请你诅咒我罢，请你收回这颗心罢！我不要它了。

可是我的母亲已经死了多年了。

示例分析：

本文创作于1929年春，当时战争连连，社会混乱，到处都是血雨腥风。但是作者热爱人类，渴望和平，让世界充满爱是作者的梦想和追求。因此，他的内心充满了愤怒和哀伤。这是一篇声讨假丑恶的战斗檄文，是一道召唤真善美的心灵闪电，是一声警策世人的长鸣钟。此文深受读者的喜爱，正是因为文中有许多强烈的情感碰撞与真情流露。同学们在朗诵这篇文章时切记不可一味追求情绪的释放与声音的嘶喊，注意欲扬先抑，欲抑先扬。

第三节　指定作品

这里的作品指的是考试现场随机分配和抽取的试题，主要是新闻类稿件，偶有文学类稿件。这部分主要考查考生在只有短时间准备的情况下，能否准确、流畅地播读指定作品，能否准确运用恰当的外部语言技巧诠释指定作品。考官在评价考生的表达时，通常关注以下五点：（1）普通话语音的清晰度、准确度；（2）能否准确自如地运用气息、吐字归音、共鸣方式等发声技巧；（3）是否具有一定的认读能力和理解能力，准确表达作品的内涵；（4）能否正确运用停连、重音、语气、节奏等外部语言技巧；（5）面部表情、眼神、肢体动作等副语言能否积极配合有声语言表达。

一、示例与分析

符号示意：下划线表示可处理为重音，连接符表示可处理为连读，停顿符⌒表示可处理为稍停。

示例 1

"高考失利的<u>孩子</u>，<u>也</u>不要太过沮丧，因为这并不意味着人生的失败，我们要以平和、正常的心态来面对人生的成败得失。"近日，针对高考过后考生可能出现的种种心理现象，河南省 <u>12355</u> 青少年服务台心理服务讲师团讲师周承轩⌒在线上辅导微课中，为广大考生送上考后心理调适锦囊。自河南省青少年心理健康服务进社区行动启动以来，根据河南省委、省政府⌒关于2022年河南省重点民生实事的工作部署，河南各级团组织迅速行动，高质量推动各项任务落实落细，"青"心呵护少年健康成长。截至目前，河南省已开展青少年心理健康服务进社区活动860场，覆盖青少年5.5万余人次，开展个案心理咨询4666人次，210个"青翼家园"工作阵地完成选址，公益项目募集资金703万余元。

示例2

"希望世界互联网大会坚持⌒高起点谋划、高标准建设、高水平推进，以对话交流促进共商，以务实合作推动共享，为全球互联网发展治理贡献智慧和力量。"7月12日，习近平主席向世界互联网大会国际组织成立⌒致贺信。网络空间关乎人类命运，网络空间未来应由世界各国共同开创。自2015年在第二届世界互联网大会开幕式上创造性提出"构建网络空间命运共同体"的重要理念以来，习近平主席多次围绕这一理念发表重要论述，表达出中国加强国际合作、共治网络空间的意愿，推动中国与世界各国构建更加公平合理、开放包容、安全稳定、富有生机活力的网络空间。

示例3

中国人民银行货币政策司司长邹澜⌒13日介绍，数字人民币试点从原来的"10+1"试点地区拓展到15个省市的23个地区，深圳、苏州、雄安新区、成都4个地方取消了白名单限制，并吸收兴业银行作为新的指定运营机构。"圆满完成北京冬奥会的场景试点，使数字人民币作为科技名片在北京冬奥会、冬残奥会上完成了精彩亮相。"邹澜在当日举行的国新办新闻发布会上表示，今年上半年，在试点地区大力支持下，人民银行会同各参研机构，扎实稳妥推进数字人民币试点测试，稳步扩大试点测试范围，持续创新特色应用场景，延伸数字人民币服务触角。围绕稳经济大盘这个大局，数字人民币通过智能合约等特色功能，在保民生、促消费、扩内需、稳增长中积极发挥作用。

示例4

身体不适时，先上网查询病因，进行网络问诊……近年来，随着互联网技术的发展，传统就医模式悄然改变，互联网医疗规模迅速扩大。然而⌒线上服务在让患者看病越来越便利的同时也出现了先药后方、AI开处方等乱象，不仅影响患者就医体验，还可能耽误病情。日前，由国家卫生健康委办公厅、国家中医药局办公室联合制定的《互联网诊疗监管细则（试行）》公布。相关专家在接受记者采访时表示，针对互联网诊疗中处方审核、隐私保护、诊疗质控等社会关注点，细则作出了明确规定，划定了行业发展的规范和底线，将促使互联网诊疗行业告别"野蛮生长"，进入高质量发展新阶段。

示例 5

近日，一艘装载有 80 多个集装箱出口货物的货轮缓缓驶离浙江台州大麦屿港码头，这是台州大麦屿港首次开通《区域全面经济伙伴关系协定》国家出口直航航线。据海关统计，今年上半年，我国货物贸易进出口总值 19.8 万亿元，同比增长 9.4%。外贸进出口已连续 8 个季度实现同比增长，为稳定宏观经济大盘作出了贡献。海关总署新闻发言人、统计分析司司长李魁文 7 月 13 日在国新办新闻发布会上表示，当前，国际环境更趋严峻复杂，我国外贸发展仍面临一些不稳定不确定因素，但是也要看到，我国经济韧性强、潜力足、长期向好的基本面没有改变。随着国家稳经济一揽子政策措施的落地见效，复工复产有序推进，我国外贸仍有望继续保持稳定增长。

示例 6

记者 13 日从中国航天科技集团获悉，当前我国载人航天工程空间站建造任务稳步推进，其中，问天实验舱计划本月发射，梦天实验舱已完成正样热试验。据悉，北京航天飞行控制中心前不久对空间站组合体发出调相指令，为问天实验舱的来访做好准备。按计划，问天实验舱将于本月在文昌航天发射场发射。迎来问天实验舱后，航天员将进入舱内启动生命维持系统，完成科学实验柜的组装，开展交叉科学实验。全新的太空授课也将在问天实验舱开展，航天员还会择机首次从问天实验舱的出舱口出舱。此外，空间站梦天实验舱也于近日在天津顺利完成正样热试验。按照真空热试验大纲的要求，梦天实验舱依次完成了全部工况试验。

示例 7

在中国现当代文学史上，描写河流的作品数不胜数。苏童的"金雀河"、张承志的"北方的河"、贾平凹的"州河"、萧红的"呼兰河"、迟子建的"额尔古纳河"……这些各具特色和文化差异的河流，汇聚成中国文坛绚丽多姿的河流书写。朱群英的《大沙河笔记》则是第一部呈现大沙河前世今生的长篇报告文学。它以浓厚、凝重、深情的笔调，史诗般地记录了大沙河两岸百姓的心路历程，以及顽强的生命力和不屈不挠的精神。河流是最初生命的发源地。中国则是世界上河流最多的国家，大大小小的江河在中国版图上错综复杂地分布着，给土地带来灵动的气息与活力。河流与人类的关系是密切相关的，它不仅作为与人息息相关的自然景观存在，更代表了一种文化符号和特殊意义。

示例 8

国家邮政局 13 日发布数据显示，上半年邮政行业业务收入累计完成 6543.1 亿元，同比增长 6.5%；业务总量累计完成 6808.5 亿元，同比增长 6.0%。上半年，邮政服务业务总量累计完成 1151.6 亿元，同比增长 6.6%；邮政寄递服务业务量累计完成 142.1 亿件，同比增长 11.0%；邮政寄递服务业务收入累计完成 199.1 亿元，同比增长 3.1%。上半年，邮政函件业务累计完成 4.2 亿件，同比下降 28.1%；包裹业务累计完成 855.0 万件，同比下降 8.4%；报纸业务累计完成 82.0 亿份，同比增长 0.4%；杂志业务累计完成 3.6 亿份，同比增长 1.1%；汇兑业务累计完成 228.2 万笔，同比下降 32.7%。上半年，邮政快递行业发展整体态势稳中有进。

示例 9

记者 13 日从国家林草局获悉：一年多来，全国各地全面推行林长制改革，设立各级林长近 120 万名，全面建立林长制的目标如期实现，实现了"山有人管、林有人护、责有人担"。2020 年 12 月，中共中央办公厅、国务院办公厅印发《关于全面推行林长制的意见》，明确到 2022 年 6 月全面建立林长制。目前，除直辖市和新疆生产建设兵团外，其余各省份均设省、市、县、乡、村五级林长，各级林长近 120 万名。各级林长实行划片分区负责，协调推动相关工作事项落实。各省份根据实际情况，出台林长会议、信息公开、部门协作、工作督查等四项基本制度，创新建立总林长令、林长巡林、"林长+"工作机制，制度体系基本建立，长效机制落地生根。

示例 10

日前，首届中国青少年足球联赛启动仪式在浙江省杭州市黄龙体育中心举行，宣告第一届中国青少年足球联赛正式启航。据悉，首届中国青少年足球联赛将横跨小学、初中、高中、大学 4 个年龄段，近 120 万人和 5 万支球队参赛，覆盖 31 个省、自治区、直辖市及新疆生产建设兵团，共计设立 45 个赛区。从市、县海选到赛区冠军赛再到全国总决赛，孩子们将在不断与同年龄段高手过招中积累实战经验。此外，荣誉表彰、奖金激励、资格评定、选拔入库等一系列奖励机制的推出，也将最大限度激发出青少年的自身潜能。联赛由教育部、国家体育总局指导，中国足协主办。

示例 11

6 月以来，我国汽车产业链供应链全面恢复，企业加快生产节奏，汽车产销呈现明显恢复性增长。中国汽车工业协会 11 日发布最新数据显示：6 月，我国汽车产销分别完成 249.9 万辆和 250.2 万辆，环比分别增长 29.7% 和 34.4%，同比分别增长 28.2% 和 23.8%。乘用车产销明显好于预期。在国家购置税减半政策、地方政府促进汽车消费政策叠加下，6 月，乘用车产销分别完成 223.9 万辆和 222.2 万辆，同比分别增长 43.6% 和 41.2%。今年上半年，乘用车产销均超过 1000 万辆，同比分别增长 6.0% 和 3.4%，总体恢复到正常水平。其中，中国品牌乘用车共销售 489.1 万辆，同比增长 16.5%，占乘用车销售总量的 47.2%，比上年同期上升 5.3 个百分点。

示例 12

横琴粤澳深度合作区税收优惠政策日前正式落地实施。企业所得税方面，对合作区符合条件的产业企业，减按 15% 的税率征收企业所得税。个人所得税方面，对在合作区工作的境内外高端人才和紧缺人才，其个人所得税负超过 15% 的部分予以免征；对在合作区工作的澳门居民，其个人所得税负超过澳门税负的部分予以免征。此次实施的优惠政策具有优惠力度大、享受方式便捷等特点。其中，企业所得税优惠政策精准匹配《横琴粤澳深度合作区建设总体方案》中明确的科技研发和高端制造、中医药等澳门品牌工业、文旅会展商贸、现代金融四大产业，形成了涵括九大类 150 项的优惠目录。

示例 13

记者从北京市司法局获悉：自 7 月 1 日起，北京市全面启用新版行政执法证，原北京市行政执法证同时停止使用。这是北京市在加强行政执法人员资格管理，推进严格、规范、公正、文明执法，提高政府治理体系和治理能力现代化方面推行的又一项重要举措。据介绍，根据国家有关要求和市政府工作部署，北京市司法局按照全国统一行政执法证件标准样式，已组织完成全市 3.4 万余名行政执法人员的新版行政执法证件集中换发工作。北京市行政执法人员持有的中华人民共和国行政执法证∧由北京市人民政府统一制发，人民警察等特殊执法岗位的执法证件管理工作∧仍按有关规定执行。

示例 14

近期，有不法分子通过伪造教育部办公厅公文、冒充相关机构工作人员等方式，以校外培训退费名义实施诈骗犯罪，危害严重。为切实维护人民群众合法权益，教育部校外教育培训监管司和公安部刑事侦查局∧于今天联合发布预警提示。预警提示称，接到自称校外培训机构工作人员主动退费的电话时，一定要保持警惕，相关政策要以政府部门官方网站发布的信息为准，不明事项可向教育、公安等行政部门核实，不轻信来历不明的文件、电话和短信，不给不法分子可乘之机。凡是退款时要求额外支付费用的，都是诈骗。如有疑问，可及时拨打 110 或有关培训机构主管部门电话求助咨询。

示例 15

7 月 13 日，市政府新闻办举行北京培育建设国际消费中心城市一周年发布会。记者获悉，北京地区世界 500 强企业数量已达 57 家，居全国首位；2021 年以来，北京新落地首店近 1300 家，处于全国首店经济第一梯队；离境退税商店数量已超 800 家，居全国首位。市商务局副局长郭文杰介绍，自 2021 年 7 月 19 日北京市获批∧率先开展国际消费中心城市培育建设以来，北京紧抓新机遇，锚定新赛道，紧扣消费新地标打造"十大专项行动"，持续增强消费对经济发展的基础性作用，加速迈向国际消费中心城市。

示例 16

在经历了井喷式野蛮生长之后,"剧本杀"、密室逃脱等剧本娱乐经营活动步入强监管时代。文化和旅游部、公安部、住房和城乡建设部、应急管理部、市场监管总局五部门近日联合发布《关于加强剧本娱乐经营场所管理的通知》(以下简称《通知》)。《通知》坚持"放管服"改革和包容审慎监管,坚持培育新型文化业态,首次在全国范围将"剧本杀"、密室逃脱等剧本娱乐经营场所新业态纳入管理。文化和旅游部市场管理司副司长庄志强近日就《通知》相关内容进行解读:"《通知》定制适应文化新业态特点的监管模式,明确经营底线红线,理顺相关部门职责,强化经营主体责任,形成监管合力,为稳市场主体、稳就业,促进行业健康有序可持续发展提供了制度保障。"

示例 17

国务院《关于儿童健康促进工作情况的报告》21 日提请十三届全国人大常委会第三十五次会议审议。报告显示,党的十八大以来,我国儿童健康工作投入力度持续加大,政策体系不断完善,儿童健康水平整体明显提高。促进儿童健康成长,将为我国的可持续发展提供宝贵资源和不竭动力。报告数据显示,2021 年全国婴儿死亡率、5 岁以下儿童死亡率分别为 5.0‰和 7.1‰,较 2012 年下降 51.5%和 46.2%,总体优于中高收入国家平均水平。6 岁以下儿童生长迟缓率和低体重率等指标逐步改善,儿童常见传染病得到有效控制,神经管缺陷、唐氏综合征等严重致残出生缺陷得到初步控制。

示例 18

6 月 1 日起,广东全省范围内全面推行"广东省电子居住证",实现申领、签发、使用全流程数字化管理,为企业和群众提供高效、便捷的政务服务。据广东省公安厅介绍,流动人口在广东省内居住地办理居住登记已满半年,符合合法稳定住所、合法稳定就业、连续就读等三个条件之一的,可以申领广东省电子居住证。电子居住证所记载信息与实体证相同,且具有同等法律效力。居住证每年签注一次,在居住地连续居住的,在居住每满一年之日前一个月内,系统会自动提醒到期签注居住证。群众可通过微信小程序办理电子居住证申领和签注等业务。推行电子居住证是进一步便民利民的措施,能优化服务流程,减少申领使用成本,让企业和群众少跑腿、办好事。

示例 19

部分商家想要依靠"买家秀"来吸引更多人购买，从而衍生出生产该内容的生意。然而，这却被一些平台用来欺骗用户：营造利用业余时间收快递、拍照上传就能轻松挣钱的假象，引诱人下载 App 并注册，然后要求不同等级会员交费，让用户蒙受损失。消费者购物时，来自其他消费者的使用体验往往是重要参考。为此，各大电商平台都设置相应的"买家秀""种草秀"等内容板块，引导消费者发布全面、丰富、详细的评价。然而，本意为促进更公平的消费环境的评价板块，却被部分商家视为吸引公域流量的渠道，进而催生出一门从事"买家秀"内容生产、发布、上传的灰色生意，甚至被不法分子用来进行网络诈骗。

示例 20

在刚刚召开的深圳市"两会"上，"数字经济"成为高频词。身处国内数字经济产业重镇，近年来，为支持深圳加快打造数字经济创新发展试验区，深圳法院主动服务大局，全面落实综合改革试点，先行先试创新服务保障数字经济发展，助力深圳打造国家一流的知识产权保护高地，建设全球数字先锋城市。2021 年全年，深圳数字经济核心产业增加值占 GDP 比重约 30%，规模和质量均居全国前列。但同时，新技术引发的新类型纠纷也层出不穷。2021 年，深圳法院共新收各类知识产权案件 23,745 件，审结 24,941 件。其中，新收专利、计算机软件、垄断、集成电路布图设计等案件 4266 件，审结 5104 件；新收滥用市场支配地位、不正当竞争案件 497 件，审结 514 件。

二、补充材料

（1）作为首批国家生态文明试验区的贵州省，森林覆盖率达 62.12%，中心城市空气质量优良天数比率达 98%，主要河流出境断面水质优良率保持在 100%。近年来，生态城镇、生态农业、生态旅游等在黔贵大地风生水起，"绿色生活"和"美丽经济"比翼齐飞，优良的生态环境成为人民群众重要的幸福增长点。截至 2021 年底，贵阳市已完成 230 个山头的修复治理和绿化提升，新建 660 个森林公园、湿地公园、山体公园、城市公园、社区公园等各类公园，全市大、中、小、微各类公园达1025个。这些公园像一颗颗"绿色明珠"，构成了贵阳最重要的自然生态系统，让贵阳市民既能推窗见绿、开门见园，又能徒步山林、漫步郊野，体验鸟语花香，生态环境获得感、幸福感、安全感持续增强。

（2）在迄今为止最大的阿尔茨海默病遗传风险研究中，科学家发现了42个新的与该疾病发展相关的基因。研究结果表明，阿尔茨海默病患者大脑的退化可能与小胶质细胞有关。阿尔茨海默病是一种极其复杂且多因素的疾病。先前研究表明，虽然吸烟、锻炼和饮食等生活方式因素会影响患病风险，但更多的原因在于遗传，即60%—80%的疾病风险由基因导致。根据发表在《自然·遗传学》杂志上的论文，研究人员汇总了111,326名阿尔茨海默病患者的基因组数据，并将其与677,663名健康受试者的对照组进行比较。总体而言，该研究发现了75个与阿尔茨海默病相关的基因组区域，其中33个是已知的，42个是新发现的。

（3）6月29日，中国跳水队在2022年布达佩斯游泳世锦赛上迎来硕果累累的一天，单日揽入3块金牌，并将中国跳水的世锦赛金牌总数刷新至102枚。混合全能决赛中，两位15岁小将全红婵和白钰鸣以391.40分夺冠，为中国跳水队摘下世锦赛第100枚金牌。法国组合吉莱/让达尔以358.50分获得亚军，英国组合斯彭多利尼·西里埃/希特利以357.60分获得季军。女子1米板决赛中，李亚杰以300.85分夺冠。中国队在本届游泳世锦赛花样游泳、室内泳池以及跳水项目中均有奖牌入账，目前以12金2银6铜的成绩位居奖牌榜第二位。跳水项目已决出7个项目冠军，中国队无一失手，7枚金牌全部收入囊中。

（4）今年端午节，河南卫视《端午奇妙游》收获观众好评。晚会分为庆端阳、品端阳、趣端阳、叹端阳四部分，用戏剧演绎的方式串联各个篇章，融合多种节目形式讲述节日故事，传播民俗文化。近年来，各类文艺晚会已成为传播传统文化的有力载体，尤其在吸引年轻受众上下足了功夫。文艺晚会要拥抱数字技术，充分开掘"文化+科技"的潜力，助力传统文化深入生活。随着数字技术发展，AR、VR等技术不断被应用于晚会制作。融合传统文化与科技元素，往往能起到意想不到的传播效果。2022年江苏卫视春晚节目《粉墨》使用抠绿技术，将舞台上的戏曲表演融入水墨场景呈现在屏幕上，令人耳目一新。

（5）中央广播电视总台纪录片《美术里的中国》启播活动30日在北京举行。中宣部副部长、中央广播电视总台台长兼总编辑慎海雄出席，并与中国美术家协会名誉主席冯远等嘉宾共同为节目启播。纪录片《美术里的中国》聚焦中国近现代经典美术作品，深入提炼作品中的文化标识、审美价值、时代意义，以前沿的数字技术助力艺术表达，向世界彰显中华民族的文化之美、艺术之美，见证中华民族伟大复兴壮阔征程中的时代之变、中国之进。节目利用最新视听技术手段，使静态的图像活起来，使美术作品在科技、数字化时代获得新的生命，展现了历史文化之美、红色文化之美、社会主义建设之美、改革创新之美、民族伟大复兴逐梦之美。

（6）6月28日，乌镇戏剧节组委会正式宣布，第九届乌镇戏剧节将于2022年11月25日—12月4日举办，戏剧节主题为"丰"。同时，本届乌镇戏剧节青年竞演的命题与规则发布，青年竞演与古镇嘉年华的报名通道正式开启。自2013年首办至今，乌镇戏剧节凭借较强的专业性与较高的艺术水准，在戏剧界和戏剧爱好者中获得了广泛认可，其间开展的特邀剧目、青年竞演、古镇嘉年华等单元，也逐渐发展成为具有代表性的戏剧节模式。其中，青年竞演作为乌镇戏剧节的核心单元，坚持以高标准、严要求的评选态度和专业的评选机制发掘优秀戏剧人才，扶持青年创作，为观众展现中国原创戏剧的生命力。

（7）记者从国家航天局探月与航天工程中心了解到，当前，"祝融号"火星车所在区域已进入冬季，与我们地球相似。进入冬季后，北半球区域太阳光照高度角下降、光照时长缩短。根据测量，火星车当地正午最高温度已降至-20℃，夜间环境温度低至-100℃。此外，由于存在沙尘天气，光照强度进一步减弱，影响火星车太阳翼电池阵的发电能力。近期，工程团队采取转动太阳翼调整光照角度、减少每天工作项目和时长的方法，实现能源平衡。截至2022年5月5日，"天问一号"环绕器在轨运行651天，距离地球2.4亿千米，"祝融号"火星车在火星表面工作347个火星日，累计行驶1921米，两器累计获取约940GB原始科学数据，运行正常。

（8）北京大学编号"001"的数学科学学院，发出今年北大"001"号本科录取通知书，花落深圳！记者从北京大学官微获悉，12日，北京大学2022年本科生"首封"录取通知书由张继平院士送出，来自深圳中学的两位国际数学奥林匹克竞赛金牌得主冯晨旭、彭也博同时收到了这份特别的礼物。他们将进入北京大学数学科学学院学习。据报道，7月12日，中国科学院院士、北京大学博雅讲席教授、北京大学中俄数学中心主任张继平前往深圳中学，亲自为冯晨旭、彭也博两位同学送出了北京大学2022年本科生"首封"录取通知书。张继平院士勉励两位同学在北大继续努力学习，取得更大的成绩，为数学学科的发展和中华民族振兴作出新的贡献。

（9）7月8日，欧元对美元盘中跌破1欧元兑换1.01美元，逼近平价关口，收盘报1.0183。受欧元区经济衰退、俄乌冲突及美元指数走高影响，今年以来欧元兑美元汇率持续回落，创2002年以来新低。美元指数今年走势强劲，已站上107关口，年内大涨逾12%，欧元兑美元年内大跌逾10%。除了欧元，英镑今年走势更弱。自从年初以来，英镑兑美元已累计下跌近12%。彭博期权定价模型5日数据显示，欧元与美元在年底前实现平价兑换的可能性由一天前的46%升至60%。业内普遍认为，欧元汇率走弱，主要因为市场预期欧洲经济增长放缓，这导致市场对于欧洲央行加息的预期不断降温。

（10）据新华社纽约7月5日电，由于市场对美国等主要经济体衰退担忧加剧，与经济形势联系密切的大宗商品期货价格5日大幅下降。当天，避险资金推动美元指数上涨1.3%，达到近20年新高，带动国际原油期货价格重挫超8%，主力黄金和白银期货价格下跌超2%，芝加哥期货交易所玉米、小麦和大豆主力合约跌幅均超4.5%，天然气期货价格跌幅超3.5%。当天，纽约商品交易所8月交货的轻质原油期货价格下跌8.93美元，收于每桶99.50美元，跌幅为8.24%。同时，美国2年期和10年期国债收益率均下跌，且10年期国债收益率低于2年期国债收益率。这是美国关键国债收益率自6月中旬以来再次出现倒挂，体现了市场对美国经济衰退前景的担忧。

（11）上半年，全国居民人均可支配收入18,463元，比上年同期名义增长4.7%，扣除价格因素，实际增长3.0%。分城乡看，城镇居民人均可支配收入25,003元，增长（以下如无特别说明，均为同比名义增长）3.6%，扣除价格因素，实际增长1.9%；农村居民人均可支配收入9787元，增长5.8%，扣除价格因素，实际增长4.2%。全国居民人均可支配收入中位数15,560元，增长4.5%，中位数是平均数的84.3%。其中，城镇居民人均可支配收入中位数22,324元，增长3.8%，中位数是平均数的89.3%；农村居民人均可支配收入中位数8410元，增长5.7%，中位数是平均数的85.9%。

（12）2022年日本进口商品博览会15日在济南开幕，旨在进一步夯实济南和日本交融互鉴的深厚基础，扩大山东与东亚地区特别是与日本的经贸合作。同时借力《区域全面经济伙伴关系协定》，为山东带来的机遇优势，推动该省与日本高质量合作驶入深水区。本届博览会展区面积约3万平方米，设置医疗康养、智慧生活、时尚生活、文化创意、服务贸易五大展区，参展品牌350余个，参展企业超220家。三菱商事、住友商事、瑞穗银行、全日本空输株式会社等世界著名企业的代表，现场展示其所在企业研发的新产品、新技术。

（13）监测显示，今年6月以来，我国平均高温日数5.3天，较常年同期偏多2.4天，为1961年以来历史同期最多。中央气象台14日继续发布高温橙色预警。6月13日以来，我国出现今年首次区域性高温天气过程，影响范围广、持续时间长、极端性强。截至7月12日，高温时间已持续30天，覆盖国土面积达502.1万平方公里，影响人口超过9亿。全国共有71个国家气象站最高气温突破历史极值，其中河北灵寿、藁城、正定和云南盐津日最高气温达44℃以上。受高温天气影响，河北、河南、山东等地电网用电负荷创新高；浙江东部、河南西部、陕西南部、甘肃南部、四川北部等地土壤墒情偏差，部分地区旱情持续或发展；浙江、四川等地多人确诊热射病。

（14）中国科学院院士、物理学家、发光学家徐叙瑢，因病于2022年7月12日在北京去世，享年100岁。徐叙瑢院士，1922年4月出生，山东临沂人。他倡导建立了我国第一个发光学研究室，作为主要创建人成立了"中国科学院激发态物理开放实验室"和"铁道部信息存储、显示与材料部级开放实验室"，组建了我国发光学会，开创了我国第一个发光学专业，培养的人才大多成为我国发光学领域的中坚力量与学术带头人。徐叙瑢院士一直着眼祖国科技长远发展的大局，大力扶持中青年学者，甘为人梯。他常说："我的责任就是把青年一代带到国际比赛的起跑线，让更多的年轻人超过自己。"斯人已逝，精神永驻。熠熠生辉的名字，值得我们永远铭记。

（15）7月12日，国家发改委发布《"十四五"新型城镇化实施方案》。其中提出：推动开展城市设计，加强城市风貌塑造和管控，促进新老建筑体量、风格、色彩相协调，落实适用、经济、绿色、美观的新时期建筑方针，治理"贪大、媚洋、求怪"等建筑乱象。严格限制新建超高层建筑，不得新建500米以上建筑，严格限制新建250米以上建筑。这是自2020年以来，相关部委第四次提到"限高"的政策。显然，国家对于城市建筑高度的管控力度逐步加强，此次写入《"十四五"新型城镇化实施方案》，更是一个鲜明的信号——建设超高层建筑将受到严格限制。

（16）明年3月，地位仅次于冬奥会的短道速滑世锦赛将在首尔举行，林孝埈可能在首尔与韩国选手展开激烈竞争，给韩国短道速滑男队带来较大压力。国际滑联官网12日更新短道速滑名将林孝埈的注册信息卡，他的国籍信息改为中国，这意味着冬奥金牌得主林孝埈将有资格代表中国队出战国际滑联各项赛事以及2026年米兰冬奥会。26岁的林孝埈曾代表韩国参加2018年平昌奥运会，拿到男子1500米金牌和男子500米铜牌。2019年世锦赛上，林孝埈斩获男子个人全能、1000米、1500米、超级3000米和5000米接力5项冠军，成为单届世锦赛"五冠王"。

（17）美国《赫芬顿邮报》法语版12日称，中国在太空中成功验证了离轨帆新技术。这种新概念设计有望成为太空垃圾的解决之道。报道称，6月23日，中国长征二号丁火箭成功将3颗卫星送入太空。此后，作为附加任务的一部分，火箭载荷舱上的离轨帆在轨成功展开。这块面积达25平方米的薄膜状离轨帆通过增加迎风面积，从而增加大气摩擦，让卫星逐渐减速并脱离原轨道，最终落入大气层烧毁。据介绍，利用离轨帆实施离轨，无须消耗燃料，即使是在航天器发生故障失控的情况下，仅需少量电流即可实现薄膜帆展开。报道警告说，太空垃圾正在威胁航天器活动。欧洲航天局表示，如今有数百万件太空垃圾高速围绕地球旋转。

（18）近年来，年轻人初婚年龄不断推迟。尤其是农村青年平均初婚年龄推迟幅度更大，城乡平均初婚年龄趋近。国家统计局近期公布《第七次全国人口普查公报》，详细披露了第七次全国人口普查的分项数据。2010到2020这十年来，农村平均初婚推迟年限远高于城市。其中，我国乡村平均初婚年龄从23.96岁提高到28.38岁，延后了4.42岁；城市居民平均初婚年龄从25.78岁提高到28.84岁，延后了3.06岁。另外，农村适婚年龄段人口性别比失衡是一大关键。从2020年我国乡村人口各个年龄段的性别比来看，只有70岁及以上人口性别比低于100，呈现女多男少的状态。其余年龄段均大于100，呈现男多女少的状态。

（19）7月5日08时至5日12时，济源、安阳、鹤壁、南阳、驻马店、周口、商丘、新乡、焦作、平顶山等地部分县市出现暴雨，其中周口、济源、安阳、鹤壁等地部分县市出现大暴雨。预计7月5日13时到6日08时，黄河以北和南阳东部、信阳西部、驻马店、周口、漯河、许昌、平顶山、洛阳东部、郑州东部和西南部、开封、商丘等地将出现暴雨，南阳东部、驻马店西部、平顶山东部、周口、漯河、许昌东部、开封东部、商丘、焦作西部、济源北部、新乡东部、鹤壁西部、濮阳、安阳东部有大暴雨，并伴有短时强降水、雷暴大风等强对流天气，请注意防范。

第四节 话题评述作品

这里的话题评述作品指的是考生在考试现场随机抽取的试题或被分配的试题，主要是时事热点类材料的评述。话题评述主要考查考生在准备时间非常短的情况下，能否准确、流畅地评述新闻热点，有条理地陈述观点。

总体来说，考官在评价考生的话题评述作品时，有五大关注点：（1）普通话语音的清晰度、准确度；（2）观点是否正确，是否持有积极正面的世界观、人生观和价值观；（3）语言表达逻辑是否合理，条理性是否鲜明；（4）语言表达是否顺畅，有没有背诵范文的痕迹；（5）面部表情、眼神、肢体动作等副语言能否积极配合有声语言表达。

材料1：三星堆又"上新"了。日前，三星堆遗址又拆出一批新"盲盒"，从"裹裙坎肩大背头"的立人像到青铜和玉材质的"月光宝盒"，网友们跟着三星堆直播报道在线"追星"，掀起了新一波"考古热""文保热"。

评述：沉睡数千年，一醒惊天下。三星堆遗址成了全民"追剧"的现场，每次"上新"都能将公众的期待值拉满，原因在于三星堆的热度里有中华文明的璀璨成就，有中华民族奔腾浩荡的历史壮歌，更有数字化演绎中历久弥新的文化之根和民族之魂。

科技感，是三星堆重启发掘给人的第一印象。人工智能、大数据、云计算、知识图谱等新一代数字技术的充分应用，让三星堆遗址多了一层数字化的现代"滤镜"。

第二个印象是数字化传播。它让三星堆文物"出土"即"出圈"。从移动平台"云直播"到短视频平台的多样化表达，严肃的文物有了鲜活的形象，也成了热搜榜上的"顶流"。

第三个印象是数字化体验。它打破了博物馆的"围墙",拆掉了冷门专业的门槛儿,让文物不再"高高在上""遥不可及"。文化自信在更广泛、更深刻的数字化体验中体现得淋漓尽致,也进一步加深了公众对中华文明的认同感和自豪感。

最后我想说,三星堆再"上新"的数字化演绎,满足了人们对三星堆的好奇、对古蜀文明的仰望,也让延续文化血脉的基因里,深深镌刻下文化自信的印记。

材料2:3月13日晚,绚烂的焰火照亮北京夜空,北京2022年冬残奥会落下帷幕。这届简约、安全、精彩的残奥盛会,闪耀着自强不息、顽强拼搏的生命之光,传递着团结与友谊的希望火种,在世界残奥运动和全球残疾人事业发展史上留下了浓墨重彩的一笔。

评述:3月13日晚,北京2022年冬残奥会落下帷幕,一场惊艳世界的闭幕式,让我们共同见证了爱心温暖世界。沿承冬残奥会开幕式上的主视觉"同心圆",冬残奥会闭幕式以"留声机"形象彰显出"在温暖中永恒"的主题,展现出中国人对"温暖感""包容感"和"记忆感"相统一的理解。

这是一次精彩绝伦的冬残奥会,运动员们用实际行动展现出无惧艰难、奋力前行的人生态度,用顽强的拼搏精神奏响乐观进取、自强不息的生命之歌;这是一场用心至极的冬残奥会,从运动员的日常生活起居到志愿者的全方位保障服务,北京冬残奥会以出色的赛事组织、完善的无障碍设施和优越的人性化服务,为我们共同享受奥运盛会的美好时光提供了坚强保障。

中国与世界的这次"冰雪之约",不仅向世界传达出中国式的温情,还向世界展现出中国的广阔胸襟和大爱情怀,这必将推动奥林匹克运动发展登上新台阶!

材料3:最近,一款AI换脸App在朋友圈刷屏。用户使用这款App上传自己的照片,可以将自己"变成"影视片段的主角,并把这些"改头换面"的视频片段上传至微信朋友圈等社交平台,引发了"病毒式传播"。

评述:"换脸视频"最近火了,用户可以任意变成自己喜欢的影视剧角色,激发了他们积极参与的热情。可问题在于,换脸App是否会侵犯用户的隐私?因为用户在使用App之前,往往要授予对方"全球范围内免费的、可以对用户内容进行部分的修改或编辑,以及对修改或编辑前后的用户内容进行信息网络传播的权利"。

签署协议后，换脸 App 就有了传播权，可那些急切尝鲜的用户又有多少细读过这份用户协议呢？另外，换脸 App 中，真要是哪位明星深究起来，恐怕吃不了兜着走的，还是用户。

互联网科技的进步，如同打开了一扇"任意门"，为人们的生活、娱乐提供了更多便利，但这种便利并非是没有代价的。在技术应用的背后，我们不能忽视利益、道德和伦理等因素，更不能等到技术对人们造成伤害之后再弥补。真到那时，代价可就太大了。

材料4：据新华网报道，假期里，各种段子充斥着家长的朋友圈，"孩子四岁，英语词汇量只有1500左右，是不是不太够？""在美国肯定够了，在海淀区肯定不够。"百味杂陈的段子，来自真实的生活。

评述：在"暑假逆袭""弯道超车"的喧嚣声中，各种培训机构如雨后春笋般涌现。这些宣传使家长们无所适从、四处掏钱，也让整个培训市场变得乌烟瘴气。暑假来临，校外培训机构开始乱象频发：超前教育和焦虑营销成为其吸引生源的两大法宝。就法理而言，培训机构的焦虑营销，多是虚假宣传，侵犯消费者权益、涉嫌商业欺诈；就情理来说，家长和学生在机构贩卖的焦虑氛围中无所适从，社会焦虑之祸应当引起有关部门的重视。

最后我想说，如此庞大的市场、如此重要的领域，监管部门的任何放松，伤害的不仅是家长的钱包与权益，更会让整个基础教育版图弥漫着令人忧虑的氛围。相关行政执法部门应当主动作为，将校外培训市场纳入常态监管之中，还教育行业一个天朗气清。

材料5：据《南方都市报》报道，一主播给俄罗斯老人送烈酒并拍摄视频的消息引发热议，有网友在微博指责主播以此博人眼球。发布相关视频的主播表示，俄罗斯人有喝烈酒的习惯，"这个老人本来也喝酒，所以我没多想就给他带过去了，没想到引发这样的事情"。

评述：网络主播拍俄罗斯老人喝烈酒的视频之所以在网友中引发热议，是因为大家觉得每次都让老人一饮而尽，是在危害老人的健康。主播表示，给老人送酒的事他做得"问心无愧"。短视频平台则称，因天气寒冷，当地人常饮酒御寒，主播是不定期探访捐助大爷。

主播称"没多想"，可作为网络主播，必须"多想"。传播健康内容，尊重被播者的意愿及尊严，既是主播的责任，也是拍摄视频的道德底线。如果说给老人送酒喝是善意，那让老人在镜头前一饮而尽，怎么看都跟"善良"不沾边儿。

这一事件再次验证了，"红"与"黑"往往只是一步之差。清扫网络直播中的负能量不能仅靠网友自我净化，平台的监管审查也要及时到位。不能说舆论反应不强烈，平台就"看不见"。

最后，我想对每一位网络主播说，请多传递一些正能量的内容，为我们带来更多的阳光。

材料 6：《陈情令》在腾讯视频热播，按计划将于 8 月 14 日正式收官。然而，在 7 月 29 日举办的见面会上，腾讯视频宣布，8 月 7 日，《陈情令》SVIP 会员福利升级，可以超前点播结局。对此，大部分腾讯视频 VIP 会员认为，超前点播侵犯了自己的权益。

评述：鼓励观众花钱超前点播，动因之一，是趁着《陈情令》的热度赚取更多利润。视频平台以营利为目的无可厚非，但这种按下"快进键"的做法，确实值得商榷。

即便没有盗版者来搅局，那之前花钱买 VIP 的观众，他们的权益又该如何保障？超前点播将不可避免地造成碎片式的剧情外泄。VIP 会员也是掏了腰包付费观看的，只不过花的钱没有 SVIP 多而已。按照这种趋势发展下去，保不齐以后还有更高级的会员，有更特殊的观看机制。

在内容为王的时代，会员付费成为各大视频平台主要的盈利模式。现在回头来看，这段路大家走得并不轻松。但正因为如此，平台才更不应区别对待会员，透支会员的耐心和信任。只有多播好剧，不断吸引老会员续费和新会员加入，才能形成影视剧、平台、用户之间的良性循环。

材料 7：为了迎接婚礼，准新郎李龙花费了 1199 元在某电商平台购买了代餐粉。他告诉记者，在连续 10 天 3 餐只吃代餐粉之后，他瘦了 2.5 公斤。在大部分人追求身材纤瘦的当下，代餐粉逐渐流行起来。不过，专业人士提醒，代餐粉也许能快速瘦身，但停用易反弹，且目前行业标准不一、产品良莠不齐，长期食用容易导致营养摄入不均衡。

评述： 随着人们逐渐意识到肥胖对健康的危害，减肥瘦身的热潮逐渐兴起。巨大的市场带火了众多产业，代餐粉就是其中一例。

代餐产品之所以能起到减肥效果，是因为它们选用热量较少的食物，代替人体所需的营养物质，让人们食用后产生饱腹感，从而减少热量摄入。但这种通过减少热量摄入的方式减轻体重，只是暂时性的。如果停止食用代餐粉，恢复正常饮食的话，身体就会"恶补"营养，迅速恢复之前的体重。如果长期食用代餐粉，不接触天然食物，势必造成身体机能紊乱，严重损害身体健康。

另外，代餐粉并没有统一的行业标准，其究竟属于保健品还是食品，业界还未有统一的说法，加之产品质量良莠不齐，因此我们应科学选购、理性消费。毕竟人体需要的营养是全面的，应该通过均衡饮食获得，即使要减肥，也得"走健康饮食加运动的大路"。

材料8： 一言一语、一字一句，是清朗网络世界最具象化的基因。近日，由中央网信办网络社会工作局主办，中国青年报社、中国青年网承办的中国好网民优秀故事及作品展示活动在京举行。展示活动上，三位中国好网民热度话题运营代表分享了热门话题背后的故事。

评述： 什么样的话题能上热门？这是测试网络舆论场健康度的最佳试纸。《论语》中说："君子三年不为礼，礼必坏；三年不为乐，乐必崩。"互联网中的热度话题如果被三俗暗流所遮蔽，或为过度娱乐所占领，恐怕不仅很难让人听到悦耳悦心的"声音"，还会让青少年网民沾染一身戾气、一腔俗气。

网络世界的清朗声音，必是真诚而温暖的声音。一个故事、一段感悟、一层思索，这些是热血青春最真实的模样，这些是美好青春最激荡的情怀，曲高和众、山呼海应。

在网络空间，青年大有作为。他们如冬日暖阳，眼带光芒、心生璀璨，只争朝夕、不负韶华——发出爱国奋斗之声，守护网络安全；唱响敬业奉献之声，提升网络素养；宣誓担当作为之声，清朗网络空间。这声音，伴随着国家治理现代化进程，响彻神州大地，温暖筑梦之旅。

材料9： 当前，全国各地都在积极响应"厉行节约、反对浪费"倡议，全力营造浪费可耻、节约为荣的氛围。崇简抑奢逐渐成为更多人的生活追求，有效利用资源、形成绿色健康的生活方式与消费方式也越来越深入人心。共享经济作为绿色经济的一种，如今受到越来越多年轻人的追捧，催生出庞大的市场。

评述：共享经济作为一种新的经济模式，受到越来越多年轻人的喜爱。随着断舍离观念深入人心，人们对共享经济的理解也更深刻。以共享充电宝为例，不仅使用便捷，而且价格低廉，这样的特点为人们外出带来许多方便。可以说，共享经济已经成为年轻一代新的消费方式。

新的消费方式催生了新的消费需求，随着物质资源越来越丰富，年轻人对于精神的追求也越来越多样，创意产业借助共享经济逐渐走上市场舞台。许多创意产业通过共享经济将人们的想象力和创造力变为现实。

当下，年轻一代的消费习惯和产品认知影响着商业和社会发展，共享经济也已经渗入人们生活的方方面面。随着共享经济持续快速发展，相信终有一天，我们每个人的小事业都会变成大事业。

材料10：禁止播出宣扬量大多吃、暴饮暴食等浪费食品的节目或音视频信息；发现食品生产经营者有食品浪费行为的有权投诉举报；政府每年向社会公布反食品浪费工作情况……12月22日，十三届全国人大常委会第二十四次会议初次审议《中华人民共和国反食品浪费法（草案）》。

评述：人口众多、人均土地资源相对不足是我国的基本国情，我国粮食供求长期处于紧平衡状态，粮食安全这根弦一刻也不能放松。制定反食品浪费法，既是保障国家粮食安全的迫切需要，也是弘扬中华民族勤俭节约传统美德、加快推进资源节约型、环境友好型社会建设的重要举措。

现实中，仍有部分人就餐喜欢"大手大脚"，两三个人吃饭要点一桌的菜，有的菜只是浅尝几口，剩菜也不愿打包。而制定相应的法律，可以让违法者付出相应的代价，从而约束浪费的行为。

齐抓共管、整体推进，让法律的触角延伸到每一个环节。餐饮管理部门要管，其他部门也要参与其中。通过专项立法和相关立法相结合的办法，将好的做法、好的经验上升为制度机制。

保障国家粮食安全是永恒的课题，勤俭节约是中华民族的传统美德。相关部门要增强公众反食品浪费意识，营造浪费可耻、节约光荣的氛围，为国家粮食安全保驾护航。

材料 11：近日，国家市场监管总局要求全系统开展坚决清理整治知名医院"被冒牌"问题行动，逐一核查在名称中使用"协和""华山""同济""华西""湘雅""齐鲁""同仁"等知名医院字号的营利性医疗机构（含企业、个体工商户）。对营利性医疗机构以及医院管理、医疗美容、药品等相关行业企业，其名称在使用中对公众造成欺骗或者误解、损害他人合法权益的，一律依法予以纠正。

评述：如今，"协和""华山"等知名医院遍地开花，可绝大部分都是打着知名医院旗号的"山寨"医院。这些医院泛滥成灾，严重侵权，社会影响极为恶劣，扰乱患者的认知，急需相关部门采取全面清理措施。

众所周知，知名医院的医疗技术高、口碑好、社会影响力大，深受广大患者的信赖。然而，各种"山寨""高仿"医院充斥市场，千方百计与知名医院扯上关系，并进行夸大的虚假宣传，令患者误以为是真的知名医院。同时，"山寨"医院经常利用信息不对称，将小病说成大病，巧立名目增加收费项目，但医疗技术大多没有保障，患者只能成为"被宰羔羊"，由此产生了很多医疗纠纷事件，知名医院的品牌亦因此受损。

期待相关部门能切实维护广大患者的利益，在此次全面清理的过程中，完善相关法律法规，建立严格的监管标准，并对"山寨"行为施以重罚。彻底将"山寨"医院的后路斩断，将"假名牌"撕下来，让患者求医有门，不再受到欺骗。

材料 12：截至 2022 年 11 月，我国上线慕课数量已超过 6.19 万门，总量居世界第一，注册用户 4.02 亿，在校生获得慕课学分认定 3.52 亿人次。在线课程教学已成为高校对学生评价的重要组成部分。但随着学习空间从传统课堂转到线上，一个"付费刷课"的灰色产业链逐渐形成。学生只要付费购买，即可享受"代学网课、代考试"的一条龙"刷课"服务，轻松拿到该门课的好成绩。

评述：大学生好不容易考入高等学府，更应当珍惜宝贵的学习时光，即便是从传统的课堂学习转移到线上，也应该自觉自律，踏踏实实学完专业课程。但颇令人遗憾的是，一看就知道是自欺欺人的"代学网课、代考试"等，却偏偏被不少大学生所推崇。

原本是为了方便学生随时随地学习的教学模式，不但形成了灰色商机，甚至养出了大学生的学习惰性。这一优秀的现代学习模式在一些人那里变成了"学历注水机"。

当然，我们还要思考的是，有的大学生选择"付费刷课"，除了自律性差和缺乏学习主动性之外，也与某些线上教学缺乏对学生的吸引力有关。另外，线上课程学分的评价体系并不完善，甚至出现了学生认真跟视频上课和考试，最后所获分数比"刷课"的同学差一大截的情况。

"付费刷课"的灰色产业链必须连根拔起，对于参加代理、购买服务等违反校规校纪的大学生，学校要在严格处罚的基础上加以教育引导。在教学模式和课程内容方面，学校也要继续实践探索，激发学生主动学习、自觉学习的动力。

材料 13：据新华社报道，各地开启寒假模式后，不少家长希望通过青少年防沉迷系统控制孩子上网的时长。但"新华视点"记者调查发现，这类系统存在不少漏洞，实名制形同虚设，有的孩子甚至在网上随便找个身份证号码就能顺利登录。此外，网上还流传着各种"攻略"，教未成年人轻松破解系统限制。一些家长称，防沉迷系统"防了个寂寞"。

评述：游戏平台在技术防范上和监管部门玩"躲猫猫"，被媒体多次报道。"青少年防沉迷系统"没有起到应有的作用，这个系统更像一块万能的"遮羞布"，遮住了部分游戏平台的不作为。

游戏平台的"侥幸"心理，很大一部分是来自缺乏具体规定。未成年人在网络游戏中过度消费后，面对家长维权，平台往往只要退款便可了事，更何况不是所有家长都会向平台索要退款。所以，仍有不少平台在冒险打"擦边球"，从中牟利，对监管政策不以为意。

针对部分游戏平台推卸责任、少数青少年突破系统限制的行为，我们一方面需要技术革新、创新举措，通过技术手段加强管理；另一方面要从法律层面上落实平台责任，明确责任后果，让平台不敢"装睡"，而要对自身社会责任有更加清醒的认识，自觉营造风清气正的网络空间。

材料 14：近日，上海一女子称其因点外卖给了差评，遭到外卖员上门报复、砸门、辱骂恐吓，还被勒索 200 元的"赔偿"。视频显示，外卖员吼道："差评给我取消！3 分钟解决不了，我就弄死你！"女子表示，在向外卖平台投诉后，对方只是提出补偿 100 元优惠券。2 月 1 日，当事人称已报警。警方出具的行政处罚决定书显示，外卖员因寻衅滋事被拘留十日。

评述： 外卖员被拘留十日，是为自己的错误行为负责，但平台用 100 元优惠券甩锅，则值得我们商榷。

外卖员要求用户删差评看起来是个人行为，但正是因为平台通过准时率、差评率等考核严格约束外卖员，他们才会对差评如此斤斤计较。平台不能总是寄希望于客户的理解和同情来化解矛盾，而应合理提高算法设计和运行的透明度，完善申诉机制。

就监管部门而言，外卖员属于"流动中的安全生产问题"，也应该纳入地方政府的考核体系。对于互联网平台的灵活用工，要加强监管，杜绝平台借层层分包或者其他法律漏洞逃脱法律的制裁。

无论是外卖员劳动保障问题，还是消费者权益保护问题，平台要认识到自身责任不可缺位。整个行业不能为了追求经济利益而忽视潜藏的风险，否则将危及长远的发展。

材料 15： 据报道，被法院限制高消费的"老赖"，通过"黄牛"操作，就可以订到高铁票和飞机票。暴利之下，法院的"限制高消费令"在"黄牛"的操作下变成了"一纸空文"。

评述： "限制高消费令"是最高法院对拒不执行法院生效法律文书的"老赖"采取的限制高消费的严厉措施。"限制高消费令"的执行，能够有效促使"老赖"自觉履行义务，维护申请执行人的合法权益和社会的公平正义。

但暴利却让"黄牛"动起了歪脑筋。春节临近，人们出行需求增加，"黄牛"看准这一商机，面对一张票少则几百多则上千的"灰色收益"，不惜铤而走险。"黄牛"通过第三方购票系统漏洞，篡改购票信息，帮助"老赖"来去自如。

人无信不立，业无信不兴。明知被"限高"还要故意违规购买飞机票、高铁票的"老赖"和让"老赖"有车可坐、有机可乘，非法牟利的"黄牛"除了要受到全社会的强烈谴责外，更应受到法律的严惩。相关部门应尽快堵住消费漏洞，不让投机取巧者钻空子，使法令成为一纸空文。

材料 16： "不管谁的位置，我能坐下就好""要么你自己站着，要么你坐在我那个座位上"……这些胡搅蛮缠的"金句"和无理取闹的行为，一度让"霸座"行为成为网上舆论的焦点。万众瞩目的《民法典》于 2021 年 1 月 1 日起正式实施，更加明确、具体的法律规定必将为遵纪守法的百姓享有美好生活保驾护航,让这些破坏规矩的人为自己的行为买单!

评述:铁路作为国民公共交通设施,为全体旅客提供优质运输服务,高铁成为越来越多百姓的出行首选。旅客在享受快捷高效出行的同时,理应自觉遵守铁路客运有关规定,不能损害他人的合法权益。

虽然个别霸座者是和谐社会乐章中的极少数,但我们也应当严肃对待,对这种不良风气进行打击。《民法典》从法律层面对"霸座"行为进行了约束,也为正常乘车的旅客维护自身合法权益提供了法律依据。不仅如此,《民法典》对承运人安全运输、公平运输等义务也进行了明确,既让铁路部门开展安全运输工作有章可循,践行"人民铁路为人民"的根本宗旨,又使其与亿万旅客一道,共建、共促、共守和谐美好的交通环境。

我相信,随着《民法典》的施行,人们的生活将会变得更加美好。这部深深镌刻着人民权益的法典,将为每一名奋斗者、筑梦人前行的路保驾护航!

材料 17:近几年,"盲盒"一词在玩具收藏界迅速出圈。顾名思义,盲盒就是一个盒子,里面装着不同样式的玩偶手办,从外表看不出来里面装着哪一款。抽盲盒全凭运气,有时候会抽到自己喜爱却还没收藏的那款,有时候会抽到重复款。盲盒并非最近才出现的新鲜事物,但盲盒经济的兴起却是近几年的事情。

评述:近几年,盲盒受到许多人的欢迎,但自从这一事物出现以来,就一直饱受争议。

首先,拆盲盒的过程充满不确定性,盒子里未知的产品激发了年轻人猎奇的心理。商家正是看准了这一点,时不时推出一些限量版、隐藏款等,引导消费者冲动购买,从而助长了盲盒市场的非理性繁荣。

其次,在利益的驱动下,投机者对一些稀有盲盒进行囤货、溢价炒作、饥饿营销等。不少玩家不惜豪掷千金抽盲盒,对于自己想要但抽不到的稀有盲盒,只好支付近百倍的溢价从其他玩家手中购入。这样一来,盲盒便丧失了最初的收藏和娱乐价值。

盲盒市场的良性发展,依赖于经营者和消费者之间的良性互动。对于经营者而言,切勿贪图一时之利而丧失道德底线,要遵守市场交易规则,保障消费者的知情权和公平交易权,不可过度营销,诱导消费者;对于消费者而言,要充分认识到盲盒的本质，建立正确的消费观，不要盲目跟风囤盒，并坚决抵制"黄牛"的炒作行为。

材料18： 截至2022年底，我国60岁及以上人口达2.8亿人。在医疗、网购等现实生活场景中，老年人在运用数字化产品方面仍面临很多困难。国务院办公厅专门印发《关于切实解决老年人运用智能技术困难的实施方案》，工信部也发布《移动互联网应用（App）适老化通用设计规范》，推动更多App增设"适老版"。

评述： 一直以来，与网络相关的服务以中青年受众为主，一些老年人就算会上网，操作这些App也有很大难度。在这个"万物互联"的时代，不能让庞大的老年群体掉队、缺席。为突破困境，很多App增设了"适老版"，用起来省力省心。

对互联网应用进行适老化改造，不仅是让老年人共享科技发展成果，更是为适应我国老龄化趋势，更好满足老龄化社会的需求，帮助老年人跨过"数字鸿沟"。

要想让老人老有所养、老有所为，相关部门、公共服务提供者、公共场所经营者等就要提高老年人的生活质量，加强适老化改造，多提供一些人性化服务，多一些人性化关怀，为老年人的出行、就医等提供便利。

适老化改造是一个长期的过程。要解决老年人融入信息化社会的难题，不是提供一些"适老版App"就可以，而需各方持续发力，努力解决老年人生活的"痛点"，让他们的晚年生活更加幸福。

材料19： 近日，一则"2个馒头外卖收2次打包费"的新闻再次把饱受消费者诟病的"外卖包装费"推到舆论的风口浪尖。不过，这次网友讨论的焦点并不仅是过度包装造成的浪费，还有部分商家设置打包费套路、变相强制收取包装费等新的热点话题。

评述： 外卖收取打包费，其实可以理解。但一方面要定价合理，不能为了收费而收费，定价要公开透明，让消费者能够接受；另一方面要收得明白，并且节约资源，不浪费。更重要的是，给予消费者选择的权利，而不是采取强制的方式。2个馒头外卖收2次打包费的做法显然是无法得到消费者认可的。这种收取打包费的形式实际上是变相涨价，涉嫌侵犯消费者公平交易的权利。

2个馒头外卖收2次打包费，就是商家想利用打包费套路消费者，让消费者在不明不白的情况下被收费，还想套路监管部门，躲避监管。最后我想对这些商家说，消费者的心里都有一本明白账，外卖打包费的套路该停了。

材料20："毛坦厂中学要在上海招复读生了？""学费一年6万？"关于高考的信息似乎总能点燃公众的焦虑。记者就此联系六安市毛坦厂中学，该校办公室一位负责人否认此事。记者了解到，接受上海一家公司委托计划招收"上海高考复读班"的是与毛坦厂中学一墙之隔的金安高级中学。目前，这个复读班招生计划已被六安市教育部门叫停。

评述：复读班之所以会引发如此大的风波，只因各方关注的焦点是"毛坦厂中学"。对于家长来说，能把孩子送到这个实力强劲的学校复读，哪怕只是"分享"其教育资源，对孩子备战高考也有益处。

然而，高考复读模式的渗透，会加剧一个地区的高考竞争。假如"毛坦厂中学复读班"进沪成功，那么能进该班复读的学生成绩大概率会优于未进该班的学生。而假如所有的本地复读生全都接受"毛坦厂中学复读班"的训练，结果可能就是，全体复读生应考水平提升后，大家仍处于相同或接近的起跑线上。这就是所谓的"剧场效应"：剧场里大家原本都是坐着看戏，前排站起来，后排不得不站起来，结果大家还是在同一高度。这样的竞争没有任何意义，而大家却都为其所累，并且对应届生也很不公平。

从素质教育理念来说，教育的目的是培养学生的学习能力，让学生掌握有用的知识；而应试教育理念则是分数为王，莘莘学子为应试而累，由此导致学习上的恶性竞争，实在是得不偿失。

应试编

第五章　作品朗读

抽取作品朗读,是播音与主持艺术专业统考中的一项重要内容。通过此项内容的考查,考官能够比较准确地掌握考生本人的普通话语音标准程度、播音发声技巧的运用能力、运用情感和声音技巧处理稿件的能力。由于这项内容是考生可以提前准备的,因而可以考查考生通过前期准备,在语言表达层面所能展现出来的能力。考官对这项考查内容的期待值相对会比较高,对考生的要求也会相应提高。因此,作为考生来说,一定要认真对待作品朗读这项考试内容,准确把握文字稿件中的信息点以及整体呈现出来的情感线,运用恰当的声音技巧和情感诠释出稿件的内涵。

第一节　作品朗读的准备方法

朗诵稿件的选择一直以来困扰着播音与主持艺术专业的考生们,但是现在很多省市已经取消了自备稿件,改为随机抽取作品朗读。很多同学不知道该怎么去准备这部分内容,以下几点需要注意。

第一,不要盲目模仿著名朗诵艺术家对经典稿件的诠释,否则容易陷入"纯模仿"的"怪圈",很难用自己的理解去诠释。

第二,如何选择与自己的声音状态和语言能力相匹配的朗读作品呢?这就需要在准备考试时,对自己的声音条件和目前的语言能力有一个清晰的认知,然后根据自己的专业能力和声音特点选择作品,做充分的准备。

第三,抽取稿件以后,一定要注意结合每一项考试的时长限制进行相应的准备。各省市统考的时间限制不尽相同,从90秒到120秒、180秒不等。当然,为保险起见,一定要预留出10%左右的时间,不可将时间安排得过于精准。

第四,如何才能准确理解抽取的作品呢?对稿件的理解其实是没有统一的标准的,但是,有一些基本要素需要注意:

(1)稿件的主题是清晰的,能很容易被识别出来。

（2）不要一味追求寻找稿件的"爆点"，一旦"爆点""高潮点"过多，势必会造成"听觉疲劳"，很多考生在这一点上容易走入误区。

（3）考生在稿件朗读过程中能比较清楚地展现出基本功，包括普通话语音的规范程度、吐字归音的能力、气息和共鸣的技巧运用、声音的对比变化、语气节奏的准确拿捏，以及情感的诠释是否恰当，等等。

第二节 朗读作品选编（30例）

以下朗读作品大致按统考考试要求进行编排，朗读时长在120秒以内。稿件的难易程度没有进行排序，但是各篇稿件的特点还是比较鲜明的，适合考生用于平时的练习。

示例1

望庐山瀑布

李白

日照香炉生紫烟，遥看瀑布挂前川。

飞流直下三千尺，疑是银河落九天。

小时候，我无论对什么花，都不懂得欣赏。父亲总是指指点点地告诉我，这是梅花，那是木兰花……但我除了记些名字外，并不喜欢。我喜欢的是桂花。桂花树的样子笨笨的，不像梅树那样有姿态。不开花时，只见到满树的叶子；开花时，仔细地在树丛里寻找，才能看到那些小花。可是桂花的香气，太迷人了。

（琦君《桂花雨》）

示例2

相见欢

李煜

无言独上西楼，月如钩。

寂寞梧桐深院锁清秋。

剪不断，理还乱，是离愁。

别是一般滋味在心头。

我开始欣赏鸟，是在四川。黎明时，窗外是一片鸟啭，不是吱吱喳喳的麻雀，不是呱呱噪啼的乌鸦，那一片声音是清脆的，是嘹亮的，有的一声长叫，包括着六七个音阶，有的只是一个声音，圆润而不觉其单调，有时是独奏，有时是合唱，简直是一派和谐的交响乐。不知有多少个春天的早晨，这样的鸟声把我从梦境唤起。

（梁实秋《鸟》）

示例 3

赠汪伦

李白

李白乘舟将欲行，忽闻岸上踏歌声。

桃花潭水深千尺，不及汪伦送我情。

焦翔——《人民日报》的战地记者。这是北约轰炸下的利比亚，那时恐惧正笼罩着的黎波里，焦翔第一时间就冲到了这儿。卡扎菲把国家电台安置在外国记者下榻的酒店楼下。如此一来，焦翔就成为众多人体盾牌中的一个。每次惊醒，他都要使劲掐自己的脸，证明自己还活着。

示例 4

春日

朱熹

胜日寻芳泗水滨，无边光景一时新。

等闲识得东风面，万紫千红总是春。

一千两百个日日夜夜，他时刻都能听到震耳欲聋的枪击轰炸，时刻都能嗅到死亡的气息。一千两百天的战地坚守，他的右耳被震坏了。医生说他可能永远都会失去四成的听力。一千两百天的真实感触，全部凝聚在他百万字的文稿和六万张图片当中。记者，就是要去别人不敢去的地方！

示例 5

岳阳楼记（节选）
范仲淹

至若春和景明，波澜不惊，上下天光，一碧万顷，沙鸥翔集，锦鳞游泳，岸芷汀兰，郁郁青青。

不逢北国之秋，已将近十余年了。在南方，每年到了秋天，总要想起陶然亭的芦花，钓鱼台的柳影，西山的虫唱，玉泉的夜月，潭柘寺的钟声。在北平，即使不出门去吧，就是在皇城人海之中，租人家一椽破屋来住着，早晨起来，泡一碗浓茶，向院子一坐，你也能看得到很高很高的碧绿的天色，听得到青天下驯鸽的飞声。

（郁达夫《故都的秋》）

示例 6

满江红·写怀
岳飞

怒发冲冠，凭栏处、潇潇雨歇。抬望眼，仰天长啸，壮怀激烈。
三十功名尘与土，八千里路云和月。莫等闲，白了少年头，空悲切！
靖康耻，犹未雪。臣子恨，何时灭！驾长车，踏破贺兰山缺。
壮志饥餐胡虏肉，笑谈渴饮匈奴血。待从头、收拾旧山河，朝天阙。

西藏的路，被人称为天路。然而陈琴，中央电视台西藏站站长，却在这条天路上一走就是四年。大家现在看到的这条路，是悬挂在雅鲁藏布江大峡谷绝壁上的墨脱路。为了完成采访，陈琴三进墨脱。最特别的一次是到必须要溜索过江的岗玉村进行采访。那条溜索200米长，下面就是湍急的江水，稍有不慎就会坠入江中。

示例 7

天净沙·秋思
马致远

枯藤老树昏鸦，小桥流水人家，古道西风瘦马。

夕阳西下，断肠人在天涯。

陈琴还是唯一一位跟随乡村医生洛松巡诊的记者，他们连续五天徒步翻越了5200米的雪山。在风雨中休息时，洛松拉着陈琴的手哭道："陈姐，别人不了解我这18年是怎么走过来的，只有你了解，因为你走过。"正因为陈琴的报道，西藏提高了全区乡村医生的待遇。走别人走不了的路，去别人去不到的地方，这就是记者。

示例 8

闻官军收河南河北

杜甫

剑外忽传收蓟北，初闻涕泪满衣裳。
却看妻子愁何在，漫卷诗书喜欲狂。
白日放歌须纵酒，青春作伴好还乡。
即从巴峡穿巫峡，便下襄阳向洛阳。

我有一个风铃，是朋友从欧洲带回来送我的，风铃由五条钢管组成，外形没有什么特殊，特殊的是，垂直挂在风铃下的木片，薄而宽阔，大约有两个手掌宽。由于那用来感知风的木片巨大，因此风铃对风非常地敏感，即使是极稀微的风，它也会叮叮当当地响起来。风铃的声音很美，很悠长，我听起来一点也不像铃声，而是音乐。

（林清玄《风铃》）

示例 9

晓出净慈寺送林子方

杨万里

毕竟西湖六月中，风光不与四时同。
接天莲叶无穷碧，映日荷花别样红。

风铃，是风的音乐，使我们在夏日听着感觉清凉，冬天听了感到温暖。风是没有形象、没有色彩，也没有声音的，但风铃使风有了形象，有了色彩，也有了声音。对于风,风铃是觉知、观察与感动。每次,我听着风铃,感知风的存在,这时就会觉得我们的生命如风一样地流过,几乎是难以掌握的,因此我们需要心里的风铃,来觉知生命的流动、观察生活的内容、感动于生命与生命的偶然相会。

(林清玄《风铃》)

示例 10

醉花阴·薄雾浓云愁永昼

李清照

薄雾浓云愁永昼,瑞脑销金兽。

佳节又重阳,玉枕纱厨,半夜凉初透。

东篱把酒黄昏后,有暗香盈袖。

莫道不销魂,帘卷西风,人比黄花瘦。

当我真正开始爱自己,我才懂得,把自己的愿望强加于人,是多么的无礼。就算我知道,时机并不成熟,那人也还没有做好准备,就算那个人就是我自己。今天我明白了,这叫作"尊重"。

当我开始真正爱自己,我才明白,我其实一直都在正确的时间,正确的地方,发生的一切都恰如其分,由此我得以平静。

今天我明白了,这叫作"自信"。

(卓别林《当我开始真正爱自己》)

示例 11

破阵子·为陈同甫赋壮词以寄之

辛弃疾

醉里挑灯看剑,梦回吹角连营。

八百里分麾下炙,五十弦翻塞外声,沙场秋点兵。

马作的卢飞快,弓如霹雳弦惊。

了却君王天下事,赢得生前身后名。可怜白发生!

我喜欢出发。凡是到达了的地方,都属于昨天。哪怕那山再青,那水再秀,那风再温柔。太深的流连便成了一种羁绊,绊住的不仅有双脚,还有未来。怎么能不喜欢出发呢?没见过大山的巍峨,真是遗憾;见了大山的巍峨,没见过大海的浩瀚,仍然遗憾;见了大海的浩瀚,没见过大漠的广袤,依旧遗憾;见了大漠的广袤,没见过森林的神秘,还是遗憾。世界上有不绝的风景,我有不老的心情。

(汪国真《我喜欢出发》)

示例 12

饮湖上初晴后雨

苏轼

水光潋滟晴方好,山色空蒙雨亦奇。
欲把西湖比西子,淡妆浓抹总相宜。

我自然知道,大山有坎坷,大海有浪涛,大漠有风沙,森林有猛兽。即便这样,我依然喜欢。人能走多远?这话不是要问两脚而是要问志向。人能攀多高?这事不是要问双手而是要问意志。于是,我想用青春的热血给自己树起一个高远的目标。是的,我喜欢出发,愿你也喜欢。

(汪国真《我喜欢出发》)

示例 13

蒹葭

佚名

蒹葭苍苍,白露为霜。所谓伊人,在水一方。
溯洄从之,道阻且长。溯游从之,宛在水中央。
蒹葭萋萋,白露未晞。所谓伊人,在水之湄。
溯洄从之,道阻且跻。溯游从之,宛在水中坻。
蒹葭采采,白露未已。所谓伊人,在水之涘。
溯洄从之,道阻且右。溯游从之,宛在水中沚。

每当翻开《中华人民共和国大事记》,我的心里都会怀着一分敬意。很多开创历史的人,都正值我们这样的年纪。不一样的年代一样的青春,一种精神一直在我们血脉中接力。"到祖国最需要的地方去",一个声音总是在我们耳畔响起。今天我们毕业了,我们会义无反顾,到祖国最需要的地方去。我将成为雪域高原的一名新兵,将爱国之心,化为报国之行。到祖国最需要的地方去,我们的青春使命是保家卫国,守护安宁。

示例 14

伐檀(节选)

佚名

坎坎伐檀兮,置之河之干兮。河水清且涟猗。

不稼不穑,胡取禾三百廛兮?

不狩不猎,胡瞻尔庭有县貆兮?

彼君子兮,不素餐兮!

我一直想为月光下的中国写一首诗

我喜欢她宁静的样子

喜欢她温柔中的强大力量

在夜色里她银装素裹

仿佛无数雪花的绽放

散发着梅的清香

明月当空,其实无须举头仰望

只要透过柳树的发丝

看一看小桥下的流水

月亮就会与你脉脉对视

让你感到怦然心动

让你情不自禁、流连忘返

(欧震《月光下的中国》)

示例 15

九月九日忆山东兄弟

王维

独在异乡为异客,每逢佳节倍思亲。

遥知兄弟登高处,遍插茱萸少一人。

我想为月光下的中国写一首诗

月光下的中国,大河奔流

白浪溅起满天的星星

月光下的中国,长城巍峨

绵延万里的巨龙

砖的鳞甲闪着银光

如果你站在城墙上

还依稀可以听得到遥远的回声

那些兵器的撞击

那些战马的嘶鸣

英雄逐鹿,万丈豪情、快意人生

壮士报国,一腔热血、化剑为犁

(欧震《月光下的中国》)

示例 16

早发白帝城

李白

朝辞白帝彩云间,千里江陵一日还。

两岸猿声啼不住,轻舟已过万重山。

这时我听到故乡在召唤我,故乡有一种声音在召唤着我。她低低地呼唤着我的名字,声音是那样的急切,使我不得不回去。我总是被这种声音所缠绕,不管我走到哪里,即使我睡得很沉,或者在睡梦中突然惊醒的时候,我都会突然想到是我应该回去的时候了。我必须回去,我从来没想过离开她。这种声音是不可阻止的，是不能选择的。这种声音已经和我的心取得了永远的沟通。

（端木蕻良《土地的誓言》）

示例 17

苏幕遮·怀旧
范仲淹

碧云天，黄叶地，秋色连波，波上寒烟翠。
山映斜阳天接水，芳草无情，更在斜阳外。
黯乡魂，追旅思，夜夜除非，好梦留人睡。
明月楼高休独倚，酒入愁肠，化作相思泪。

当我记起故乡的时候，我便能看见那大地的深层，在翻滚着一种红熟的浆液，这声音便是从那里来的。在那亘古的地层里，有着一股燃烧的洪流，像我的心喷涌着血液一样。这个我是知道的，我常常把手放在大地上，我会感到她在跳跃，和我的心的跳跃是一样的。它们从来没有停息，它们的热血一直在流，在热情的默契里它们彼此呼唤着，终有一天它们要汇合在一起。

（端木蕻良《土地的誓言》）

示例 18

蝶恋花·伫倚危楼风细细
柳永

伫倚危楼风细细，望极春愁，黯黯生天际。
草色烟光残照里，无言谁会凭阑意。
拟把疏狂图一醉，对酒当歌，强乐还无味。
衣带渐宽终不悔，为伊消得人憔悴。

在大兴安岭，最早的春色出现在向阳山坡。嫩绿的草芽像绣花针一样顶破丰厚的腐殖土，要以它的妙手，给大地绣出生机时，背阴山坡往往还有残雪呢。这样的残雪，还妄想着做冬的巢穴。然而随着冰河乍裂，达子香花开了，背阴山坡也绿意盈盈了，残雪也就没脸再赖着了。山前山后，山左山右，是透着清香的树，烂漫的山花和飞起飞落的鸟儿。

（迟子建《春天是一点一点化开的》）

示例 19

江南逢李龟年

杜甫

岐王宅里寻常见，崔九堂前几度闻。
正是江南好风景，落花时节又逢君。

那蜿蜒在林间的一道道春水，被暖风吹拂得起了鱼苗似的波痕。投在水面的阳光，便也跟着起了波痕，好像阳光在水面打起蝴蝶结了。我爱这迟来的春天。因为这样的春天不是依节气而来的，它是靠着自身顽强的拼争，逐渐摆脱冰雪的桎梏，曲曲折折地接近温暖，苦熬出来的。也就是说，极北的春天，是一点一点化开的。

（迟子建《春天是一点一点化开的》）

示例 20

雨霖铃·寒蝉凄切

柳永

寒蝉凄切，对长亭晚，骤雨初歇。都门帐饮无绪，留恋处，兰舟催发。
执手相看泪眼，竟无语凝噎。念去去，千里烟波，暮霭沉沉楚天阔。
多情自古伤离别，更那堪，冷落清秋节！今宵酒醒何处？杨柳岸，晓风残月。
此去经年，应是良辰好景虚设。便纵有千种风情，更与何人说？

书写，一个多么平凡的词语，但当书写与战争相遇，留给我们的却是无数可歌可泣的英雄诗篇。提起战地记者，我们会想到海明威对日寇法西斯暴行的控诉，会想到埃德加·斯诺对中央红区如实的报道。我相信在这些声名赫赫的记者背后，有着更多默默奉献的无名英雄，有了他们的记录，一幕幕战争场面展现在我们眼前，一幅幅英雄画卷镌刻在我们心中。

示例 21

泊秦淮
杜牧

烟笼寒水月笼沙,夜泊秦淮近酒家。
商女不知亡国恨,隔江犹唱后庭花。

70年前,在抗美援朝的战场上,一支记录过英雄风骨的钢笔,随主人深埋地下,今天它穿越了时空为我们讲述一位书写英雄的钢铁骨骼。2018年3月28日,20位志愿军烈士的忠魂回到了祖国,在烈士的遗物中,有一支钢笔,已经锈迹斑驳。这支钢笔可以还原钢笔主人的生命轨迹,可以点燃那已经熄灭了的生命之火。

示例 22

念奴娇·赤壁怀古
苏轼

大江东去,浪淘尽,千古风流人物。故垒西边,人道是,三国周郎赤壁。
乱石穿空,惊涛拍岸,卷起千堆雪。江山如画,一时多少豪杰。
遥想公瑾当年,小乔初嫁了,雄姿英发。羽扇纶巾,谈笑间,樯橹灰飞烟灭。
故国神游,多情应笑我,早生华发。人生如梦,一尊还酹江月。

我看着父亲那深陷的眼睛
那瞳孔里仍保存着我的一片童心
昔日我曾坐在他的肩上
与他一路同行
我看着父亲瘦削的脸庞
他的每一条皱纹都刻着我度过的时光
我在他那皱纹里走过
那皱纹里曾经有过我的梦想
我看着父亲那满头的白发
我的泪水潸然而下
回想过去的那些时日

是他的青丝把我拉扯长大

（志在千里《父亲老了》）

示例 23

回乡偶书

贺知章

少小离家老大回，乡音无改鬓毛衰。

儿童相见不相识，笑问客从何处来。

我长大了，父亲老了

他驼着背，步履蹒跚地走着

恰似我孩提时学走路

他扶过我我却无可奈何

父亲的脉弱了

弱得像朽木一般

我小心翼翼地抚摸

他的脉跳在我的心坎上

如今我父亲更老了

他就像桃树上熟透的果

但愿那无聊的秋风啊

不要从他的身边飘过

（志在千里《父亲老了》）

示例 24

乌衣巷

刘禹锡

朱雀桥边野草花，乌衣巷口夕阳斜。

旧时王谢堂前燕，飞入寻常百姓家。

三十年拼搏不息，几代人热泪盈眶。在低谷中奋起，从不放弃，面对强敌出手,永不言败。你们的身影是民族性格的缩影,你们的脚步是一个国家成长的历程。奏国歌,升国旗,你们超越了体育,是国家的英雄。20世纪80年代,女排以拼搏精神赢得五连冠,成为当时中国人的模范和骄傲。

示例 25

如梦令·昨夜雨疏风骤

李清照

昨夜雨疏风骤,浓睡不消残酒。
试问卷帘人,却道海棠依旧。
知否,知否?应是绿肥红瘦。

三十多年来,女排魅力不衰,粉丝遍中华,纵跨几代人。2019年国庆前夕,中国女排以十一连胜的骄人战绩赢得2019年女排世界杯,这也是中国女排第十次荣膺世界大赛冠军,女排姑娘的成就,显露出祖国至上、顽强拼搏、胜不骄败不馁的英者风范,也成为中华民族屹立于世界民族之林的生动见证。

示例 26

过故人庄

孟浩然

故人具鸡黍,邀我至田家。
绿树村边合,青山郭外斜。
开轩面场圃,把酒话桑麻。
待到重阳日,还来就菊花。

当汽车在望不到边际的高原上奔驰,扑入你的视野的,是黄绿错综的一条大毯子。黄的是土,未开垦的荒地,几百万年前由伟大的自然力堆积成功的黄土高原的外壳;绿的呢,是人类劳力战胜自然的成果,是麦田,和风吹送,翻起了一轮一轮的绿波,——这时你会真心佩服昔人所造的两个字"麦浪"。

(茅盾《白杨礼赞》)

示例 27

生查子·元夕
欧阳修

去年元夜时，花市灯如昼。

月上柳梢头，人约黄昏后。

今年元夜时，月与灯依旧。

不见去年人，泪湿春衫袖。

　　那是力争上游的一种树，笔直的干，笔直的枝。它的干通常是丈把高，像加过人工似的，一丈以内绝无旁枝。它所有的丫枝一律向上，而且紧紧靠拢，也像加过人工似的，成为一束，绝不旁逸斜出；它的宽大的叶子也是片片向上，几乎没有斜生的，更不用说倒垂了；它的皮光滑而有银色的晕圈，微微泛出淡青色。

（茅盾《白杨礼赞》）

示例 28

寄扬州韩绰判官
杜牧

青山隐隐水迢迢，秋尽江南草木凋。

二十四桥明月夜，玉人何处教吹箫？

　　它没有婆娑的姿态，没有屈曲盘旋的虬枝。也许你要说它不美。如果美是专指"婆娑"或"旁逸斜出"之类而言，那么，白杨树算不得树中的好女子。但是它伟岸，正直，朴质，严肃，也不缺乏温和，更不用提它的坚强不屈与挺拔，它是树中的伟丈夫！

（茅盾《白杨礼赞》）

示例 29

枫桥夜泊
张继

月落乌啼霜满天，江枫渔火对愁眠。

姑苏城外寒山寺，夜半钟声到客船。

孔乙己是站着喝酒而穿长衫的唯一的人。他身材很高大；青白脸色，皱纹间时常夹些伤痕；一部乱蓬蓬的花白的胡子。穿的虽然是长衫，可是又脏又破，似乎十多年没有补，也没有洗。他对人说话，总是满口之乎者也，教人半懂不懂的。因为他姓孔，别人便从描红纸上的"上大人孔乙己"这半懂不懂的话里，替他取下一个绰号，叫作孔乙己。

（鲁迅《孔乙己》）

示例 30

水调歌头·明月几时有
苏轼

明月几时有？把酒问青天。不知天上宫阙，今夕是何年。
我欲乘风归去，又恐琼楼玉宇，高处不胜寒。起舞弄清影，何似在人间。
转朱阁，低绮户，照无眠。不应有恨，何事长向别时圆？
人有悲欢离合，月有阴晴圆缺，此事古难全。但愿人长久，千里共婵娟。

地坛离我家很近，或者说我家离地坛很近，总之，只好认为这是缘分。地坛在我出生前四百多年就坐落在那里了，而自我的祖母年轻时带着我的父亲来到北京，就一直住在离它不远的地方——五十多年间搬过几次家，可搬来搬去总在它周围，而且越搬离它越近了。我常觉得这中间有宿命的味道：仿佛这古园就是为了等我，而历尽沧桑在那儿等待了四百多年。

（史铁生《我与地坛》）

第六章 新闻播报

新闻播报，是播音与主持艺术专业统考中的另一项重要内容。一般是由考生随机抽取试题，在几分钟的准备时间之后，读出新闻的全部内容。在线上考试中，有些省市给出了2次考试机会，但2次抽取的试题内容是不同的，最后由考生本人选择其中1条新闻播读的视频进行提交。在线下考试中，大部分省市只有一次抽取试题的机会。因此，线上考试对于考生来说则增加了一次机会。通过此项内容的考查，考官能够比较准确地掌握考生的普通话语音标准程度、新闻播音发声技巧的运用能力和运用语言表达外部技巧处理新闻稿件的能力。此项内容对于考生来说是未知的内容，但可以通过大量的新闻播报练习来准备，因此，考试难度并不是太大，但要想获得高分实属不易。考官对这项考查内容的要求相对会比较高，因为这与播音主持艺术的专业相关性非常高，能非常直接地展现考生的专业能力。

第一节 新闻播报的练习方法

新闻播报的练习不能求多、求快。对于很多考生来说，新闻的客观性、真实性、时效性的特点让他们误以为播音与主持艺术专业统考对这项内容的要求就是语速快、语调平。然而，大家忽略了对新闻稿件的中心思想和核心内容的传达。而且，在极快的语速下，很多考生语言基本功不扎实的问题都暴露了出来。那么，应该怎么练习新闻播报呢？

第一，拿到一篇新闻稿件，一定要迅速分析新闻的中心思想，确定播报目的和基调。这则新闻是赞扬值得推广和表扬的人和事，还是批评需要警惕和杜绝的现象？由此调动起相应的语气和节奏。

第二，分析新闻稿件中的停连和重音等外部技巧。重音词一定是一句话里最核心的词，而且重音不是越多越好。记住：重音太多，就相当于没有重音了！停连是让新闻内容归并的关键因素,也是考查新闻长句恰当停顿的关键。记住:不要见了标点符号就停顿!

第三,重视新闻播报的整体感。一条新闻不要被播报得支离破碎,只见树木,不见森林。这里有几点需要注意:

(1)新闻播报是需要态度的,不能因为新闻是客观的,就片面理解为新闻播报不能有态度,但是一定要注意对"度"的把握。

(2)新闻播报还要抓住关键要素,重视关键句子的关键词,也就是重音的处理一定要准确!其他次要部分的播报要敢于"放",不要主次不分。

(3)新闻播报应该以"实声"为主,气息略沉,因此如果声音比较"飘",声音过柔过细,就要好好地练习"气息",以气托声,声随情动,气随情走。这里的"情"指的就是播读新闻时展现出来的"态度"。

(4)还有一个需要注意的误区,就是有些考生把新闻播报"散文化",过于用情,语言节奏起伏较大,给人一种"演绎感",尤其是既学习播音主持专业,又学习表演专业的考生,较容易出现这类问题。一定要分清表演中的"我就是"和播音主持中的"我就在",牢牢掌握第一人称与第三人称的区别。

(5)练习时慢一点,要把新闻的意思通过播报表达出来。考试时,也不要一味求快,切记!

第二节 新闻稿件选编(28例)

以下新闻稿件大致按统考考试要求进行编排,新闻播读时长在60秒或90秒以内。稿件的难易程度没有进行排序,但是各篇新闻稿件的特点鲜明,适合考生练习。另外,有一点需要提醒考生,线下考试时,不能在纸质试卷上做任何标记,否则视为违规,会被取消考试成绩。线上考试使用手机录制,不能在现场手持纸笔,否则会被视为违规。

示例1

中外科学家携手合作,以鸭嘴兽、针鼹等哺乳动物的高质量基因组数据为基础,通过比较人、有袋类动物、鸟和爬行动物等多种动物基因组数据,首次成功构建出所有现生哺乳动物的最近共同祖先基因组图谱。相关成果发表在北京时间1月7日凌晨最新上线的《自然》学术期刊。哺乳动物祖先的外观形状已经通过化石证据部分还原出来,但是哺乳动物祖先染色体的数目一直都是一个谜。"现代人有46条染色体,而我们和鸭嘴兽的共同祖先很可能有60条染色体,这些染色体经过很多次变异才形成今天的状态。"论文第一作者、深圳华大生命科学研究院博士周旸表示,此次构建的基因组图谱为理解包括人类在内的哺乳动物如何发生辐射性适应演化提供了重要参考信息。

示例 2

中国科学技术大学1月7日宣布,中国科研团队成功实现了跨越4600公里的星地量子密钥分发,此举标志着我国已成功构建出天地一体化广域量子通信网络,为未来实现覆盖全球的量子保密通信网络奠定了科学与技术基础。1月7日凌晨,中国科学技术大学潘建伟及其同事陈宇翱、彭承志等与中国科学院上海技术物理研究所王建宇研究组、济南量子技术研究院及中国有线电视网络有限公司合作,在国际学术期刊《自然》杂志上发表了题为《跨越4600公里的天地一体化量子通信网络》的论文,证明了广域量子保密通信技术在实际应用中的条件已初步成熟。据了解,此项成果经过两年多的稳定性和安全性测试后,才在《自然》杂志发表。《自然》杂志审稿人评价,这是地球上最大、最先进的量子密钥分发网络,是量子通信"巨大的工程性成就"。

示例 3

热线号码多、电话接通难、办事多头找……不少百姓在拨打便民服务热线的过程中遇到的这些问题,有望在不久的将来,通过拨打政府便民热线——"12345"一个号码得到解决。32条热线,将以"整体并入""双号并行""设分中心"3种方式并入12345热线。日前,国办印发《关于进一步优化地方政务服务便民热线的指导意见》,明确今年年底前,各地区设立的以及国务院有关部门设立并在地方接听的政务服务便民热线实现一个号码服务,各地区归并后的热线统一为"12345政务服务便民热线"。

示例 4

"十三五"期间,国家税务总局集成推出108项279条服务举措,推出16项办税缴费便利化改革措施;精简50%以上的报送资料、25%以上的纸质表证单书,95%以上的税收优惠事项实现"免备案";陆续推出50余项征管服务措施,支持国家重大区域发展战略。税收现代化"六大体系"建设深入推进,"十三五"期间全国新增减税降费累计超过7.6万亿元,累计办理出口退税7.07万亿元,有效激发了市场主体活力,新办涉税市场主体5745万户,较"十二五"时期增长83%,为稳住就业和经济基本盘作出了积极贡献。连年完成预算收入任务,累计组织税收收入(已扣除出口退税)65.7万亿元,为经济社会发展提供了坚实的财力保障。

示例 5

近日,河南偃师二里头遗址发现一座高规格的夏代墓葬,墓葬内首次出现蝉形玉器。据了解,该墓葬极可能是二里头遗址迄今为止发现的随葬品最为丰富的一座。新发现的墓葬位于二里头遗址宫殿区5号基址院内,规模较大,属第一等级墓葬。蝉形玉器出土于墓葬中部,长近4厘米,玉石材质还有待进一步鉴定。专家推测,玉蝉可能与古人对昆虫"蜕变"和"羽化"、便于与神祇沟通的信仰有关。中国社会科学院考古研究所副研究员、二里头工作队领队赵海涛介绍,目前墓葬内的随葬品刚开始露出,其下方堆积的厚度超过已往发现的所有墓葬,极有可能是二里头遗址迄今为止发现的随葬品最为丰富的一座。

示例 6

2020年,我国落实水利建设投资约7700亿元,创历史新高。全年开工建设雄安新区防洪骨干工程、湖南犬木塘水库、重庆渝西水资源配置工程、吴淞江治理上海段、四川亭子口灌区等45项重大水利工程,开工数量为历年之最,投资规模超1700亿元,为稳投资、保增长持续发力。在建设资金筹措方面,水利部通过专项会商、专题培训、视频交流、与金融机构对接等方式,组织地方水利部门制定工作方案,建立水利工程补短板使用专项债券和银行贷款项目库,指导督促各地积极利用政府专项债券和银行贷款,尽可能增加水利投资规模、对冲疫情影响,地方政府专项债券落实规模达1509亿元,是2019年全年落实规模的近6倍。

示例 7

12 日，从福建省政府新闻办召开的新闻发布会上获悉，经自然资源部国家古生物化石专家委员会相关专家实地考察认定，福建省龙岩市上杭县近日发现的化石为晚白垩世恐龙足迹群化石，是福建在恐龙及其遗迹方面的首次发现。据初步勘察，该恐龙足迹点面积约 1600 平方米，现已清理出 240 余枚恐龙足迹，是中国目前发现的保存最好、面积最大、多样性最高的晚白垩世恐龙足迹群。专家认为，该发现对于研究距今约 8000 万年晚白垩世时期的古环境、古地理、古生态，以及该时期恐龙动物群的分布和演化具有重要价值。

示例 8

"买个菜都要被套路""我也被'大数据杀熟'了"……近日，不少网友纷纷吐槽自己被某些平台企业"坑"的经历。有消费者表示，自己付费成为某平台的会员后，虽然领到了几张 5 元无门槛红包，但实际上并没有省钱，因为配送费反而比非会员贵了。如果每次叫外卖都要多付几元钱的配送费，几次下来，红包的优惠就抵消了，会员费也就白付了，甚至还可能多花一笔冤枉钱。业内人士称，"大数据杀熟"是指同样的商品或服务，针对老客户的价格反而比新客户要高。平台经济领域的一些经营者利用用户黏性等特点，造成差别待遇等现象，致使商家和消费者的知情权等合法权益受到侵犯。国内不少平台企业都出现过类似问题，花样多、套路深，让消费者防不胜防。

示例 9

鄱阳湖是"东亚—澳大利西亚"候鸟迁徙路线上最重要的水鸟越冬地，共记录到鸟类 20 目 76 科 235 属 462 种，占我国 1445 种鸟类的 31.97%。2021 年新年伊始，根据江西省对鄱阳湖越冬水鸟开展的全湖调查，共监测到越冬水鸟 68 种，数量达 68 万余只。在鄱阳湖越冬的水鸟不仅种类多、数量大，而且珍稀濒危种类之多也为国内外罕见。相关监测显示：约有 4000 只白鹤和超过 3 万只鸿雁在鄱阳湖越冬，均是迄今发现的世界上最大的越冬候鸟种群。在鄱阳湖越冬的水鸟中，列入世界自然保护联盟受威胁的物种有 23 种。其中，白鹤、青头潜鸭、勺嘴鹬属于极危等级，东方白鹳、黑脸琵鹭、中华秋沙鸭、大杓鹬、小青脚鹬和大滨鹬属于濒危等级，小白额雁、鸿雁、白头鹤、白枕鹤等 13 种属于易危等级。

示例 10

近日,记者从山东省博物馆建设情况的新闻发布会获悉,"十三五"期间,山东省已注册各级各类各所有制博物馆从 352 家增长到 603 家,增长 71%。其中国有博物馆从 225 家增长到 242 家,增长 8%,非国有博物馆从 135 家增长到 361 家,增长 167%。全省一二三级博物馆从 42 家增长到 127 家,增长 202%。

如今,山东省博物馆总量、一级博物馆数量、二级博物馆数量、三级博物馆数量、非国有博物馆数量、新晋级革命类博物馆数量六项指标,均居全国第一。

示例 11

"网红小吃"预包装柳州螺蛳粉 2020 年全年出口额突破 3000 万元,为 2019 年全年出口总额的 35 倍。1 月 19 日,记者从广西柳州海关了解到,柳州螺蛳粉作为一款新的出口产品,4 年多时间里,年出口额实现倍速增长,在 2020 年海内外严峻的经济形势下逆势飘红。"从 2020 年 3 月份开始,柳州螺蛳粉的出口额一直在刷新、突破,增长势头的确不错。"柳州海关监管四科工作人员吴春兰说,柳州螺蛳粉的年出口额突破 3000 万元,相关生产企业、出口企业也备受鼓舞,海外市场拓展迅速,且自营出口比重明显增加。

示例 12

记者从北京市文物局了解到,北京市第一批革命文物名录已在其官网上公布。《北京市革命文物名录》范围涵盖旧民主主义革命、新民主主义革命、社会主义革命和建设时期,主要包括与中国共产党领导中国人民进行革命、建设相关的史迹、实物和纪念设施。这次公布的第一批革命文物名录中,包括不可移动文物 158 处,其中有 18 处全国重点文物保护单位、29 处北京市文物保护单位、52 处区级文物保护单位,以及 59 处尚未核定公布为文物保护单位的不可移动文物。名录中含可移动革命文物 2111 件,其中一级文物 1974 件,二级文物 65 件,三级文物 26 件,一般文物 46 件。

示例 13

7 月 29 日,首开股份发布关于提供财务资助的公告。公告显示,首开股份近期向一家合联营公司提供股东借款合计1000万元，此外旗下5家控股项目公司向除公司以外的其他股东调拨富余资金合计3.2亿元。2022年以来，首开股份曾进行过多次财务资助，累计金额达到38.5亿元。此外，首开股份还于同日公告了其对外担保的情况。根据公告，首开股份为旗下2家全资子公司累计达18亿元的开发贷款提供全额连带责任保证担保。目前，首开股份的担保余额总计约为387.6亿元，达到其最新一期经审计净资产的124.7%。

示例14

供应链管理师、人工智能训练师、数字化管理师、物联网安装调试员，他们是科技潮流的新生力量；网约配送员、公共营养师、农业经理人、城市网格管理员、在线学习服务师，他们让生活便利多彩；职业UP主、社区主播、全媒体运营师，他们是奇思妙想的潮酷玩家。新技术、新产业、新业态，为一大批形态多样、分工精细的新职业的发展，提供了肥沃的土壤。新职业从业人员已经成为劳动力市场中不容忽视的群体：2018年，第三产业中数字经济就业岗位13,426万个，同比增加16.6%。2019年，共享经济服务提供者达到7800万人。这个庞大的以青年为主体的新职业群体，一方面，紧跟科技前沿，密集诞生于人工智能、物联网、大数据和云计算等新技术领域；另一方面，向下扎根，在数字经济和大众消费融合发展的催生下，在生活服务业中大量涌现。

示例15

商务部29日公布的数据显示，2022年1—6月，全国实际使用外资金额7233.1亿元人民币，按可比口径同比增长17.4%。从行业看，服务业实际使用外资金额5371.3亿元人民币，同比增长9.2%。高技术产业实际使用外资增长33.6%，其中高技术制造业增长31.1%，高技术服务业增长34.4%。从来源地看，韩国、美国、德国实际对华投资分别增长37.2%、26.1%和13.9%。从区域分布看，我国东部、中部、西部地区实际使用外资分别同比增长15.6%、25%和43.9%。

示例16

北京时间2月16日晚，2022北京冬奥会短道速滑项目在首都体育馆全部战罢。最终，韩国队以2金3银共5枚奖牌，排名短道速滑单项第一，中国队和荷兰队同以2金1银1铜共4枚奖牌，并列第二。本届冬奥会，短道速滑项目共设9个小项，产生9金9银9铜共27枚奖牌。结果，这27枚奖牌被8个国家摘得：除韩国5枚奖牌外，中国、荷兰、意大利和加拿大全部都是4枚奖牌，可见本届冬奥会在短道项目上的奖牌分布之广。其中，韩国队的崔敏静和黄大宪分别拿到了女子和男子1500米金牌，崔敏静还拿到了女子1000米银牌，另外，韩国男、女接力队分别获得男子5000米接力和女子3000米接力银牌，展现了强大的团体实力。

示例17

中国黄河文化月共策划举办九项活动，分别是：中国黄河文化月暨"黄河之声"宣传矩阵启动仪式、辛丑年黄帝故里拜祖大典、"三座城三百里三千年"系列文化旅游活动、黄河流域舞台艺术精品演出季、黄河文化主题艺术沙龙、中国国际旅游城市市长论坛、中国黄河合唱周、黄河珍宝——沿黄九省文物精品展和"一起爱黄河"——中国黄河文化月系列文化产品首发大会。本次活动既重视传承又富有创新，立足传统文化，紧扣时代主题，运用科技表达，突出深入贯彻国家黄河战略，联动沿黄九省。重点强调群众参与、文化惠民，通过"线下举办+线上直播"的方式，让群众足不出户就能参加线上拜祖，聆听高端论坛，欣赏沿黄风景，共同体验厚重黄河文化。

示例18

国家统计局昨日公布的数据显示，7月制造业PMI为49.0%，比上月下降1.2个百分点，回落至临界点以下。国家统计局服务业调查中心高级统计师赵庆河解读称，7月制造业PMI回落是受传统生产淡季、市场需求释放不足、高耗能行业景气度走低等因素影响。分行业看，调查的21个行业中，有10个行业PMI位于扩张区间。农副食品加工、食品及酒饮料精制茶、专用设备、汽车、铁路船舶航空航天设备等行业PMI高于52.0%，连续两个月保持扩张，产需持续恢复。纺织、石油煤炭及其他燃料加工、黑色金属冶炼及压延加工等高耗能行业PMI继续位于收缩区间，明显低于制造业总体水平，是7月PMI回落的主要因素之一。7月制造业供需在6月份快速释放后有所回落。生产指数和新订单指数分别为49.8%和48.5%，比上月下降3.0和1.9个百分点，均位于收缩区间。

示例 19

为大力培育和弘扬社会主义核心价值观，凝聚全社会向上向善的强大力量，以新时代思想道德建设的新进展新成就庆祝中国共产党成立100周年，中央宣传部、中央文明办、全国总工会、共青团中央、全国妇联、中央军委政治工作部近日联合印发了《关于评选表彰第八届全国道德模范的通知》及实施办法，部署启动第八届全国道德模范评选表彰，要求广泛开展道德模范宣传学习活动，引导人们争做崇高道德的践行者、文明风尚的维护者、美好生活的创造者，推动形成崇德向善、见贤思齐、德行天下的浓厚社会氛围。

示例 20

这几天，郑州大学思政课老师周荣方课堂教学片段的视频"火"了。在讲到兰考民众送别焦裕禄的情形时，周荣方难以自持，泪洒讲台……这一幕，也打动了无数屏幕前的观看者。思政课难讲，难在入耳入脑入心。做到这一点，讲授者自己首先要真学真信真讲。思政课，就是要讲"主义真"。讲"主义真"，就要晓之以真理、动之以真情。教师入心，学生才能入耳；教师自己仿佛置身历史的现场，学生才能入脑入心。在中国共产党100年历史中，焦裕禄这样的党员干部比比皆是。思政课教师只有进入真情境，才能把学生带入党史的光辉胜境。

示例 21

9日，"希望的田野——脱贫攻坚 共享小康全国摄影展"在中国国家博物馆开幕。展览由中国文学艺术界联合会、中国国家博物馆和中国摄影家协会联合主办，遴选的近180幅摄影作品生动展现了脱贫攻坚战取得的伟大成就。展览分为"攻坚""圆梦"两部分，包含产业扶贫、教育扶贫、文化扶贫等内容，着重突出黄文秀、白晶莹等奋战在脱贫攻坚战线上的先进人物，以及十八洞村、闽宁镇、悬崖村等脱贫攻坚重点区域。通过新旧照片对比的方式，直观生动地展现广大脱贫群众生活的改变、精神面貌的焕然一新。

示例 22

在北京市大中小学各个学段的试题中，"冬奥"已成为出现率最高的主题之一。北京市教委相关负责人表示，冬奥精神和冬奥文化遗产将更多体现在题目的素材选用和情景创设上，引导学生结合最新科技资源和实事情境，运用所学知识解决实际问题。围绕扎实做好"后冬奥文章"，北京市提出，充分用好物质、文化和人才遗产，实现冬奥遗产利用效益最大化。观察北京市学生的学习生活，不难发现，中小学生正从丰富多彩的活动中汲取冰雪知识，大学生则是运用专业能力深入社会实践，用行动弘扬北京冬奥精神。北京冬奥遗产正被源源不断地转化为教育资源。

示例 23

十年绽放，京彩启航，7月6日上午，第十届北京惠民文化消费季"享文化惠生活"系列活动推介会在郎园 Vintage 创意园虞社举办。活动通过现场推介、重点发布、连线探访、融媒宣发等丰富的表现形式，向广大市民与参与企业推介重点活动、亮点活动和惠民助企政策。2022年是实施"十四五"规划的关键之年，也是北京举办文化惠民消费季的第十年。奋进新时代承上启下的新征程、新起点，第十届北京惠民文化消费季全面贯彻"全国稳住经济大盘会"和"全市经济工作会"精神，充分发挥北京展示中华优秀传统文化的首要窗口作用，以文化引领促惠民消费，以助企纾困提市场信心，为激发消费潜力、赋能美好生活献上连台好戏。

示例 24

在广西钦州市灵山县烟墩镇邓塘村民族团结广场，一阵春雷般的鼓声响彻云霄，拉开了钦州市2021年"壮族三月三"系列活动的帷幕。在接下来的一个多月时间里，"歌飞三月三·情满八寨沟"文化壮乡嘉年华、原生态山歌比赛、"红色引领 多彩非遗"壮族三月三、"三月三的非遗记忆"线上展播等活动将陆续呈现。每年"壮族三月三"，既是壮族同胞最盛大的传统节日，也是各族儿女交往交流交融的舞台。阳春三月，穿行钦州各地，人们欢声笑语、载歌载舞，你中有我、我中有你，共奏一首民族团结"协奏曲"。

示例 25

教育部日前发布新规，明确小学严格执行免试就近入学，严禁以各类考试、竞赛、培训成绩或证书等作为招生依据。幼升小不再拼竞赛拼证书，或将有效缓解家长的育儿焦虑，遏制"幼儿园小学化"趋势，并在一定程度上为择校热、校外培训热降温。不过，由于我国义务教育资源仍未实现均衡分布，在一些区域和校际仍存在明显差距，为获取优质教育资源，不排除部分家长转择校为择学区，或将导致学区房热卖现象，值得警惕。让新规切实得到执行，要加大对公立学校的监管，对入学仍暗中查简历、看证书的行为进行处罚，遏制优质校选择生源的功利性冲动。更为根本的，则要改变资源配置方式，加大优质教育资源供给，整体提高教育质量，持续推动义务教育均衡发展。

示例 26

1024、1186、1720、1466、2386、1362……这些数字是4月5日至10日北京地区的每千平方毫米的花粉数量，远远超过了代表花粉浓度6级极高水平的临界值——801。进入4月以来，北京地区花粉浓度始终居高不下。根据北京市气象台4月11日监测预报，未来连续7日，北京全市花粉浓度处于比较高的水平，而包括东城、西城等在内的十个区花粉浓度更是连连"爆表"，处于6级极高水平。与此同时，从4月10日到15日，北京地区的杨柳飞絮也迎来今年首次高发期。

示例 27

从北京大学西门的一名保安，到面向农村孩子的民办中职学校校长，张俊成频上热搜。他的经历不仅告诉人们，读书有用，人生不晚，也告诉人们，以北大为代表的中国高等教育所具有的海纳百川的包容性。北大不仅培养出数量众多的两院院士、国家最高科技奖获得者，也常常上演着保安"学霸天团""扫地僧"的传奇。这些故事让一流高等教育的意义丰盈——高等教育不仅仅是学科内部的钻研，更在于拆除学科之间的藩篱，于时时处处洞察学问。正是有了北大保安成才又回乡教育下一代的故事，教育所蕴含的力量才更加完整——好的教育不仅让人实现个人价值，并且使人更有理性、有良知、有道德感、有追求、有生命激情，是由一个人点亮一群人。

示例 28

6月30日，"熊猫时代——揭秘大熊猫的前世今生"展览在河北博物院北区13号、14号展厅揭幕，展厅内人气爆棚，再度印证了大熊猫的强大号召力。该展览将展至 10 月 10 日，免费向公众开放。本次展览由河北博物院和重庆自然博物馆共同主办，展览集合重庆自然博物馆藏不同演化阶段的熊猫化石、大熊猫标本和古人类化石模型百余件，结合了生境模拟、多媒体三维影像、装置艺术等多种展示形式，以"大熊猫故事""大熊猫演化""揭秘大熊猫"和"与大熊猫同行"为叙事线索，追踪大熊猫的演化轨迹，宣传保护大熊猫的最新成果。

第七章　话题评述

话题评述，是播音与主持艺术专业统考中的一项重要内容，可以说是难度最大的一项内容，几乎成为全国各省市考查播音与主持艺术专业考生专业能力的核心内容，在很多学校的校考中往往处于最后一试的位置，较大程度上决定了考生的最终得分和排名。通过此项内容的考查，考官能够比较准确地掌握考生本人的问题分析能力、逻辑判断能力、语言表达能力、知识水平储备与输出能力，等等。这项内容完全是随机抽题，而且几乎没有范围，涵盖了近年来的社会热点事件，因此考生的准备难度要比前两项内容大很多。考试时还要调节好心理，边想边说，不能有大量的"卡顿"，思路要清晰，语言要流畅。也有一些考题是一句话材料，考查的是考生理解和分析材料的能力。考生是否能根据材料展开分析，旁征博引，借助合适的"触类旁通"的案例进行例证说明，则显得很关键。

第一节　话题评述的练习方法

话题评述，是指针对某一事件、某一话题，进行有理有据的分析和评论。在话题评述答题过程中，容易出现的问题如下：

（1）有述无评。考生缺乏布局，一直以复述材料内容为主，浪费过多时间，评论话题不够深入，非常可惜。

（2）离题万里。考生由于紧张，或者审题不清，直接套用自己提前准备的一些答题素材，导致评论的内容与题目要求"衔接不上"，让考官错愕。这种情况下考生的得分往往会很低。

（3）格式化回答。目前很多考生都接受过培训机构的"格式化"训练，回答问题的套路与方法几乎完全趋同。这种回答也不大容易获得理想的分数。

（4）泛泛而谈。考生的评论内容较为空洞，没有抓住中心点，从一件事扯到另一件事，始终在举例子，没有深入去分析现象背后的本质是什么。如果评论内容空洞无物、语言干巴，伴随着很多"口水话"和无效用语，就没有办法取得理想的成绩。

那么，考生应该如何准备？怎么规划好话题评述时间？什么样的回答会得到考官的青睐呢？

一篇质量高的话题评述应当符合以下标准：

（1）言之有物（评述要有内容，有信息交流点）；

（2）言之有理（评述要有明确的观点，包括核心观点和分论点）；

（3）言之有据（评述不能说空话，也不能只讲大道理，还需要用例证说明观点）；

（4）顺理成章（逻辑连贯、语言流畅、头尾完整）。

抽到题目后，怎么去准备呢（以5分钟为例）？

（1）1分钟，思考题目需要我们说什么？透过现象看本质，找出核心观点。

（2）2分钟，围绕核心观点，生发出2—3个分论点，注意条理性。

（3）1分钟，围绕分论点，想想能找到哪些例证来支撑我们的观点。

（4）1分钟，想好开头和结尾。尤其是开头，毕竟"良好的开端，是成功的一半"。

第二节　话题评述选编（19例）

以下话题评述素材大致按统考考试要求进行编排，话题评述时长限制在120秒以内。素材为话题评述的考题，对新闻稿件的分析供考生参考，在实际考试中没有分析内容。稿件的难易程度没有进行排序，但是各篇话题评述稿件的特点还是比较鲜明的，适合考生用于平时的练习。另外，有一点需要提醒考生，线下考试时，不能在纸质试卷上做任何标记，否则会被视为违规，会被取消考试成绩。线上考试使用手机录制，不能在现场手持纸笔，否则会被视为违规。

素材1：时下，不少食客会通过"探店主播"对餐饮业店铺的视频推介，来"种草"或"避雷"。这种推介方式有利于商家营销，同时为食客提供"眼见为实"的体验感，并让探店主播越发得到流量的聚焦。在各大视频平台，有的"头部"

探店主播粉丝量破百万、千万，吸引了不少人前来"淘金"，探店主播成为一种新兴职业。然而，随着探店主播数量激增、逐渐职业化，一些主播为寻求赚快钱，逐渐选择在灰色地带游走。有的探店主播伙同商家"美化"产品、夸大其词，"视频鲍鱼龙虾，实际'臭鱼烂虾'"，"充值"刷好评，涉嫌虚假宣传；有些则以"帮推介"为由要求商家予以免单，甚至要求收取推介费，否则就发"差评"视频。有的上演"川剧变脸"，"给钱就是真地道，不给钱就是不推荐"，这类行为甚至涉嫌敲诈。

分析： 探店作为一种商业行为，有其市场价值，收费帮推介作为盈利模式无可厚非。但是最近，一些不良探店主播却利用其媒介身份，两面"通吃"，甚至形成了灰色产业链，不仅伤害了消费者的消费信心，还会让店家间在宣传上跟风作假，影响正常经营。

探店之所以能快速发展，乃至形成产业，究其原因，相对于其他主播，其入行"门槛"相对较低、口味等评价"不能证伪"、贴近民生流量更大等特点，让不少人趋之若鹜，从业者良莠不齐。由于这些原因，部分平台对探店主播的管理也相对松散，可这不能成为平台忽视主体责任的理由。

平台应当积极落实主体责任和义务，对涉嫌炒作、带有虚假宣传性质的探店账号，应建立有效机制进行约束。在信息碎片化的时代下，使些"小伎俩"或许能谋取短期利益，但总会被喷涌的信息"拆穿"。而一旦失去公众的信任，那么也就离整个职业的没落和消亡不远了。

素材2： 假病历一份100元，诊断证明一份120元，假冒三甲医院的体检报告一份180元，还可提供盖有假章的发票……近日，记者调查发现，网络上存在一条买卖假冒医院相关证明文件的黑灰产业链。有的人急于办事，便把病假条当成"脱身良方"；有的人担心自己的身体有问题，购买体检报告用于入职体检，用假的体检报告蒙混过关；有的人购买假病历，为的是方便"双11"安心购物、方便世界杯期间放心看球。当然，也不排除不法分子通过伪造证明材料骗取或套取医保资金的可能。于是乎，你买我卖，"网店售假病历"现象越来越"红火"，在一些搜索平台、电商平台和贴吧上，都能轻而易举地找到卖家。

分析： 俗话说得好，有买才有卖，有卖就有买。细分当下网购"病假条"的缘由，可谓五花八门。众所周知，病历、诊断证明、体检报告等医学文书，都是具有法律效力的。医学文书的造假，不仅严重危及社会公平和正义，更为投机取巧乃至违法犯罪大开方便之门。

事实上，早在几年前"网店售假病历"现象就已受到关注并得到及时治理，治理效果明显。但受利益驱动，这种现象并没有销声匿迹，更没有"自动退出历史舞台"，而是改头换面，变本加厉、无所不能。

与法同行，以法护航。如今网络市场监管已经步入了法治"快车道"，"网店售假病历"现象早已被"法眼"尽收眼底，但监管必须常态化、长效化，不能出漏洞、留死角，要借助网民的慧眼，以"快刀斩乱麻"的手段，在源头上彻底消除黑灰产业链的滋生土壤，以一以贯之的"零容忍"态度，守护清朗的网购环境。

素材3：各地中小学开始陆续放暑假。这是"双减"实施后的第一个暑假。媒体调查发现，和"双减"后的第一个寒假一样，校外艺术培训变得异常火爆，有的家长准备给孩子报的艺术培训班有七八个之多。近日，中国青年报社社会调查中心联合问卷网对1024名受访家长进行的一项调查显示，75.0%的受访家长觉得青少年的美育重要。受访家长认为现在的美育教育存在盲目报名艺术培训课程（58.5%）、注重外表美而忽视内在美（55.2%）、将知识与技能当作审美能力（54.0%）等误区。64.9%的受访家长建议博物馆、美术馆、艺术馆等公共场所免费向青少年开放。

分析："给孩子报艺术培训班，就是重视美育。"不少家长都陷入了这样的认知误区。要培养孩子的艺术兴趣与审美能力，就应当重视发展并利用身边美育资源，对孩子进行艺术熏陶，摆脱这样的"功利美育"。

"功利美育"表现在三方面：一是"培训美育"。有的家长不管孩子有无艺术兴趣，都给孩子报班。不少孩子辗转在各个艺术班，不堪重负。二是"证书美育"。不少艺术培训机构为了做大培训规模和体量，把艺术培训和考级考证紧密挂钩，这无疑会加重学生的负担。三是"应试美育"。为了加强中小学美育教育，我国各地正把美育纳入中考，这也导致美育出现应试化倾向。

如果真正重视学生美育，就必须摆脱"功利美育"，营造艺术氛围。对于放暑假的学生，既给他们提供有意义的活动去处，又对他们进行包括艺术素养在内的综合素质教育，如此才是真正重视美育。

素材4：近日，高价雪糕频频登上热搜，很多消费者吐槽被其貌不扬的雪糕"刺伤"，本来以为一支只要几块钱，付账时却被告知好几十元，心里顿时"拔凉拔凉的"。这类被"偷袭"的体验越来越普遍，以致衍生了一个新的网络名词"雪糕刺客"。继高价雪糕后，最近又有一个商品获得了"隐形刺客"之称——商场里的话梅。有女子逛商场遭遇各种"刺客"：6颗话梅128元，两个桃子92元……

分析：价格昂贵不是原罪，但结账时才发现遭到"背刺"就难免引发众怒了。连日来，网友接力分享自己的"被刺经历"，天价雪糕以及各种标价不明的高价货品，再次被推至风口浪尖。不少人调侃"明明可以抢钱，却给了我一支雪糕"。

一般而言，消费者对于常见商品的价格，都有个大致的概念。在这样的认知背景下，在选购雪糕时，往往是不会太费心去一一查验标价的。对于雪糕这类成熟稳定的大体量市场，大众下意识默认"不知名的都是平价的"，殊不知，如今反倒是那些看着脸生的雪糕，贵得离谱。

"雪糕刺客"，标价"不清不楚"，事实上也表明，此类天价雪糕，实则是心里没底的。要挡住"雪糕刺客"的"偷袭"其实也容易，那就是遵循真实的内心，不想买就不买，而不是"被气氛烘托着""被店员盯着"勉强自己掏钱买单。支付能力、消费层次是一回事，"雪糕刺客"值不值则是另一回事，不能混为一谈。

素材5：在刚刚结束的"618电商购物节"，因为抓住了年轻人的消费习惯和消费偏好，不少老字号品牌正在加速占领年轻人的购物车。"国潮"涌动之下，人们越来越青睐文化底蕴深厚的老字号。老字号如何借着这股东风激发新活力？诸多老字号不约而同地瞄准销售渠道，希望能够拉近与消费者的距离。如，借"618"等电商购物节，在线上渠道发力；再如，众多老字号集中展销，方便消费者"一站式"购买。广州首个集中展销老字号产品的专柜——广州老字号馆就在日前开张迎客，中华老字号白云山潘高寿、泮塘食品、利工民以及鹰金钱、宝生园、红棉、广氏菠萝啤等12家老字号企业率先进驻。

分析：承载着文化与记忆的老字号，其兴衰不仅关系着企业自身的安危，也关系着中华优秀传统文化的保护与传承。其实无论是线上销售，还是线下集聚展销，都免去了消费者四处奔波选购之苦，"压缩"了老字号与消费者之间的空间距离。然而，需要拉近的不仅有空间距离，还有心理距离。

老有老的优势。多年发展传承下来的工艺，以及老字号秉持匠心、坚持对品质的极致追求等，都是需要坚守的"倚老"。拉近与消费者的心理距离，正需要"倚老"而"卖新"。

首先，要抓住新兴趋势。老字号要直面市场的变化，把握趋势，开辟新航道。近年来，不少老字号通过研发年轻潮流产品等打入年轻消费者圈层。其次，还要吃透创新玩法。许多老字号已尝试盲盒、直播带货以及推出跨界联名款等新玩法，取得了不错的效果。

我们也期待越来越多的老字号在"倚老卖新"中不断发展，焕发出新生机，继续保护、传承中华优秀传统文化。

素材 6：6 月 27 日，网传一名学生三次考上北大，三年共赚 200 万元奖金，相关高考喜报截图引发了网友热议。网传截图显示，喜报发布者为广东省茂名化州市青鸟实验学校。该校学生全炫宇在今年的高考中，凭借 694 的高分斩获茂名市高考状元，考上北大。备注信息显示，全炫宇在 2020 年就考上了北大，2021年在湛江一民校复读，再度考上北大。前后三年间，该名学生三次考上北大，状元奖励金额累计 200 万元。

分析：考上北京大学可不是人人都能做到的，三次考上北京大学的人更是凤毛麟角。全炫宇同学一定是位"学霸"级别的人物，至少很擅长高考。可这种年年复考的行为真的值得提倡吗？且不说三年换三个考点的真实目的是什么，就单单是年年复考的行为恐怕也太把高考当儿戏。

现如今的确存在职业买手、职业考手，他们在各自的领域十分擅长，颇有经验。他们为其身后的团队获得荣誉，以此获得相应的报酬，看似无可厚非，可是凭借如此手段挥霍他人珍视的机会，这样的行为就不合理了。

在大部分人眼中，高考是能改变一生的重要机会。北大校长蔡元培先生曾说过："大学者，研究高深学问者也。"凭借自身能力考上如此优秀的学府，就应当以"研究高深之学问"为己任，切莫让利益冲昏了头脑。别把高考当作儿戏，否则你就把你的人生当作了儿戏。

素材 7：每一年的高考作文都是人们津津乐道的话题，今年也不例外。随之引发的另一个话题就是：到底该不该读名著。全国甲卷的作文题目大段引用了四大名著之一《红楼梦》中的内容，让很多没有看过此书的考生叫苦不迭。那么，究竟该不该读名著？

分析：名著作为中国文化的结晶和瑰宝，是我们每一个人都应该去欣赏并且学习的。

于名著本身而言，之所以被称为名著，肯定是因为其有着大部分书籍没有的深刻见解和高雅情趣。名著不是所有人都懂得欣赏的，但却是当之无愧的经典。所以名著本身，就是一种值得去探索和思考的事物。

于阅读者而言，名著在生活中占据的地位是举足轻重的。阅读本身就具有悖论性，我们因为无知而阅读，阅读后更知自己的无知。所以对阅读者而言，读书，尤其是读名著，就是用一把利斧劈开自己的内心，从而挑战自己的一种仪式。

于社会而言，身处在信息爆炸时代，社会中的每个人都处在信息洪流之中，读书的效率似乎过于低下。但是，如果我们在阅读的过程中认识到了自己的不足，那么读书的过程就是成长的过程。

读书是每个人一生中最不应缺少的过程，如果只用能不能读懂来诠释读书的意义，就是以偏概全，不如多多去读一些真正的好书，然后再来考虑这个问题。

素材8：别人直播带货，单纯的卖货，声嘶力竭的呼喊、真伪难辨的套路、无限循环的重复，都是为了上链接、拼手速、下订单，简单粗暴；董宇辉直播带货，除了卖货，还贩卖人间烟火、诗和远方，文学、历史、山川、河流、乡土、异域，娓娓道来。作为直播带货界的一股清流，新晋"网红"董宇辉比过往任何一位顶流主播更值得探究。他一夜之间成为直播带货的流量担当并不出奇，因为他掌握了文化密码，为直播带货注入了文化灵魂。有网友调侃董宇辉说，"我明明买个玉米，你给我讲哭了"，看似风马牛不相及的两件事，因为有了文化介入，一切变得顺理成章，这就是文化的力量。

分析：好看的皮囊千篇一律，有趣的灵魂万里挑一。在直播或短视频领域，"好看的皮囊"是吸粉利器，"有趣的灵魂"更应如此。有许多专业人士，不靠颜值靠知识、不靠运气靠坚持，在各自领域默默耕耘，一点点撑开"天花板"。相对而言，直播带货行业仍处于初始阶段，直播间摆满货品，男女主播卖力吆喝，像极了街边实体店用大功率音箱播放广告，让购物意愿不强的人一分钟也不想待。

如今，各行各业都在追求高质量发展，直播带货也不例外。那么，直播带货高质量之路在何方？"董宇辉现象"给了这个行业一个有益的启示，文化是直播带货的新路径、新蓝海。通过文化输出，让受众在文化接收、文化认同中产生购物冲动。

长江后浪推前浪，任何一位"网红"都无法真正做到长红，但文化不会，因为文化是醇酒，时光只会让它增值。处于瓶颈期的直播带货行业，应当思考从这个突破口突围。

素材9：人力资源和社会保障部6月14日向社会公示"民宿管家""家庭教育指导师""研学旅行指导师""机器人工程技术人员"等18个新职业。经征求意见、修改完善后，它们将被纳入新版职业分类大典。职业目录是经济社会发展的一面镜子，反映着经济社会发展的方向和趋势。随着互联网、人工智能、大数据与实体经济的深度融合，数字经济正在推动生产方式、生活方式和治理方式发生深刻变革，新技术、新产业、新业态为新职业的发展孕育了肥沃的土壤。在过去几年中，人力资源和社会保障部先后发布了四批共56个新职业名单，涵盖了制造、餐饮、建筑、金融、环保、新兴服务业等多个行业，越来越多的新职业正朝着高价值、数字化、个性化方向发展。

分析：从过去常说的"三百六十行"到如今的千行百业，新职业层出不穷，一大批具有创新活力的新职业应运而生，一头连着技术创新，一头连着需求升级。新职业连接着新需求，蕴藏着新机遇，推动着新经济，成为观察中国经济社会发展的重要风向标。

随着社会分工的进一步精细化，还会有更多新职业接踵而至。18个新职业的发布，对于增强相关从业人员的社会认同度、促进就业创业、引领职业教育培训改革、推动产业发展、释放创新创造潜能等，都有着显而易见的重要意义。

新职业植根于经济发展的土壤，成长于社会进步的潮流，是发展带来的机遇，也是时代搭建的舞台。只要在权益保障、人才培养、职业提升等方面下功夫，提高新职业的社会认可度和接受度，帮助有梦想、有能力的劳动者找到新的竞争土壤，就能让劳动创造的价值更加凸显、开拓创新的品格更加显露，为满足人民美好生活需求开辟无限可能。

素材10：据国家市场监管总局网站消息，2021年底，市场监管总局广告监测发现演员景甜为广州无限畅健康科技有限公司相关商品的广告代言涉嫌违反广告法有关规定，按工作流程将有关线索派发广东省广州市市场监管部门依法核查处理。经广州市市场监管局查明，广州无限畅健康科技有限公司选用景甜为其生产经营的"果蔬类"食品作广告代言，却无有效证据证实其具有"阻止油脂和糖分吸收"功效。景甜在应知法律法规规定普通食品依法不得进行治疗、保健等功效宣传，且未经有效途径对代言商品有关功效进行核实的情况下，仍以自身名义和形象在广告中宣称代言商品具有"阻止油脂和糖分吸收"功效。

分析：名人、专家代言虚假商品"翻车"的现象层出不穷，但鲜少有人为此承担相应的法律责任。多年以来，许多消费者控诉过产品公司和代言人，但最终往往只是商家受到相应处罚，广告代言人却能"全身而退"。

得其利者，必承其重。事实上，广告代言早有相应的法律约束。可只有法律而不实施并不意味着问题就不会再出现了，对为问题产品"站台"的广告代言人，要能根据过罚相当原则进行惩治。

这次事件后，希望各地相关部门能够引以为鉴，严查严处明星虚假代言。同时，相关法律法规不够明确，缺乏明确的惩戒细则，也是明星很少一起承担连带责任的主要原因。只有明确惩戒细则，给违法代言的明星戴好"制度紧箍""法律紧箍"，明星代言广告才能不再"随心所欲"。这不仅有利于维护好消费市场秩序，保护好广大消费者的切身权益，对公众人物的"羽毛"也是一种保护。

素材 11：近日，法国卢浮宫内一男子头戴假发、身坐轮椅，假扮成一位老妇人靠近馆内达·芬奇的名画《蒙娜丽莎》，伺机在蒙娜丽莎的胸前抹上了一层白色奶油。所幸画作有玻璃板保护，并未受到损坏。事实上，这并不是《蒙娜丽莎》第一次遭人觊觎了。1911年，一名杂工将《蒙娜丽莎》藏在罩衫下偷走，两年后才捉拿归案。为了保护《蒙娜丽莎》，自20世纪50年代开始，《蒙娜丽莎》就被保护在了防弹玻璃之中，也是多亏了这层玻璃板，《蒙娜丽莎》才能幸免于后续的几次破坏事件。

分析：文化遗产，无不是一个民族对过往的传承和颂扬，是前人留给后世的文化宝藏。我们可能无法理解其价值，但绝不能否认其价值，那些恶意破坏它们的人，归根结底，还是缺少了对文化的敬畏之心。

回溯过去，我们还能发现很多文化遗产因为人类的失敬，而永远地消失在时间的长河之中。譬如英法联军劫掠圆明园，将这一艺术瑰宝付之一炬。这对于国人而言是多么惨痛的历史，想必早已不言而喻。实际上，那些破坏文化遗产的人并非不懂它们的价值，相反，他们非常清楚这些作品凝聚着的文化内涵。文化遗产不应该成为被攻击的靶子，它们身上凝聚着厚重的历史与文化，不容侵犯与毁坏。

在这个世界文化多元繁荣的时代里，蔑视文化遗产，其实也是对人类文明的蔑视。我们在保护文化遗产的同时，也要尊重文化遗产。这样才能发挥其价值，让文化遗产重新"活"起来，筑起一座座人类文明的灯塔。

素材 12：肯德基与泡泡玛特推出的联名盲盒掀起热潮，迪士尼人气玩偶玲娜贝儿热度如日中天，近日，一款可达鸭造型的玩具疯狂吸引了人们的眼球。这款风靡全网的可达鸭玩具是肯德基5月21日推出的儿童节套餐中搭配的玩具之一，购买69元至109元的指定套餐可获得随机一款宝可梦联名玩具。很快，人们掀起了一波抢购狂潮。不仅多家肯德基门店玩具断货，二手市场还出现了代吃和炒作高价的现象，一些二手可达鸭玩具竟然卖出了500元的高价，价格是原套餐的数倍。

分析：可达鸭玩具能从此次套餐活动的数款玩具中脱颖而出并迅速出圈，离不开短视频的推波助澜。这个玩具的搞怪性很强，网友们给可达鸭戴上假发、发簪，不断升级和"解锁"的新玩法给玩具平添了几分喜感，一时间似乎人人都在讨论可达鸭，买到的人都在晒视频，没买到的人也在发视频吐槽，形成了刷屏效应。

这种刷屏式营销放大了可达鸭的萌点，放大了玩具的社交属性，也放大了人们的疯狂程度。可既然是营销的产物，那么可达鸭玩具一定会和此前许许多多被营销的事物一样，热度来得快去得也快。待到儿童节过后，想必这款玩具将鲜少再被人提起，倘若提起，甚至会有被调侃落伍、过时的可能。

对此我想说的是，面对"一鸭难求"的情景，消费者需回归消费初衷，不必因为求而不得而暗自叹息，更无须为了抢货而不惜高昂代价，否则这份快乐就大打折扣了。毕竟，人们最开始看重的，不正是那份几十元便能获取的简单的快乐吗？

素材 13：日前，教育部发布了《义务教育劳动课程标准（2022年版）》（以下简称《标准》),从 2022 年秋季学期开始执行。课程内容包括十个"任务群",其中一个就是"烹饪与营养"。虽然距离《标准》执行还有一段时间,不少家长已经开始给孩子张罗起"儿童厨具"。

分析: "儿童厨具"网上热销,从侧面反映出家长们对上好劳动课的热盼和支持程度。在一些网店里,从电热炉到不粘锅,再到小刀、菜板,甚至还有包饺子器,层出不穷、应有尽有。

但是,网上热销的"儿童厨具"是否安全,需要我们的进一步思考。我国目前还没有专门针对"儿童厨具"的标准,部分"儿童厨具"在材质、功能上并没有达到家用厨具的标准要求。因此,对具备实操功能的"儿童厨具",要慎重选择、谨慎使用。

当然,开设劳动课,重点不在用具上,而在于增强孩子对劳动的体验。劳动课的关键在于"劳动",需要家长乃至社会为孩子们提供丰富多彩的尝试机会,让孩子自己真动手、常动手,在动手劳动中获得教益,树立正确的劳动价值观,培养良好的劳动品质,学会用勤劳的双手开拓美好未来。

素材 14: 5 月 16 日下午,阵雨刚过,一群人已聚集在昆明动物园里。他们有的手捧鲜花,有的带来了满满一车水果,还有的不时朝象舍里张望着。他们等待的是一只叫"莫莉"的小象。莫莉 2016 年出生在昆明动物园,2018 年以"调整种群血缘"的名义交换至河南沁阳,随后被人发现在当地多家动物园里表演倒立、转呼啦圈、吹口琴、供人骑乘。在爱象人士看来,这是不可容忍的"虐待"行为。随后网络上掀起了声势浩大的救援行动,连明星都加入了声援。最后,莫莉被成功"拯救",它回到了云南,回归平静的生活。

分析: 小象莫莉的命运,牵动了很多人的心。从现在的社会观念来说,人们已经越发不能接受动物表演了。主流舆论对动物表演持批判态度,呼吁保护动物的"福利"。动物福利其实是个前卫的概念,在国内的兴起也不过是近几年的事。而这样的观念如果要变成常识,就会面临很多现实的拷问。比如,动物表演如果可以带来更好的"效益",可以让动物获得更好的生活环境,是否可以被接受呢?按照动物福利的说法,当然应该让动物自由,但它们如果失去对人类社会的依附,结局可能就是出人意料的。作为生物,我们没法拒绝摄入肉类;但作为人类,我们理当克制残忍。我们的终极目的是让人类社会更加文明。

我们需要在这些层面达成共识，由此形成社会对动物世界全新的欣赏视角，划清动物与人类相处的边界。人们不妨在"人类本位"的基础上，形成动物福利的共识，推动整体认知水平的提升，坚持做热爱自然万物的人类。

素材 15：最近，"婉拒了哈"一词登上热搜。有网友提及，之前在公关部上班，有媒体记者想采访公司高层，还发了采访提纲。但领导表示要"婉拒"。至于"婉拒"是怎么个拒法，原来同事只发了四个字，"婉拒了哈"。这个源自网友讲述职场案例的梗，一时之间引起了多方共鸣，与此同时，如何才能高情商地说"不"，这一话题也引起了广泛热议。

分析：无论是在何种语言环境中，表达拒绝的词汇总是最为简单的。然而，一个"不"字，看似简单，却往往让人"难以启齿"。拒绝的话到了嘴边，往往又咽了回去。长此以往，因为难以拒绝他人，人们时常陷入两难的境地。

随着互联网的普及和大众自我意识的不断觉醒，更多人意识到要将自我感受放在问题判断的首要位置，其中以青年群体尤为突出。当个人利益与他人请求形成冲突与矛盾时，拒绝总是在所难免。"婉拒了哈"的出现，对于那些难以拒绝他人的人来说，可谓是"柳暗花明又一村"。

古往今来，"委婉表达"都是人类社会中普遍存在的一种语言现象。"婉拒了哈"热梗的走红，不仅戳中了大众对拒绝的难以表达，更让一些人跳出了"拒绝or答应"的固有思维。事实上，与其让自己陷入为难的境地，影响情绪和社交关系，不如该婉拒时就婉拒，不勉强自己。

素材 16：4月16日，神舟十三号载人飞船返回舱披挂着红白色大伞飘然于天际，在全世界的瞩目下，稳稳降落在东风着陆场，将在太空出差半年的翟志刚、王亚平、叶光富三名航天员送回了阔别已久的祖国大地。至此，神舟十三号载人飞船出色地完成了自己的使命，神舟十三号载人飞行任务取得圆满成功。

分析：浴火凯旋，载誉归来。每一位中国航天员，都是中国的真英雄。从中国进入太空的第一人杨利伟，到首位"在轨100天"的聂海胜；从中国"太空漫步第一人"翟志刚，到中国首位飞向太空的女航天员刘洋；从"摘星星的妈妈"王亚平，再到"实现飞天梦"的叶光富……在中国梦的宏大叙事里，航天员们的飞天壮举是最为精彩的章节之一，他们筑梦太空的壮美瞬间，被称为中国载人航天事业这一巨著的"封面";他们逐梦九天的梦想旅程,是中华民族不懈探索浩瀚宇宙的生动写照;好评如潮的"天宫授课",让翱翔太空的梦想在亿万人心中延续。

太空是人类梦想的疆土。2023 年,一系列载人航天任务及空间站建设任务在紧锣密鼓地开展。期待中国航天事业不断攀登高峰、刷新高度,为实现中国梦作出更大贡献。

素材 17:近日,有媒体报道称,某公司要求北京朝阳区员工实行居家办公时,强制员工安装电脑监控软件以记录考勤,"必须每 5 分钟自动截屏,每天截屏不够 89 次的算旷工"。相关"爆料人"发帖表示,因害怕被罚,甚至不敢上厕所。然而,上述企业行为却并非孤例。有些企业把居家办公当作"没有明确上班时间",因此就"没有下班时间",让员工工作和生活"无缝衔接","奇葩考勤"的操作引发员工不满。

分析:居家,只是办公的形式发生了改变,并非办公的本质发生了变化。从另一个角度看,居家办公的尝试,应该成为特殊时期下,企业进一步推动效率优化的过程。员工的通勤时间和因公社交时间缩短了,时间成本、精力成本得到压缩,可以使居家办公实现企业和员工"双赢"。

当然,这种"双赢"一定是建立在合理完善的制度安排的基础上。一方面,企业应该建立特殊时期的考核机制,提高员工积极性,形成合理的制度安排。另一方面,企业管理者应该对员工保有基本的信任和充分的尊重。企业只有对员工有足够的尊重、信任,才能得到员工支持,让企业有团结前进的信心。

同时,相关管理部门也应落实责任,针对居家办公的情况出台相关制度规范,及时了解居家工作者需求,建立"黑名单"等监管约束机制,不能简单地将"球"踢到企业脚下,任由企业构建"灰色地带",侵犯员工的基本权益。

素材 18:近几年,正畸市场火热。在这股整牙热潮中,有媒体调查发现,一些商家眼光"向下"瞄上了低龄儿童口腔市场。在一线城市及东部沿海地区,儿童口腔连锁诊所随处可见,在那里低龄矫治蔚然成风,甚至建议一岁半的儿童佩戴牙套。

分析:随着人们生活水平的提高,审美也开始"武装"到牙齿。给孩子留一口美观的牙齿，成为不少家长的选择。和"不让孩子输在起跑线上"一样，面向孩子的牙齿矫治也正在变成一门焦虑生意。

焦虑，其实更多的来自父母自身，而不是孩子。长期的社会观察与体验塑造了父母的这种选择偏好。面对激烈的教育竞争和不确定的未来，这种选择偏好被作为"确定"的养育模式的一部分。由此可见，低龄牙齿矫治，其实就是贩卖"确定"的生意。

但一如最大的不变就是变化本身，唯一的确定应该就是不确定这件事。放下对"确定"的执念，退出关于"确定"的无谓竞争，打破"完美小孩"的幻象，自然也就远离焦虑了。

素材 19：5月6日，"手提一瓶矿泉水、拎着两个馒头"的北大老师韦东奕再次登上热搜。这次，网友们完全是被他的才华折服的。一时，"韦神""哈佛曾为韦神打破校规"等词条纷纷上榜微博热搜。中国商标网显示，"韦东奕"商标于2021年6月被上海、河南的两家公司申请注册。目前均已被驳回。

分析："韦神"能够爆红，并非全靠媒体"造势"，也是当下社会重视人才的体现。而各大媒体在视频中反复提到的"韦神"取得的数学成就，也实在令人佩服。除了拥有极高的数学天赋，他身上简单、纯粹、专注的特质是吸引大批网友的重要原因。

"韦神"的爆红，完全基于他自己的真才实学，绝非刻意营造"人设"出来收获流量。同时，"韦神"这个称呼并不意味着他必须完美无缺，我们应该做的就是尊重并理解这位天才的独特生活方式。

像"韦神"这样的数学天才，我们爱护他并不是要给予他最高的荣誉，我们羡慕他并不意味着非要搜寻他的缺点并评头论足。正确的做法应当是以平常心看待这位数学天才，不去过分打扰和追捧。如果有的人是为了流量，为了经济利益去捧"韦神"，那么这样的捧杀还是没有为好。

第八章　形象设计

俗话说"是金子总会发光的",但在快速发展的现代社会,人们往往受限于自身的个人形象,难以施展其个人才华。当今社会,个人形象已然成为影响个人发展的重要因素。

得体的个人形象,往往能给初次见面的人留下良好的第一印象。在播音与主持艺术专业,考官对于考生的第一印象,主要是由服饰、发型、面容表情、言谈举止等方面综合而成。通常,在艺考的准备过程中,大部分考生倾向于在语言表达、思维逻辑等方面花费大量时间,却往往忽略了个人形象的塑造与设计。良好的个人形象需要综合考虑服饰、仪容、表情、气质、举止等多方因素。因此,考生想要在艺考大军中出类拔萃,就需要学会如何塑造和维护个人形象。

在这一章节,我们把形象设计拆分为四个部分:服饰的类型与搭配问题;面容的修饰与脸型的匹配等问题;发色和发型设计问题;考试过程中的礼仪问题。

第一节　服饰设计

得体大方的着装一方面能够有效地体现考生的专业性,另一方面能给考官留下深刻而积极的印象,即在第一视觉判断中传达出舒适的视觉效果。服饰包括服装和饰品两个部分。自我认知决定色彩搭配,面料体现档次高低,款式决定风格差异。合理的服饰搭配往往于无形中体现着人内在积淀的优良素质,使人散发着自信的光芒与专业的魅力。因此,考生具备良好的服饰搭配能力,不但能为艺考之旅增光添彩,更能受用终身。

一、服装色彩

色彩是塑造个人形象的重要载体,同样也是人们实现个性化、差异化的工具。

色彩具有独特的沟通功能，它能够在短时间内传递出个人的形象信息，同时，也深刻影响着信息接收者的心理感受。

对于考生而言，服装色彩的搭配应与个体的肤色明度、冷暖以及自备稿件内容的整体风格相匹配。选择适合自己的服装色彩，才能让自己的肤色、表达状态达到最佳效果。

（1）根据肤色冷暖：肤色偏暖的同学，搭配暖色会更能体现青春靓丽的形象。例如红色、橙色、黄色、棕色等。肤色偏冷的同学，搭配纯正饱和的冷色调更能体现素雅庄重的气质。例如绿色、蓝色、紫色等。像白色、黑色、灰色这样的中性色调，是较为保守的色调。

（2）根据肤色深浅：皮肤白皙的同学，推荐使用浅蓝、桃红、浅粉、鹅黄、象牙白、黄绿、大红、浅橙黄等清爽明亮的服装颜色，给人青春、活泼的感觉，不宜选择深色调、过于偏冷的色彩。肤色较深的同学使用深红、翠绿、深蓝、孔雀蓝、橙色、玫瑰色等会显得更富有活力。不宜选择那些将皮肤衬托得更暗的墨绿、橘黄、深紫等颜色。

（3）根据环境：绝大多数省市在考试时都会采取现场录制的方式，所以考生需考虑服装色彩在镜头前的效果。第一，尽量避免如纯白、纯黑这类高亮度、高对比度的服装，采用柔和、纯度低的服装。第二，需要与背景的色彩有所区分，从而体现画面的协调感、人物的立体感。第三，切忌使用强反光色、闪光色以及荧光色。除此之外，考生整体的服装色彩，尽量不超过三种颜色。

二、服装款式

鉴于播音与主持艺术专业的特殊性，对艺考生而言，选择服装款式并不是一件特别需要绞尽脑汁去思考的问题。因为播音与主持艺术的整体风格是较为严肃端庄的，服装也偏向阳光大气的款式。

（1）女生：对于眼神坚毅、气质沉稳、身高较高、有成熟感的女生而言，整体着装适宜采用主播风格，推荐小西装套装、西服裤装。但需注意颜色与款式的选择应避开过于老气的职业套装。对于眼神柔和、个头娇小、甜美可爱的女生而言，适宜穿着活泼而不失正式的小礼裙、小香风套装。但需把握服装活泼的尺度，因为活泼并不等同于幼稚，必须挑选正式的裙装。

（2）男生：对于五官英俊、身高较高、有成熟感的男生而言，着装推荐西服套装、马甲、衬衫等。西装方面主要注重板型设计、精致做工与面料，选择适合自己的主打色彩，然后通过领带或领结来做点缀，增加时尚感。值得注意的是，男生西装领型分"平驳领"和"戗驳领"两种，脸型偏瘦偏长的男生可选择平驳领，脸型偏短偏方的男生可选择戗驳领。对于五官清秀、个头不高、文质彬彬的男生而言，着装推荐学院风服装。学院风服装主要体现学生的精神面貌，能够很好地发挥出学生所特有的清雅文艺和青春活力的特点。学院装需要保证"少年感"，服装整体感觉需要偏干净、阳光，避开拖沓感和慵懒感过强的服装。

三、服装搭配

确定服装款式之后，考生还应当注意以下搭配细节：

（1）黑皮鞋以及黑袜子是西服套装必不可少的搭配，休闲西装上身与下身整体色调要协调。

（2）西装的内搭衬衫必须为纯色衬衫，不能有图案。须保持领口的干净。领口应当高于西装1厘米。领口松紧程度可根据手指判断，能放进一根手指最为合适。衬衫的袖长是否合适，可通过平举手臂来判断，袖口应比西装的袖口长出三指。

（3）穿西装时，应当保持西装平整。此外，西装口袋备上一张应急的手纸或手帕即可，不要装入太多杂物，否则会使得西装失去绅士优雅的本质。

（4）女生应当避免鞋跟过高或过细、着装过于薄透等问题。男生应当避开西服裤腿太窄太短、正式西装配运动休闲鞋等问题。

四、饰品搭配

饰品能起到美化和点缀服装的作用。对于考生来说，饰品不是戴得越多越好看。珠光宝气往往并不能使人熠熠生辉。合理地使用饰品，能提升个人整体气质，为考试环节的形象表达与才能展示加分。考生应当尽量避免佩戴容易反光的配饰。从2024年开始，大部分省市都已经明确规定，不允许佩戴饰品，考生应严格遵守。

服饰语是一种无声语言，能透露出一个人的心灵，可以作为有声语言信息的一种补充。穿衣打扮可以体现考生的独特性，但对于播音与主持艺术专业的考生来说，总的目标是不变的，就是使人看起来干净、利落、优雅、有气质。

考生们不仅要提高自身的语言修养，还要注重发掘服饰语的魅力，通过能够体现外在气质的服饰语，给考官留下良好的印象，赢得考官的喜爱。

第二节　面部设计

一、脸型

在人的身体部位中，面部是最具有个体差异化的一个部位。所以个人的形象中处于首要位置的，也当是面部。在了解自身面部优缺点的基础上，通过修饰妆容，个体才能收获更多的自信、获得更好的印象。要想知道自己面部的亮点与不足，考生需要参考相关的标准。三庭五眼，就是符合艺考的面部基础标准要求。

那么，什么是三庭五眼呢？

最简单的三庭五眼，就是把头部按上中下分三等份，头的宽度分为五等份。三庭五眼是人面长度和宽度的标准比。

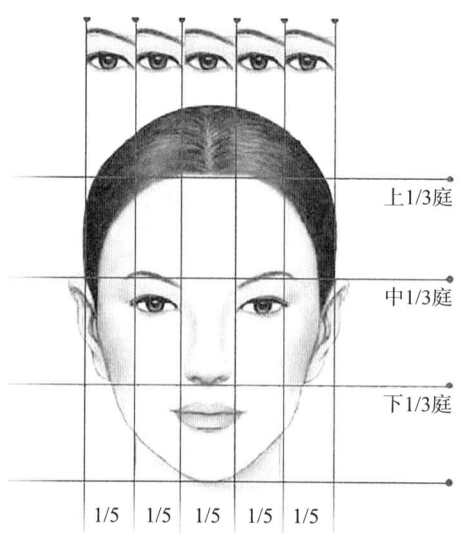

图 8-1　三庭五眼

三庭：是面部的长度比。从发际线到眉心的位置，是上庭；眉心到鼻底，是中庭；鼻底到下巴的位置，是下庭。标准三庭比例为上庭：中庭：下庭=1：1：1。

五眼：是面部的宽度比，以眼睛长度为单位，将脸的宽度分为五个等份。两只内眼角之间的距离正好是一只眼睛的长度，外眼角到侧面发际线的距离刚好也是一只眼睛的长度。

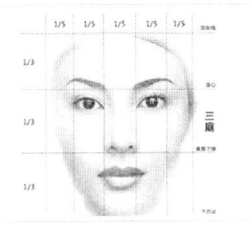

标准脸（椭圆脸、鹅蛋脸）
人们心目中最完美的脸型，该种脸型长、宽比例为6：4，三庭五眼的分割距离均是相等的。

圆形脸（娃娃脸）
该脸型外轮廓呈圆形，脸部较有肉感，呈流线型，棱角不明显。额头宽大、两腮丰满，给人单纯可爱的感觉。

方形脸（国字脸）
该脸型外轮廓呈正方形，额头宽大，脸部棱角分明，给人以锋利感。

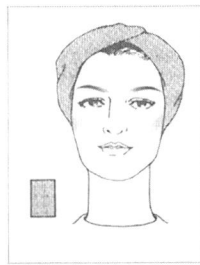

长方形脸（马脸）
此种脸型较窄，显得瘦削而长，纵向感突出，面颊线条较直，额部突出，角度分明，给人抑郁和生硬的感觉，面部缺乏柔和感。

倒三角形脸（心形脸）
脸型特征为额部宽，下巴窄而尖，形成上大下小的比例，是一种较为理想的脸型。

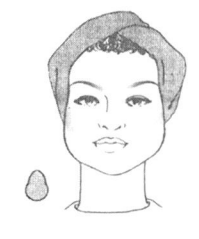

正三角形脸
（梨形脸、贵妃脸）
此种脸型额头窄，两腮宽大，下颌线丰腴，形成上窄下宽的比例，给人以安定感，显得富态、威严，但不生动。

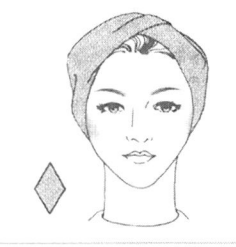

菱形脸
（钻石脸、申字脸）
申字脸一般较为清瘦、额骨突出，下巴尖，发际线较窄，脸部立体感较强，脸上无赘肉，显得机敏、理智，给人冷漠、清高、神经质的印象。

图 8-2　常见的七种脸型

我们可以在洁面之后正对光源，把镜子放在脸部正前方，不能偏低或者偏高，观察一下自己是否符合三庭五眼的基本标准。

二、面部护理

对于面部而言，我们需要对皮肤进行滋润和保养工作。护肤的第一步就是清洁管理。定期做清洁管理，才能从源头开始抑制问题肌肤的产生。清洁管理是让你的皮肤一直保持健康自然和通透的方法，是让你后续能够化妆自然、化妆服帖的前提条件。

在选择洁肤产品以及护肤产品时，首先得对自己的皮肤性质进行正确的认识。通常大家都知道，按照皮肤出油多少、含水量多少来区分，皮肤可以分为四大类：干性、油性、中性及混合性。这也是我们常用的区分肤质的标准之一。我们只需要掌握一个时间点，就能判断自己是什么类型的肤质了。这个时间点就是洗脸后1小时。如果洗脸后1小时内皮肤依然干燥，那你就是干性皮肤；如果洗脸1小时后，皮肤表面泛油，开始变得油腻，那你就是油性皮肤；如果洗脸1小时后，无明显变化，那你就是中性皮肤。混合性皮肤的表现就比较复杂了：鼻部及鼻周、额头、下巴出油旺盛，而两颊皮肤为中性或干性皮肤。

（一）清洁

在挑选清洁产品时，我们可以根据自身肤质进行挑选。洗面奶的作用就是去除皮肤表面的油脂、灰尘、老化脱落的角质，以及化妆品残留物等。先洗干净皮肤，然后进行护肤步骤。去油性洗面奶碱性较重，清洁较干净彻底，适合于油性皮肤。乳液型洗面奶碱性较少，较为温和，适合干性皮肤使用。

（二）补水

补水对肌肤特别重要，皮肤成分中60%—70%都是水，皮肤的通透性和饱满度都是由水分来保证的。我们可以通过使用含保湿成分的润肤水，来增强皮肤角质层的水合作用，从而调节皮肤的pH值。

（三）保湿

皮肤保湿可以为皮肤保持充足的水分，而且还能带动肌肤新陈代谢的速度，从而有效地减少皱纹和色斑的形成。

在化妆前也可以通过敷补水面膜的方式，让皮肤更加水润，让妆容更加服帖。

（四）修理毛发

大多数考生的眉部都会出现或多或少的杂毛。根据自己的眉形用镊子之类的工具拔掉眉毛周围的杂毛，让眉毛线条更加清晰。如果眉头位置超过了内眼线，则用修眉刀把长出来的部分修掉，一些比较长的眉毛可适当修短一些。

男生除了眉部以外，在面颊、上唇、下巴、两腮部分也可能会长出毛发，在考试当中最好保持面部干净，不要留胡须，这样才符合学生的外在形象。

三、妆容

从 2024 年的省级统考改革政策文件中可以看出，绝大部分省份明确要求考生不化妆，考生应该严格遵守规定。若没有严格规定不允许化妆，则可参考以下内容。

（一）底妆

对于化妆来说，底妆是最基本也是最为关键的一步，而艺考妆容最大的特点是体现自然肌肤之美。所以打好底妆，就等于成功了一大半。

用粉扑蘸适量的粉底后，从发际正中线往脸部下方，由中线至两侧均匀地涂抹。注意：粉底要在皮肤上服帖，不能将整张脸涂得一样厚。额头到鼻梁、眼睛和嘴唇四周只需要涂薄薄的一层。脸框线条部分衔接一下即可。

打底的要求：薄、透、均匀、自然、服帖

打底的手法：擦、点、按、揉

选择底色的原则：选择接近自身肤色的粉底

（二）遮瑕

在脸上有瑕疵的地方，例如黑眼圈、肤色沉着、长斑长痘的区域，使用较少的遮瑕膏，仔细地晕染开，这样一来，被修饰的部分就会变得更加自然。

通常遮瑕膏分绿、蓝、黄、粉等颜色。绿色遮瑕膏的功能是中和较红的肌肤，遮住痘印。粉色和紫色的遮瑕膏适合肤色较为暗沉的考生来遮挡黑眼圈和色斑。黄色遮瑕膏的功能是显白，并且可以让脸部看上去更有光泽。

（三）定妆

用粉扑把蜜粉揉开后均匀地按压在皮肤上（也可用散粉刷），要注意脸部凹陷的位置，如鼻翼沟、下眼睑等处，不要出现卡粉的状况。注意：用粉要适量，不可过多，不可有遗漏。

（四）高光和暗影

高光的颜色偏浅偏亮，会使面部过小、过低、过窄的部分显大、显高、显宽一点，有突出、强调的作用。暗影的颜色偏深偏暗，会使面部过大、过高、过长的部分显小、显低、显短一点，有收敛、弱化的作用。

通常我们使用高光和暗影最多的部位，主要为鼻部、面颊、下颌部位。

鼻部为面部最为立体的部位，高光和暗影对它的修饰尤为重要。我们把鼻形分为以下几类：标准鼻、塌鼻、长鼻、短鼻、鹰钩鼻、蒜头鼻、朝天鼻、小翘鼻、尖鼻。

对于标准鼻和小翘鼻来说无须改善。

对于塌鼻，其缺乏立体感，鼻根较低，建议鼻梁两侧做暗影，中间提亮。

对于长鼻，其中庭过长，鼻侧影不宜做得过长。

对于短鼻，其中庭较短，使整个面部显得紧凑，建议增加鼻侧影的长度，可由眉头延伸到鼻头，鼻梁提亮，注意晕染过度要自然。

对于尖鼻，推荐鼻头打暗影，两边提亮。

（五）画眉

对于大多数人来说，画眉是面部化妆技术难度最高的一个步骤，我们只有掌握画眉的三要素才能画好。首先是立体感（色彩深浅变化），其次是动感（高低弧度变化），最后是质感（仿真程度）。以下是具体操作：

下垂眉：将下垂的部分修掉，再向上画眉形。

上扬眉：把上扬的部分向下修，再向下画眉形。

眉形杂乱：按标准眉形修整。

眉眼间距近：修整眉毛下方。

断眉：在断的地方用线条勾出仿真眉毛的效果。

眉间距近：修整眉头。

眉间距过远：把眉头适度向前修画。

文过的黑眉：将原眉形用粉底遮盖，重新修画出一个漂亮的眉形。

眉形不对称：根据一侧眉毛的眉形去调整另一侧眉毛的眉形。

眉毛的颜色：应与眼球和头发的颜色相协调。

不同脸型适合的眉形：

椭圆脸：适合任何的眉形。

圆形脸：眉梢短，眉峰略高，眉不可过圆。

方形脸：眉梢短，眉峰内移，呈上挑，眉形圆润，带弧度。

长方脸：适合自然弧度的一字眉或自然眉。

心形脸：眉峰内移，眉梢略短，不可过弯，使额显窄。

梨形脸：眉峰上挑外移，眉梢略长，以增宽额部。

菱形脸：适合水平眉，眉峰向外且眉梢略长。

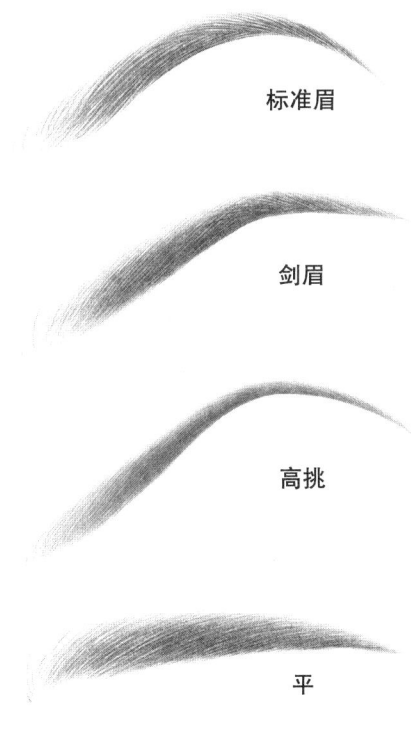

图 8-3 常见的眉形

（六）眼妆

眼妆部分可以拆分为三个部分：眼影、眼线、睫毛。

画眼影的要求：第一，要做到有形无边，只画到眼睑高度的 1/3 位置（即睁开眼睛时眼影的高度）。第二，色彩间过渡要自然，不可出现色块。第三，色彩的搭配：与腮红、唇色协调，与眼部结构条件协调，与服饰、发色协调。第四，对于艺考生来说，通常选择接近皮肤的大地色，细涂于睫毛根并向上晕染至眼中部。女生可以通过眼线调整眼形结构，增加眼睛的明亮度和深邃感。但眼线必须浅浅地画在睫毛根部，这样才不显得过度夸张。

第三节　发型设计

一、发色

对于考生来说，除了要有扎实的专业技能、恰当的体态语外，还应该有协调的外在形象，尤其是得体的发型和发色。和谐自然的发色能提升气质，使我们更具有吸引力，也能增强有声语言表达的感染力，有助于给考官留下比较深刻的印象，从而获得好的印象分。如果发色太浓，就会干扰视听，影响语言资讯的传递，不能给自己的表现增色。因而，发色一定要自然、和谐，可以对脸部轮廓和肤色起到修饰作用，这样既不会给人以浓妆艳抹的感觉，又使自己的整体形象得到提升。

需要注意的是，虽然艺考对考生的发色没有特别要求，但尽量不要将头发染成五颜六色，因为毕竟是学生，还是要保持学生该有的清纯。如果一定要染色，可以染与头发相近的颜色，比如棕色、褐色等。

二、女性发型

女性在艺考时最好的选择是扎马尾或者丸子头，千万不要留稀奇古怪的发型。高马尾的发型会使人显得比较活泼，低马尾则显得比较淑女优雅，丸子头发型会使整个人显得精致干练。建议额头高的女生选择没有刘海的高马尾发型，更好地展现出脸型的优势，既能突出精致的五官，又能让自己显得年轻有活力。无刘海的马尾辫基本上适合任何女生，不仅好看还能提升自身的气质。至于丸子头发型，则是将头发全部扎起来，而且要没有刘海。丸子头给人的感觉就是时尚，气质满满，带点可爱的味道。女性具体的发型，主要根据自己的脸型来进行选择，具体搭配可参考以下内容：

长脸型：由于这种脸型比较窄，因此化妆时应注意横向扩宽脸型，使脸型显得丰满一些，具体的做法是用腮红刷在颧骨靠下位置起笔横向扫。设计发型时就应该横向扩宽脸型，使脸颊两侧的头发显得蓬松一些，适合留刘海，以缩短脸的纵向长度。

圆脸型：这种脸型给人一种单纯可爱的感觉，但由于轮廓过于浑圆，立体感不强，上镜后更显得没生气，没有质感，因此应增加头顶部的高度，使头顶部蓬松，两侧的头发要尽量服帖。化妆时要注意提亮和阴影的对比使用，外轮廓加深粉底颜色，内轮廓的粉底要比外轮廓的颜色稍浅，然后用高光提亮T字部位，也就是额头、鼻梁，下巴也可以打一点高光，加强骨感，让整个面部立体、生动起来，使圆脸型的纵向比例拉长。

方脸型：给人比较稳重的感觉，但由于这种脸型四周轮廓分布均匀，使女性显得不够柔和，比较呆板。所以在化妆时，用暗影粉收缩两边的下额角，用高光粉提亮眉骨，增加面部活跃感，纵向拉长面部比例，腮红的位置也稍高一点。发型设计应该注意内轮廓，让头发对面部有一定的遮挡，以削弱方脸型方正硬朗的感觉。头发可以有一点小波浪，使线条变得相对柔和一点，还可以把刘海修剪成斜向的。注意一定不要剪成齐耳的短发。

正三角形脸型：这种脸型是上窄下宽，化妆时要注意用偏浅颜色的粉底给面部的上半部打底，使这部分横向拉宽，用暗影粉收缩下额角，以修整脸型。在发型上，比较适合烫发根，让头顶的头发蓬松起来，可以留一点刘海，使比较窄的上额部显得丰满一点，下部的头发就要收缩了。适合留中长发，用头发来遮挡比较宽的腮部，使整个面部的比例显得较和谐。

倒三角形脸型：这类脸型的人比较清秀，脸形上宽下窄，很上镜。化妆时，一般不用暗影粉，只要让脸的下半部分略微显宽，与上半部分和谐就行了。发型上，适当地增加面颊两侧头发的蓬松度就可以了。

菱形脸：这类脸型的人看上去颧骨略微突出，显得严肃，容易有年龄感。化妆时，应注意用暗影粉收缩颧骨位置，腮红从颧骨最高点呈环状画在颧骨处，收缩延长的部分，使整个面部的线条柔和圆润。发型上要注意增加额头部头发的蓬松度，收缩面颊部头发的蓬松度，适合留刘海，适宜直发、外翻发型。

三、男性发型

在艺考过程中，男性的发型很大程度上能决定整个人的气质，所以对于男性而言，合适的发型非常重要。要想选对发型，得先了解自己的脸型。男性比较常见的脸型与发型的搭配可参考以下内容：

鹅蛋脸：几乎可以选择任何发型，选择面很广，而且不仅上镜好看，也被认为是一种很有福气的脸型。这种脸型要注意的是刘海，因为刘海会让鹅蛋脸显得更圆。鹅蛋脸可以选择向后梳中长发、旁分油头（侧后短）、长边刘海上抓、头顶长侧后短等发型。

圆脸：如果脸型是圆脸，要考虑凸显脸上哪些部分。一般来说太显脸宽的发型是不考虑的，不要留棱角太分明的刘海，头发对脸部不要遮挡太多，否则会使脸部显得更圆。圆脸的特征在于脸宽与脸长差距不大。圆脸考生的首选发型是头顶发量足够多，长度够长，来增加脸部视觉长度。避免让头发遮挡脸部，否则脸部看起来更圆。圆脸可以选择头顶长侧后短、长前发、后梳发型、长边刘海上抓等发型。

长脸：长脸胜在下巴和脖子较长，露出来比较好看。长脸下半部分的宽度可能都是一样的，只是脸颊太窄，给人一种脸部凹陷的感觉，这时候就要用刘海来修饰了。要注意利用头发平衡脸部比例。如果两边剪得短，上面留得长，那脸型看起来就更长。头发可以遮住一部分额头，来平衡长脸型。长脸可以选择旁分油头（侧后短）、平头、长边刘海自然垂坠发型、长边刘海上抓等发型。

钻石脸：钻石型是为数不多的适合留长发的脸型。耳朵旁边不要剪得太棱角分明，也不要留直发，否则会凸显脸部的棱角。钻石脸可以选择长发后梳、后前发、后梳发型、长边刘海自然垂坠等发型。

国字脸：如果是正方脸，因为棱角已经很明显了，就要尽量选一个柔和一些的发型。因为利落的经典发型显得棱角分明，所以方脸是男性的理想脸型，脸型轮廓的比例完美，带有几分阳刚气，能够适应多种短发。短而窄的发型会让已经突出的棱角更加明显。这种脸型的男性也要避免中分发型，不要把头发从中间往两边梳开。国字脸可以选择头顶长侧后短、小平头等发型。

心形脸：如果脸型是心形的，适合中长发后梳、旁分油头、长刘海自然垂坠、头顶长侧后短等发型。

三角脸：如果脸是三角形的，需要一种能让头顶显得更宽、更厚的发型。比如长边刘海上抓、旁分油头（上长侧后短）等发型。

第四节　考场礼仪

首先须明白慧中方能秀外的道理，加强自身思想品德修养和文化知识修养，努力使自己具有高尚的情操、美好的心灵、丰富的学识。如果不在这些根本点上下功夫，舍本求末，只在服饰打扮上挖空心思，是很难打造吸引考官的仪表与风度的。

选择符合学生特点和切合考场的服饰，力求衣着得体，整洁大方，朴素庄重，轻便协调，色彩和谐。服装对人体有"扬美"和"遮丑"的作用，可以反映人的精神气质、文化素质和审美观念。在与考官交谈（或与视频设备虚拟交流）时，考官除了聆听你的讲话内容外，还要观察你的表情、动作。同时，考官也会一次又一次地审视考生的服饰与打扮。如果考生的服饰合体、合时、合度，格调高雅，给人以美感，则能起到增光添彩的作用。相反，如果穿着怪异，过于个性，则会分散考官注意力，甚至引起考官的反感，从而破坏考场气氛。总之，服装专家提出的"协调自然"的着装原则，对于考场上的考生也同样是适用的。

在考试时迟到或是匆匆忙忙赶到都是致命的，而提前半小时以上到达亦会被视为没有时间观念。考生到达考试地点后应在等候室耐心等候，并保持安静及正确的坐姿。

在考场的门外等候，当考场门打开时应有礼貌地说声"打扰了"，然后向室内考官表明自己的考生身份，绝不可贸然闯入。假如有工作人员告诉你考试地点及时间，应当表示感谢。

假如要敲门进入，敲两回是较为标准的礼仪。敲门时千万不可敲得太用劲。进门后不要随手将门关上，应转过身去正对着门，用手轻轻将门合上。

进入考场后，等考官告诉你"请坐"时可坐下。坐下后不要背靠椅子，也不要弓着腰，不一定非要把腰挺得很直，以免给人留下死板的印象，应该很自然地将腰伸直。在考试之前，清晰简洁地进行自我介绍，并且准确地回答问题。无论是在哪一个考试环节中，考生都要尽可能地展现自己的长处。在发表观点的过程中尽量挑选易于表达的，自己最熟悉、最驾轻就熟的事物来阐述，这样表达起来会比较流利，清晰有条理。当然，在这个基础上，能有自己独特的见解，自然是锦上添花。

在与考官交谈（或与视频设备虚拟交流）时，不需要始终注视对方（或视频设备）。在交谈时，应当自然大方。平时怎么和别人交谈的，就怎么去做。当然更不能漫不经心地四处张望。在讲话过程中，手势的运用虽然没有一个一成不变的固定模式，但也不可以随心所欲。手势的运用必须遵循一定的原则和规范，以显得得体自然。

在考试过程中需要注意细节。在艺考中态势礼仪不能照本宣科，动作和表性要自然，不能给人生硬的感觉。因此，考生要注意细节，去除不必要的小举动。许多考生在考场总表现得较为拘谨、不自然，且手脚不知道往哪里放，再加上应对考试内心紧张情绪，因此考场上总是出现摸头发、擦鼻子、用力清喉咙、挠头等动作。这样的一些举动会显得考生很不严肃，而且容易分散考官的注意力，给他们留下很不好的印象。还有一些考生在考场上会抖腿等。这些举动往往会造成不舒服的观感，考生需要极力避免。另外，考生的眼神要和考官（或视频设备）进行自然交流，不要左顾右盼、眼神游离。

在艺考过程中，考生的脸部表情既有别于生活中的脸部表情，又有别于舞台艺术中的脸部表情。它既是情感的真实流露，又是生活的艺术再现，因此应当借鉴舞台艺术中的表情艺术，以丰富自己的表情。眼神在交际中具有很大的作用，它可以反映交际者的交际态度，表达交际者丰富多彩的情感意识。在整个交际过程中，眼睛会把他此时的思想情绪、心理变化以及他的品德、学识、性格与审美观，等等，毫无保留地画在眼睛这幅"情感的图画"中，打印在眼睛这个"思想的荧屏"上，让对方看得清楚、读得准确、得到启迪。考场上，考生的眼神要与表达内容、表情、姿势、动作协调一致，视线停留在考官双眼与嘴部之间的三角形区域。

考试结束后，站起来对考官表示感谢。在走出考试室时，先打开门，然后转过身来向考官鞠一躬，并再次表示感谢，然后轻轻将门合上。

附 录

北京播音与主持艺术专业统考内容与计分原则

一、考试性质和目的

北京市普通高等学校播音与主持类专业统考是普通高等学校考试招生的重要组成部分，是考生进入高校相关专业学习应当具备的基本素质和能力测试，旨在考查考生学习播音与主持类专业应具备的基本条件和潜能，其评价结果是高校相关专业招生录取的重要依据。本说明适用于播音与主持艺术等专业，外语或方言方向的播音与主持艺术专业考试参照执行。

二、考试科目和分值

考试包括作品朗读、新闻播报、话题评述三个科目。三科总分为 300 分，其中作品朗读 100 分、新闻播报 100 分、话题评述 100 分。

三、高考综合分计算原则

使用北京市统考成绩作为专业考试成绩的艺术类专业，在考生高考文化课成绩和统考成绩均达到我市艺术类专业录取最低控制分数线基础上，依据考生高考文化课成绩和全市统考成绩按比例合成的综合成绩进行平行志愿择优录取，其中高考文化课成绩所占比例原则上不低于 50%。

四、考试内容和形式

（一）作品朗读

考试目的：主要考查考生普通话语音面貌、嗓音条件及对作品的理解力、感受力和表现力等。

考试内容：指定文学作品朗读，包括一首（段）古诗文和一段现代文学作品节选。

考试形式：现场抽取试题，考试时长不超过 2 分钟。

（二）新闻播报

考试目的：主要考查考生对新闻稿件的理解能力和表达能力。

考试内容：指定新闻稿件播报。

考试形式：现场抽取试题，考试时长不超过 1 分钟。

（三）话题评述

考试目的：主要考查考生的思维能力、语言组织能力和口语表达能力。

考试内容：以新闻播报科目内容为素材进行评述。

考试形式：现场抽取试题，脱稿评述，考试时长不超过 2 分钟。

五、考试要求

1. 考生不得出现可能影响客观评判的化妆、遮挡面部、佩戴饰品等行为。
2. 考试过程中不得使用辅助工具，如道具、音乐播放器等。

六、考查范围

作品朗读科目选材以中小学语文科目涉及的内容为主。

新闻播报科目选材以官方主流媒体发布的新闻为主。

话题评述科目选材以社会热点、日常生活等内容为主。

七、试题示例

（一）作品朗读

示例 1

梅花

王安石

墙角数枝梅，凌寒独自开。

遥知不是雪，为有暗香来。

一捶起来就发狠了，忘情了，没命了！百十个斜背响鼓的后生，如百十块被强震不断击起的石头，狂舞在你的面前。骤雨一样，是急促的鼓点；旋风一样，是飞扬的流苏；乱蛙一样，是蹦跳的脚步；火花一样，是闪射的瞳仁；斗虎一样，是强健的风姿。黄土高原上，爆出一场多么壮阔、多么豪放、多么火烈的舞蹈哇——安塞腰鼓！

（选编自刘成章《安塞腰鼓》）

示例 2

赠汪伦

李白

李白乘舟将欲行，忽闻岸上踏歌声。

桃花潭水深千尺，不及汪伦送我情。

这次，我看到了草原。那里的天比别处的天更可爱，空气是那么清鲜，天空是那么明朗，使我总想高歌一曲，表示我满心的愉快。在天底下，一碧千里，而并不茫茫。四面都有小丘，平地是绿的，小丘也是绿的。羊群一会儿上了小丘，一会儿又下来，走在哪里都像给无边的绿毯绣上了白色的大花。这种境界，既使人惊叹，又叫人舒服。

（选编自老舍《草原》）

示例 3

岳阳楼记（节选）

范仲淹

予观夫巴陵胜状，在洞庭一湖。衔远山，吞长江，浩浩汤汤，横无际涯，朝晖夕阴，气象万千，此则岳阳楼之大观也，前人之述备矣。

几千年来，劳动人民注意了草木荣枯、候鸟去来等自然现象同气候的关系，据以安排农事。杏花开了，就好像大自然在传语要赶快耕地；桃花开了，又好像在暗示要赶快种谷子。布谷鸟开始唱歌，劳动人民懂得它在唱什么："阿公阿婆，割麦插禾。"这样看来，花香鸟语，草长莺飞，都是大自然的语言。

（选编自竺可桢《大自然的语言》）

（二）新闻播报

示例 1

西安市人民医院航天城院区的新冠肺炎病区流行着一本"画风"可爱的小手册，这其实是医护人员特地为患者手绘的科普新冠肺炎治疗方法的知识本。原来，在新冠肺炎治疗中有一种方法叫"俯卧位治疗"，很多患者对这种姿势很不解，医护人员就利用下班时间，手绘卡通人物制作成绘本，帮助患者更好地理解具体方法，从而更好地配合治疗。

示例 2

2022 年寒假是"双减"政策执行后的第一个假期。过去，不少孩子寒假里的安排其实很单一——除了春节的阖家团圆，就是在辅导班、兴趣班、这班那班转的路上转场。至于家长，则忙于"选班""陪班""跟班"。如今，孩子和家长有了更多自主性和选择权。教育专家建议，假期不应成为"第三个学期"，建议多休养、勤锻炼、觅书香、重体验。

示例 3

奥运村里吃什么是外界普遍好奇的话题。此次冬奥会和冬残奥会共有 3 个冬奥村，运动员餐厅可保障每天 24 小时全时段供应，678 道美食涵盖中西料理，还有元宵、春卷等中国传统美食，并以每 8 天为一个周期进行轮换。但是一些常见的食材却不能出现在菜品中。比如，胡椒、香叶等属于食源性兴奋剂，就不会出现在冬奥会运动员的菜单里。

（三）话题评述

请以新闻播报科目内容为素材进行评述。

上海播音与主持艺术专业统考内容与计分原则

一、考试性质和目的

上海市普通高等学校播音与主持类专业统考是上海市普通高校考试招生的重要组成部分，是考生进入高校相关专业学习应当具备的基本素质和能力测试，旨在考查考生学习播音与主持类专业应具备的基本条件与潜能，其评价结果是高校相关专业招生录取的重要依据。

二、考试科目和分值

考试包括作品朗读、新闻播报、话题评述三个科目。三科总分为 300 分，其中作品朗读 100 分、新闻播报 100 分、话题评述 100 分。

三、高考综合分计算原则

本科投档成绩 = 文化成绩 × 50% + 专业统考成绩 × 660/300 × 50%；
专科投档成绩 = 文化成绩 × 50% + 专业统考成绩 × 450/300 × 50%。

四、考试内容和形式

（一）作品朗读

1. 考试目的：主要考查考生普通话语音面貌、嗓音条件及对作品的理解力、感受力和表现力等。

2. 考试内容：指定文学作品朗读，包括一首古诗文和一段现代文学作品节选。

3. 考试形式：现场抽取试题，时长不超过 2 分钟。

（二）新闻播报

1. 考试目的：主要考查考生对新闻稿件的理解能力和表达能力。
2. 考试内容：指定新闻稿件播报。
3. 考试形式：现场抽取试题，时长不超过 1 分钟。

注：作品朗读和新闻播报在同一考场完成，考试过程中，综合考生的形象气质、语音面貌、嗓音条件、新闻语感等进行评判。

（三）话题评述

1. 考试目的：主要考查考生思维能力、语言组织能力和口语表达能力。
2. 考试内容：对所提供的话题（素材）进行评述。
3. 考试形式：现场抽取考题，脱稿评述，不少于 1 分钟，最长不超过 1.5 分钟。

五、考查范围

作品朗读科目选材以中小学语文科目涉及的内容为主。

新闻播报科目选材以官方主流媒体发布的新闻为主。

话题评述科目选材以社会热点、日常生活等内容为主。

六、试题示例

（一）作品朗读

示例 1

望庐山瀑布

李白

日照香炉生紫烟，遥看瀑布挂前川。
飞流直下三千尺，疑是银河落九天。

小时候，我无论对什么花，都不懂得欣赏。父亲总是指指点点地告诉我，这是梅花,那是木兰花……但我除了记些名字外,并不喜欢。我喜欢的是桂花。桂花树的样子笨笨的,不像梅树那样有姿态。不开花时,只见到满树的叶子;开花时,仔细地在树丛里寻找,才能看到那些小花。可是桂花的香气,太迷人了。

(选编自琦君《桂花雨》)

示例 2

相见欢

李煜

无言独上西楼,月如钩。

寂寞梧桐深院锁清秋。

剪不断,理还乱,是离愁。

别是一般滋味在心头。

我开始欣赏鸟,是在四川。黎明时,窗外是一片鸟啭,不是吱吱喳喳的麻雀,不是呱呱噪啼的乌鸦,那一片声音是清脆的,是嘹亮的,有的一声长叫,包括着六七个音阶,有的只是一个声音,圆润而不觉其单调,有时是独奏,有时是合唱,简直是一派和谐的交响乐。不知有多少个春天的早晨,这样的鸟声把我从梦境唤起。

(选编自梁实秋《鸟》)

示例 3

岳阳楼记(节选)

范仲淹

至若春和景明,波澜不惊,上下天光,一碧万顷,沙鸥翔集,锦鳞游泳,岸芷汀兰,郁郁青青。

不逢北国之秋,已将近十余年了。在南方,每年到了秋天,总要想起陶然亭的芦花,钓鱼台的柳影,西山的虫唱,玉泉的夜月,潭柘寺的钟声。在北平,即使不出门去吧,就是在皇城人海之中,租人家一椽破屋来住着,早晨起来,泡一碗浓茶,向院子一坐,你也能看得到很高很高的碧绿的天色,听得到青天下驯鸽的飞声。

(选编自郁达夫《故都的秋》)

（二）新闻播报

示例 1

2021年全运会男子百米飞人决赛今晚如期上演，亚洲百米"一哥"苏炳添力压群雄夺冠，以破赛会纪录的方式将全运会男子百米项目从此带到了"炳秒时代"。最让人惊喜的，是本届全运会在男子百米赛道上呈现出百花齐放的"空前盛世"，小将们不断刷新个人最佳，并对名将、老将们发起了猛烈的冲击，8位决赛选手全部跑进10秒30。

示例 2

10月11日，2021年国家网络安全宣传周福建省活动开幕式在福州举行。今年活动树立网络安全"以人民为中心"的宗旨，主题为"网络安全为人民，网络安全靠人民"。在开幕式上，启动了"百家网络媒体进万家"网络安全宣传活动、第二届"闽盾杯"网络空间安全大赛、首届直播带岗"网络信息安全人才"专场。

示例 3

今天，教育部发布《关于进一步加强和改进普通高等学校艺术类专业考试招生工作的指导意见》。意见指出，到2024年，基本建立以统一高考为基础、省级专业考试为主体，依据高考文化成绩、专业考试成绩，参考学生综合素质评价，分类考试、综合评价、多元录取的高校艺术类专业考试招生制度，基本形成促进公平、科学选才、监督有力的艺术人才选拔评价体系。

（三）话题评述

示例 1

请就以下材料进行评述。

广电总局网络视听节目管理负责同志提出：坚决抵制含有暴力血腥、低俗色情等不良情节和画面的动画片上网播出。

示例 2

请就以下题目进行评述。你如何理解"优秀是一种习惯"。

天津播音与主持艺术专业统考内容与计分原则

一、考试性质

播音与主持类专业市级统考是考生进入高校相关专业学习应当具备的基本素质和能力测试，旨在考查考生学习播音与主持类专业应具备的基本条件和潜能，其评价结果是高校相关专业招生录取的重要依据。

二、考试科目和分值

考试包括作品朗读、新闻播报、话题评述三个科目。三科总分为 300 分，其中作品朗读 100 分、新闻播报 100 分、话题评述 100 分。

三、高考综合分计算原则

综合分 = 文化总分 × 80% + 专业统考成绩 × 2.5 × 20%。

四、考试内容和形式

（一）作品朗读

考试目的：主要考查考生普通话语音面貌、嗓音条件及对作品的理解力、感受力和表现力等。

考试内容：指定文学作品朗读，包括一首（段）古诗文和一段现代文学作品节选。

考试形式：现场抽取试题，考试时长不超过 2 分钟。

（二）新闻播报

考试目的：主要考查考生对新闻稿件的理解能力和表达能力。

考试内容：指定新闻稿件播报。

考试形式：现场抽取试题，考试时长不超过 1 分钟。

（三）话题评述

考试目的：主要考查考生思维能力、语言组织能力和口语表达能力。

考试内容：对所提供的话题（素材）进行评述。

考试形式：现场抽取考题，脱稿评述，考试时长不超过 2 分钟。

注：所有考试科目均采用单人单场面试方式，同一考生原则上应在同一考场一次性完成。考生三个科目的备稿总时长控制在 10—15 分钟。

五、考试要求

1. 考生不得出现可能影响客观评判的化妆、遮挡面部、佩戴饰品等行为。
2. 考试过程中不得使用辅助工具，如道具、音乐播放器等。

六、考查范围

作品朗读科目选材以中小学语文科目涉及的内容为主。

新闻播报科目选材以官方主流媒体发布的新闻为主。

话题评述科目选材以社会热点、日常生活等内容为主。

七、评分等级划分标准

（一）作品朗读

等级	评分标准
一等	观点正确，态度明确，逻辑清晰，表达准确，语言流畅。见解深刻，说服力强，特色鲜明。
二等	观点正确，态度明确，逻辑清晰，表达较准确，语言较流畅。见解较深刻，说服力较强，特色较鲜明。
三等	观点正确，态度较明确，逻辑较清晰，表达较准确，语言较流畅。见解不够深刻，说服力一般，特色不够鲜明。
四等	观点基本正确，态度基本明确，逻辑基本清晰，表达基本准确，语言基本流畅。见解偏浅，说服力偏弱，缺乏特色。
五等	观点有偏误，态度不明确，逻辑不清晰，表达不准确，语言不流畅。

（二）新闻播报

等级	评分标准
一等	理解准确，表达清晰，语言流畅，状态积极，新闻播音语感好。
二等	理解准确，表达清晰，语言较流畅，状态较积极，新闻播音语感较好。
三等	理解较准确，表达较清晰，语言较流畅，状态一般，新闻播音语感一般。
四等	理解基本准确，表达基本清晰，语言基本流畅，状态不够积极，新闻播音语感偏弱。
五等	理解不够准确，表达不够清晰，语言不够流畅，状态欠佳，新闻播音语感弱。

（三）话题评述

等级	评分标准
一等	普通话语音标准，音色圆润动听，理解感受准确，情感真实自然，表达流畅生动，语言表现力强，形象气质佳。
二等	普通话语音标准，音色较圆润动听，理解感受较准确，情感较真实自然，表达较流畅生动，语言表现力良好，形象气质良好。
三等	普通话语音较标准，音色一般，理解感受基本准确，情感基本真实自然，表达基本流畅，语言表现力一般，形象气质一般。
四等	普通话语音基本标准，音色基本合格，理解感受基本准确，表达基本流畅，语言表现力偏弱，形象气质一般。
五等	普通话语音不标准，音色欠佳，理解感受不准确，表达不流畅，语言表现力弱，形象气质欠佳。

重庆播音与主持艺术专业统考内容与计分原则

一、考试性质

播音与主持类专业统考是考生进入高校相关专业学习应当具备的基本素质和能力测试,旨在考查考生学习播音与主持类专业应具备的基本条件和潜能,其评价结果是高校相关专业招生录取的重要依据。

二、考试科目与分值

考试包括作品朗读、新闻播报、话题评述三个科目。三科总分为 300 分,其中作品朗读 100 分、新闻播报 100 分、话题评述 100 分。

三、高考综合分计算原则

使用重庆市统考成绩作为专业考试成绩的艺术类专业,在考生高考文化成绩和重庆市专业统考成绩都达到相应录取最低控制分数线基础上,由高校依据考生综合成绩(综合成绩 = 高考文化成绩 /750×300×50% + 专业统考成绩 ×50%)、参考学生综合素质评价,进行平行志愿择优录取。

四、考试目的、内容与形式

(一)作品朗读

考试目的:主要考查考生普通话语音面貌、嗓音条件及对作品的理解力、感受力和表现力等。

考试内容：文学作品朗读，包括现代文学作品选段和古诗词（整首或节选，古诗词篇目见附件）。

考试形式：现场抽取试题，考试时长不超过 2 分钟。

（二）新闻播报

考试目的：主要考查考生对新闻稿件的理解能力和表达能力。

考试内容：新闻稿件播报。

考试形式：现场抽取试题，考试时长不超过 1 分钟。

（三）话题评述

考试目的：主要考查考生思维能力、语言组织能力和口语表达能力。

考试内容：对所提供的素材进行评述。

考试形式：现场抽取试题，考试时长不超过 2 分钟。

注：所有考试科目均采用单人单场面试方式，同一考生在同一考场一次性完成。考生三个科目的备稿总时长为 10—15 分钟。

五、考试要求

1. 考生须素颜参考，不得遮挡面部、不得佩戴饰品等；
2. 考试过程中不得使用辅助工具。

六、试题示例

（一）作品朗读

示例 1

望庐山瀑布

李白

日照香炉生紫烟，遥看瀑布挂前川。

飞流直下三千尺，疑是银河落九天。

小时候，我无论对什么花，都不懂得欣赏。父亲总是指指点点地告诉我，这是梅花，那是木兰花……但我除了记些名字外，并不喜欢。我喜欢的是桂花。桂花树的样子笨笨的，不像梅树那样有姿态。不开花时，只见到满树的叶子；开花时，仔细地在树丛里寻找，才能看到那些小花。可是桂花的香气，太迷人了。

（选编自琦君《桂花雨》）

示例 2

相见欢

李煜

无言独上西楼，月如钩。

寂寞梧桐深院锁清秋。

剪不断，理还乱，是离愁。

别是一般滋味在心头。

我开始欣赏鸟，是在四川。黎明时，窗外是一片鸟啭，不是吱吱喳喳的麻雀，不是呱呱噪啼的乌鸦，那一片声音是清脆的，是嘹亮的，有的一声长叫，包括着六七个音阶，有的只是一个声音，圆润而不觉其单调，有时是独奏，有时是合唱，简直是一派和谐的交响乐。不知有多少个春天的早晨，这样的鸟声把我从梦境唤起。

（选编自梁实秋《鸟》）

（二）新闻播报

示例 1

2021 年全运会男子百米飞人决赛今晚如期上演，亚洲百米"一哥"苏炳添力压群雄夺冠，以破赛会纪录的方式将全运会男子百米项目从此带到了"炳秒时代"。最让人惊喜的，是本届全运会在男子百米赛道上呈现出百花齐放的"空前盛世"，小将们不断刷新个人最佳，并对名将、老将们发起了猛烈的冲击，8 位决赛选手全部跑进 10 秒 30。

示例 2

今天，教育部发布《关于进一步加强和改进普通高等学校艺术类专业考试招生工作的指导意见》。意见指出，到 2024 年，基本建立以统一高考为基础、省级专业考试为主体，依据高考文化成绩、专业考试成绩，参考学生综合素质评价，分类考试、综合评价、多元录取的高校艺术类专业考试招生制度，基本形成促进公平、科学选才、监督有力的艺术人才选拔评价体系。

（三）话题评述

示例 1

10 月 11 日，2021 年国家网络安全宣传周福建省活动开幕式在福州举行。今年活动树立网络安全"以人民为中心"的宗旨，主题为"网络安全为人民，网络安全靠人民"。请就此进行评述。

示例 2

广电总局网络视听节目管理负责同志提出：坚决抵制含有暴力血腥、低俗色情等不良情节和画面的动画片上网播出。请就此进行评述。

附件：

古诗词篇目

1. 蒹葭	《诗经》
2. 关雎	《诗经》
3. 子衿	《诗经》
4. 静女	《诗经》
5. 无衣	《诗经》
6. 伯兮	《诗经》
7. 伐檀	《诗经》
8. 氓	《诗经》
9. 离骚	屈　原
10. 九歌·国殇	屈　原
11. 战城南	汉乐府
12. 江南	汉乐府
13. 陌上桑	汉乐府
14. 古歌	汉乐府
15. 十五从军征	汉乐府
16. 行行重行行（古诗十九首之一）	佚　名
17. 西北有高楼（古诗十九首之五）	佚　名
18. 涉江采芙蓉（古诗十九首之六）	佚　名
19. 明月皎夜光（古诗十九首之七）	佚　名
20. 庭中有奇树（古诗十九首之九）	佚　名
21. 迢迢牵牛星（古诗十九首之十）	佚　名
22. 明月何皎皎（古诗十九首之十九）	佚　名
23. 观沧海	曹　操
24. 龟虽寿	曹　操

25. 短歌行		曹　操
26. 赠从弟（其二）		刘　桢
27. 别诗四首（其二）		佚　名
28. 咏怀八十二首（其一）		阮　籍
29. 咏怀八十二首（其七十一）		阮　籍
30. 咏史八首（其五）		左　思
31. 咏史八首（其六）		左　思
32. 归园田居（其一）		陶渊明
33. 归园田居（其三）		陶渊明
34. 饮酒（其五）		陶渊明
35. 杂诗十二首（其二）		陶渊明
36. 拟行路难（其四）		鲍　照
37. 拟行路难（其六）		鲍　照
38. 梅花落		鲍　照
39. 晚登三山还望京邑		谢　朓
40. 咏早梅		何　逊
41. 入若耶溪		王　籍
42. 行舟值早雾		伏　挺
43. 晚出新亭		阴　铿
44. 木兰诗		《乐府诗集》
45. 晚渡黄河		骆宾王
46. 送杜少府之任蜀州		王　勃
47. 从军行		杨　炯
48. 十五夜观灯		卢照邻
49. 登幽州台歌		陈子昂
50. 正月十五夜		苏味道
51. 咏柳		贺知章
52. 望洞庭湖赠张丞相		孟浩然
53. 秋宵月下有怀		孟浩然
54. 清明即事		孟浩然

55. 他乡七夕	孟浩然
56. 田家元日	孟浩然
57. 夏日南亭怀辛大	孟浩然
58. 芙蓉楼送辛渐	王昌龄
59. 从军行（其四）	王昌龄
60. 终南山	王　维
61. 使至塞上	王　维
62. 送友人入蜀	李　白
63. 登金陵凤凰台	李　白
64. 秋浦歌十七首（其一）	李　白
65. 下泾县陵阳溪至涩滩	李　白
66. 金陵望汉江	李　白
67. 望庐山瀑布	李　白
68. 赠汪伦	李　白
69. 黄鹤楼送孟浩然之广陵	李　白
70. 望天门山	李　白
71. 次北固山下	王　湾
72. 新年作	刘长卿
73. 九日蓝田崔氏庄	杜　甫
74. 端午日赐衣	杜　甫
75. 春夜喜雨	杜　甫
76. 江村	杜　甫
77. 对雪	杜　甫
78. 闻官军收河南河北	杜　甫
79. 春望	杜　甫
80. 江南逢李龟年	杜　甫
81. 月夜	杜　甫
82. 登楼	杜　甫
83. 别房太尉墓	杜　甫
84. 宿江边阁	杜　甫

85. 小寒食舟中作 　　　　　　　　　杜　甫
86. 寒食 　　　　　　　　　　　　　孟云卿
87. 枫桥夜泊 　　　　　　　　　　　张　继
88. 过山农家 　　　　　　　　　　　顾　况
89. 滁州西涧 　　　　　　　　　　　韦应物
90. 题破山寺后禅院 　　　　　　　　常　建
91. 左迁至蓝关示侄孙湘 　　　　　　韩　愈
92. 秋思 　　　　　　　　　　　　　张　籍
93. 海人谣 　　　　　　　　　　　　王　建
94. 十五夜望月 　　　　　　　　　　王　建
95. 和乐天《春词》 　　　　　　　　刘禹锡
96. 秋词二首 　　　　　　　　　　　刘禹锡
97. 望洞庭 　　　　　　　　　　　　刘禹锡
98. 酬乐天扬州初逢席上见赠 　　　　刘禹锡
99. 清明夜 　　　　　　　　　　　　白居易
100. 寒食野望吟 　　　　　　　　　 白居易
101. 邯郸冬至夜思家 　　　　　　　 白居易
102. 采莲曲 　　　　　　　　　　　 白居易
103. 赋得古原草送别 　　　　　　　 白居易
104. 早梅 　　　　　　　　　　　　 柳宗元
105. 菊花 　　　　　　　　　　　　 元　稹
106. 采莲子（其二） 　　　　　　　 皇甫松
107. 七夕 　　　　　　　　　　　　 李　贺
108. 江南春 　　　　　　　　　　　 杜　牧
109. 山行 　　　　　　　　　　　　 杜　牧
110. 赤壁 　　　　　　　　　　　　 杜　牧
111. 九日齐山登高 　　　　　　　　 杜　牧
112. 柳 　　　　　　　　　　　　　 李商隐
113. 正月十五夜闻京有灯恨不得观 　 李商隐
114. 嫦娥 　　　　　　　　　　　　 李商隐

115. 夜雨寄北	李商隐
116. 陈后宫	李商隐
117. 杨柳枝（织锦机边莺语频）	温庭筠
118. 望江南（梳洗罢）	温庭筠
119. 山亭夏日	高　骈
120. 雪	罗　隐
121. 浣溪沙（夜夜相思更漏残）	韦　庄
122. 乞巧	林　杰
123. 梅花	崔道融
124. 九日登望仙台呈刘明府容	崔　曙
125. 竞渡诗	卢　肇
126. 端午日	殷尧藩
127. 蚕妇	杜荀鹤
128. 巴山道中除夜书怀	崔　涂
129. 华下对菊	司空图
130. 摊破浣溪沙（手卷真珠上玉钩）	李　璟
131. 浪淘沙令（帘外雨潺潺）	李　煜
132. 虞美人（春花秋月何时了）	李　煜
133. 诉衷情（永夜抛人何处去）	顾　夐
134. 巫山一段云（古庙依青嶂）	李　珣
135. 生查子（新月曲如眉）	牛希济
136. 苏幕遮·怀旧	范仲淹
137. 渔家傲·秋思	范仲淹
138. 蝶恋花（庭院深深深几许）	欧阳修
139. 生查子·元夕	欧阳修
140. 桂枝香·金陵怀古	王安石
141. 元日	王安石
142. 泊船瓜洲	王安石
143. 书湖阴先生壁二首	王安石
144. 登飞来峰	王安石

145. 饮湖上初晴后雨		苏　轼
146. 题西林壁		苏　轼
147. 念奴娇·赤壁怀古		苏　轼
148. 定风波（莫听穿林打叶声）		苏　轼
149. 水调歌头（明月几时有）		苏　轼
150. 浣溪沙·游蕲水清泉寺		苏　轼
151. 浣溪沙（簌簌衣巾落枣花）		苏　轼
152. 江城子·密州出猎		苏　轼
153. 永遇乐·彭城夜宿燕子楼		苏　轼
154. 安公子（远岸收残雨）		柳　永
155. 望海潮（东南形胜）		柳　永
156. 蝶恋花（伫倚危楼风细细）		柳　永
157. 定风波（自春来）		柳　永
158. 雨霖铃（寒蝉凄切）		柳　永
159. 浣溪沙（一曲新词酒一杯）		晏　殊
160. 破阵子·春景		晏　殊
161. 山亭柳·赠歌者		晏　殊
162. 登快阁		黄庭坚
163. 鹊桥仙（纤云弄巧）		秦　观
164. 千秋岁（水边沙外）		秦　观
165. 行香子（树绕村庄）		秦　观
166. 声声慢（寻寻觅觅）		李清照
167. 醉花阴（薄雾浓云愁永昼）		李清照
168. 如梦令（常记溪亭日暮）		李清照
169. 武陵春·春晚		李清照
170. 南歌子（天上星河转）		李清照
171. 青玉案·元夕		辛弃疾
172. 西江月·遣兴		辛弃疾
173. 水龙吟·登建康赏心亭		辛弃疾
174. 永遇乐·京口北固亭怀古		辛弃疾

175. 南乡子·登京口北固亭有怀		辛弃疾
176. 破阵子·为陈同甫赋壮词以寄之		辛弃疾
177. 丑奴儿·书博山道中壁		辛弃疾
178. 贺新郎（甚矣吾衰矣）		辛弃疾
179. 小池		杨万里
180. 晓出净慈寺送林子方		杨万里
181. 过松源晨炊漆公店		杨万里
182. 好事近·七月十三日夜登万花川谷望月作		杨万里
183. 春日		朱 熹
184. 观书有感（其一）		朱 熹
185. 游山西村		陆 游
186. 书愤		陆 游
187. 临安春雨初霁		陆 游
188. 十一月四日风雨大作二首		陆 游
189. 卜算子·咏梅		陆 游
190. 满江红·写怀		岳 飞
191. 点绛唇·感兴		王禹偁
192. 踏莎行·春暮		寇 准
193. 玉楼春·春景		宋 祁
194. 好事近·渔父词		朱敦儒
195. 鹧鸪天·西都作		朱敦儒
196. 鲁山山行		梅尧臣
197. 登岳阳楼二首		陈与义
198. 减字木兰花·竞渡		黄 裳
199. 盐角儿·亳社观梅		晁补之
200. 临江仙（未遇行藏谁肯信）		侯 蒙
201. 蝶恋花（春涨一篙添水面）		范成大
202. 满庭芳·夏日溧水无想山作		周邦彦
203. 苏幕遮（燎沉香）		周邦彦
204. 夜游宫（叶下斜阳照水）		周邦彦

205. 玉楼春（桃溪不作从容住）	周邦彦
206. 兰陵王·柳	周邦彦
207. 西河·金陵怀古	周邦彦
208. 虞美人（疏篱曲径田家小）	周邦彦
209. 念奴娇·过洞庭	张孝祥
210. 天仙子（水调数声持酒听）	张　先
211. 蓦山溪·梅	曹　组
212. 临江仙·暮春	赵长卿
213. 清平乐（候蛩凄断）	张　炎
214. 八声甘州（记玉关踏雪事清游）	张　炎
215. 唐多令·惜别	吴文英
216. 浣溪沙（门隔花深梦旧游）	吴文英
217. 谒金门（花过雨）	李好古
218. 兰陵王·丙子送春	刘辰翁
219. 虞美人·听雨	蒋　捷
220. 扬州慢（淮左名都）	姜　夔
221. 青玉案（年年社日停针线）	黄公绍
222. 柳梢青·岳阳楼	戴复古
223. 唐多令（芦叶满汀洲）	刘　过
224. 水龙吟·春恨	陈　亮
225. 风入松（一春长费买花钱）	俞国宝
226. 霜天晓角·仪真江上夜泊	黄　机
227. 卜算子（见也如何暮）	石孝友
228. 过零丁洋	文天祥
229. 秋怀	元好问
230. 同儿辈赋未开海棠	元好问
231. 临江仙·自洛阳往孟津道中作	元好问
232. 摸鱼儿·雁丘词	元好问
233. 天净沙·秋思	马致远
234. 天净沙·秋	白　朴

235. 天净沙·春		白　朴
236. 山坡羊·潼关怀古		张养浩
237. 山坡羊·骊山怀古		张养浩
238. 朝天子·咏喇叭		王　磐
239. 墨梅		王　冕
240. 村舍		边元鼎
241. 湖下对雨有怀天渊老禅		戴　良
242. 题龙阳县青草湖		唐　珙
243. 蟾宫曲·春情		徐再思
244. 水仙子·夜雨		徐再思
245. 卖花声·怀古		张可久
246. 望阙台		戚继光
247. 韬钤深处		戚继光
248. 马上作		戚继光
249. 石灰吟		于　谦
250. 咏煤炭		于　谦
251. 观书		于　谦
252. 立春日感怀		于　谦
253. 岳忠武王祠		于　谦
254. 泛海		王守仁
255. 次韵陆佥宪元日春晴		王守仁
256. 春雁		王　恭
257. 临江仙（滚滚长江东逝水）		杨　慎
258. 鹧鸪天·元宵后独酌		杨　慎
259. 一剪梅·咏柳		夏完淳
260. 别云间		夏完淳
261. 长相思（折花枝）		俞　彦
262. 中秋月（中秋月）		徐有贞
263. 江宿		汤显祖
264. 念奴娇（天南地北）		施耐庵

265. 一剪梅（雨打梨花深闭门）		唐　寅
266. 五月十九日大雨		刘　基
267. 夜读		唐　寅
268. 把酒对月歌		唐　寅
269. 菊花		唐　寅
270. 言志		唐　寅
271. 画鸡		唐　寅
272. 拜年		文征明
273. 汴京元夕		李梦阳
274. 明日歌		钱　福
275. 今日歌		文　嘉
276. 精卫		顾炎武
277. 题画		沈　周
278. 渡易水		陈子龙
279. 梅花九首		高　启
280. 渔家		孙承宗
281. 塞上曲送元美		李攀龙
282. 潍县署中画竹呈年伯包大中丞括		郑　燮
283. 竹石		郑　燮
284. 己亥杂诗		龚自珍
285. 夜坐二首		龚自珍
286. 村居		高　鼎
287. 长相思（山一程）		纳兰性德
288. 蝶恋花·出塞		纳兰性德
289. 采桑子·塞上咏雪花		纳兰性德
290. 浣溪沙（谁道飘零不可怜）		纳兰性德
291. 绮怀十六首（其十五）		黄景仁
292. 杂感		黄景仁
293. 江上望青山忆旧		王士禛
294. 题秋江独钓图		王士禛

295. 一字诗	陈　沆
296. 新雷	张维屏
297. 夏日杂诗	陈文述
298. 论诗五首（其二）	赵　翼
299. 赴戍登程口占示家人二首	林则徐
300. 岁暮到家	蒋士铨
301. 狱中题壁	谭嗣同
302. 潼关	谭嗣同
303. 出塞	徐锡麟

广东播音与主持艺术专业统考内容与计分原则

一、考试性质和目的

播音与主持类专业省统考是考生进入高校相关专业学习应当具备的基本素质和能力测试，旨在考查考生是否具备学习播音与主持类专业的基本条件和潜能，其评价结果是高校相关专业招生录取的重要依据。

本说明适用于播音与主持艺术等专业，粤语方向的播音与主持艺术专业考试参照执行。

二、考试科目和分值

考试包括作品朗读、新闻播报、话题评述三个科目。各科目均按照满分 100 分进行评分；总分为作品朗读、新闻播报、话题评述三科得分之和，满分为 300 分。

三、高考综合分计算原则

采用平行志愿投档的播音与主持类专业的投档满分为 750 分，以普通高考文化课总分（含政策性加分）和省统考分数合成的总分排序情况进行投档。总分合成计算公式为：考生总分 = 高考文化课成绩 × 60% + 省统考成绩 × 2.5 × 40%。

四、考试内容和形式

（一）作品朗读

考试目的：主要考查考生普通话语音面貌、嗓音条件及对作品的理解力、感受力和表现力等。

考试内容：指定文学作品朗读，包括一首（段）古诗文和一段现代文学作品节选。

考试形式：现场抽取试题，考试时长不超过 2 分钟。

（二）新闻播报

考试目的：主要考查考生对新闻稿件的理解能力和表达能力。

考试内容：指定新闻稿件播报。

考试形式：现场抽取试题，考试时长不超过 1 分钟。

（三）话题评述

考试目的：主要考查考生思维能力、语言组织能力和口语表达能力。

考试内容：对所提供的话题（素材）进行评述。

考试形式：现场抽取考题，脱稿评述，考试时长不超过 2 分钟。

注：所有考试科目均采用单人单场面试方式，同一考生原则上应在同一考场一次性完成。考生三个科目的备稿总时长控制在 10—15 分钟。

五、考试要求

1. 考生不得出现可能影响客观评判的化妆、遮挡面部、佩戴饰品等行为。
2. 考试过程中不得使用辅助工具，如道具、音乐播放器等。

六、考查范围

作品朗读科目选材以中小学语文科目涉及的内容为主。新闻播报科目选材以官方主流媒体发布的新闻为主。话题评述科目选材以社会热点、日常生活等内容为主。

七、试题示例

（一）作品朗读

示例 1

望庐山瀑布

李白

日照香炉生紫烟，遥看瀑布挂前川。

飞流直下三千尺，疑是银河落九天。

小时候，我无论对什么花，都不懂得欣赏。父亲总是指指点点地告诉我，这是梅花，那是木兰花……但我除了记些名字外，并不喜欢。我喜欢的是桂花。桂花树的样子笨笨的，不像梅树那样有姿态。不开花时，只见到满树的叶子；开花时，仔细地在树丛里寻找，才能看到那些小花。可是桂花的香气，太迷人了。

（选编自琦君《桂花雨》）

示例 2

相见欢

李煜

无言独上西楼，月如钩。

寂寞梧桐深院锁清秋。

剪不断，理还乱，是离愁。

别是一般滋味在心头。

我开始欣赏鸟，是在四川。黎明时，窗外是一片鸟啭，不是吱吱喳喳的麻雀，不是呱呱噪啼的乌鸦，那一片声音是清脆的，是嘹亮的，有的一声长叫，包括着六七个音阶，有的只是一个声音，圆润而不觉其单调，有时是独奏，有时是合唱，简直是一派和谐的交响乐。不知有多少个春天的早晨，这样的鸟声把我从梦境唤起。

（选编自梁实秋《鸟》）

示例 3

岳阳楼记（节选）

范仲淹

至若春和景明，波澜不惊，上下天光，一碧万顷，沙鸥翔集，锦鳞游泳，岸芷汀兰，郁郁青青。

不逢北国之秋，已将近十余年了。在南方，每年到了秋天，总要想起陶然亭的芦花，钓鱼台的柳影，西山的虫唱，玉泉的夜月，潭柘寺的钟声。在北平，即使不出门去吧，就是在皇城人海之中，租人家一椽破屋来住着，早晨起来，泡一碗浓茶，向院子一坐，你也能看得到很高很高的碧绿的天色，听得到青天下驯鸽的飞声。

（选编自郁达夫《故都的秋》）

（二）新闻播报

示例 1

为顺应新媒体传播趋势，彰显"智能亚运"亮点，在已推出 40 个大项、61 个分项静态体育图标的基础上，杭州亚组委 8 日发布杭州亚运会动态体育图标。

杭州亚运会动态体育图标在延续杭州亚运会主形象色"虹韵紫"、遵循体育图标功能性原则的基础上，采用动作捕捉与游戏引擎等核心技术，对体育运动的"态"与"势"进行演绎，形成流畅的动画效果。背景音乐以江南丝竹为主，融入鼓乐，将江南水乡的韵味与体育竞技的力量完美融合。本套动态体育图标系统发布后，将会被广泛应用于场馆标识、媒体转播、城市景观、融媒推广等领域。

示例 2

本台消息 开学在即，公安部交管局日前部署各地做好开学返校交通安全管理工作，护航学生平安上下学。开学前，各地公安交管部门将摸排学校周边交通标志标线、交通设施设备是否齐全规范，及时消除安全隐患；提前对学校门口、周边路段路口的交通组织进行调整，优化信号配时方案，完善停车管理，缓解拥堵；针对"双减"政策实施后学校上下学时间变化，及时调整"护学"勤务。开学第一周，各地公安交管部门将开展校车和接送学生车辆交通违法整治行动，严禁校车"带病"上路，组织上好"知危险 会避险"开学第一课。

示例 3

本台消息 2023 年中央一号文件于 2 月 13 日正式发布，这也是 21 世纪以来第 20 个指导"三农"工作的中央一号文件。文件指出，坚决守牢确保粮食安全、防止规模性返贫等底线，扎实推进乡村发展、乡村建设、乡村治理等重点工作，加快建设农业强国，建设宜居宜业和美乡村。

今年的中央一号文件将"抓紧抓好粮食和重要农产品稳产保供"放在首位，强调确保全国粮食产量保持在 1.3 万亿斤以上，各省（自治区、直辖市）都要稳住面积、主攻单产、力争多增产，把解决好"三农"问题作为重中之重，全面推进乡村振兴，加快农业农村现代化。

（三）话题评述

示例 1

你是否有这样的体验，在旅游中一觉醒来，不知道自己在哪儿，因为酒店风格、城市建筑都千篇一律。如何留住文化根脉、发展本地文化特色？谈谈你的理解。

示例 2

最近，一款老年人"防摔背心"引发关注，这款背心中的倾倒探测装置一经触发，可使背心快速充气，避免老人受到伤害。请谈谈你对"科技助老"的理解。

示例 3

彩礼本是一种传统婚俗，寄托对新人的美好祝福，但某些地区彩礼居高不下，形成如"不含车房彩礼超 38 万元"的乱象。谈谈你的看法。

各省市播音与主持艺术专业统考综合分计分原则

（2024年起）

省市	计分原则
北京	高考文化课成绩所占比例原则上不低于50%。
上海	综合分＝文化成绩×50%＋专业统考成绩×660/300×50%。
天津	综合分＝文化总分×80%＋专业统考成绩×2.5×20%。
重庆	综合分＝文化总分/750×300×50%＋专业统考成绩×50%
广东	综合分＝高考文化总成绩（含政策性加分）×0.6＋（专业成绩÷专业满分）×750×0.4。
河北	综合分＝高考文化总成绩（含政策性加分）×0.7＋（专业成绩÷专业满分）×750×0.3。
山西	综合分＝高考文化总成绩×0.7＋（专业成绩÷专业满分）×750×0.3。
黑龙江	综合分＝专业课成绩×20%＋文化课成绩（含照顾政策分）×80%。
吉林	综合分＝[（高考文化分÷文化满分）×70%＋（专业分÷专业满分）×30%]×750。
辽宁	综合分＝文化课成绩/文化课总分×100×50%＋专业课成绩/专业课总分×100×50%。
江苏	综合分＝[（高考文化分÷文化满分）×70%＋（专业分÷专业满分）×30%]×750。结果四舍五入取整。
浙江	综合分＝高考总分×80%＋专业省级统考成绩×2.5×20%。
安徽	综合分＝文化课成绩×70%＋专业统考成绩×2.5×30%。
福建	艺术类专业的高考文化课成绩所占综合分比例为50%。
江西	高考文化课成绩所占比例（播音与主持类）不低于70%。
山东	播音与主持类文化课录取控制分数线为普通类一段线。 播音与主持类高考文化课成绩所占比例为70%。
河南	综合分＝高考文化成绩＋专业统考成绩
湖南	综合分＝高考文化成绩（含政策性加分）＋专业统考成绩
湖北	高考文化课分数原则上不得低于总成绩50%。
海南	综合分＝（0.55×高考文化课成绩/900＋0.45×艺术类省级统考成绩/300）×500。
四川	综合分＝文化成绩×50%＋专业统考成绩×2.5×50%，成绩保留2位小数。

续表

省市	计分原则
贵州	高考文化总成绩占综合成绩的60%。
云南	高考文化课成绩所占比例原则上不低于50%。
陕西	综合分 = 高考文化课成绩 × 50% +（省级统考成绩 ÷ 省级统考满分 × 高考文化课满分）× 50%。
甘肃	综合分 = 文化课总分（不含政策性加分）× 70% + 专业课总分 ÷ 300 × 750 × 30%，最终结果保留两位小数。
青海	综合分 = 高考文化总成绩（高考文化课分数）× 0.7 +（专业成绩 ÷ 专业满分300分）× 750 × 0.3 + 政策性加分，结果四舍五入不保留小数点。
内蒙古	综合分 = 高考文化总成绩 × 0.7 +（专业成绩 ÷ 专业满分）× 750 × 0.3。
广西	综合分 = 高考文化总成绩 × 0.5 +（专业成绩 ÷ 专业满分）× 750 × 0.5。

注：以上统计数据依据已公布的各省市教育考试院官方网站的相关政策文件，仍有部分省市正在更新统计中。

参考书目

吴弘毅.实用播音教程：普通话语音和播音发声［M］.北京：中国传媒大学出版社，2001.

付程.实用播音教程：语言表达［M］.北京：中国传媒大学出版社，2001.

国家语言文字工作委员会普通话培训测试中心编制.普通话水平测试实施纲要［M］.北京：商务印书馆，2004.

张颂.朗读学［M］.第四版.北京：中国传媒大学出版社，2022.

张颂.中国播音学［M］.北京：中国传媒大学出版社，2003.

贾毅，张琦，田丰，等.播音主持艺考培训教程［M］.第二版.北京：中国传媒大学出版社，2018.

中国传媒大学播音主持艺术学院编著.播音主持语音与发声［M］.北京：中国传媒大学出版社，2014.

王璐，吴洁茹.新编播音员主持人语音发声手册［M］.北京：中国国际广播出版社，2006.

中青时评、新华评论、红网、央视网等互联网资源。